COLLECTION
FOLIO CLASSIQUE

Molière

L'École des maris
L'École des femmes
La Critique de l'École des femmes
L'Impromptu de Versailles

Édition présentée,
établie et annotée par
Jean Serroy
Professeur à l'Université de Grenoble

Gallimard

PRÉFACE

1662 est une année qui compte dans la vie et la carrière de Molière : le 20 février, il épouse Armande Béjart, le 26 décembre il donne L'École des femmes, Faut-il voir, comme on a souvent été tenté de le faire, lien de cause à effet entre les deux événements ? La vie privée de ce quadragénaire épousant une toute jeune fille donnerait-elle la clef du barbon Arnolphe couvant son ingénue ? Perspective que la coïncidence des dates rend évidemment séduisante, mais qui, si on ne la précise pas, risque en fait de n'être qu'un trompe-l'œil. Sans négliger les préoccupations personnelles de l'homme Molière, on peut en effet se rendre compte que la création met en jeu, chez lui, un processus infiniment plus riche et complexe que celui que peut dégager une critique trop exclusivement biographique.

MOLIÈRE ET LA GRANDE COMÉDIE

Lorsque Molière, en 1658, s'installe à Paris dans la salle du Petit-Bourbon qu'il partage avec la troupe des comédiens italiens dirigée par Tiberio Fiurelli, le célèbre Scaramouche, il se trouve confronté à une évidence qu'il lui faut bien prendre en compte : nécessité lui est faite, s'il veut assurer à sa troupe une existence durable à Paris, de se créer *un public. Or les deux troupes déjà installées ont leur spécialité : le Marais triomphe dans les pièces à machines, tandis que l'Hôtel de Bourgogne s'est annexé, de façon quasi exclusive, le répertoire tragique, et notamment celui du grand Corneille. Molière s'essaie bien à rivaliser avec les Bourguignons en montant plusieurs tragédies cornéliennes et en opposant à la diction emphatique de ses concurrents un ton plus naturel : mais l'échec est patent, et Molière n'y gagne guère qu'une réputation de détestable acteur tragique. La seule tentative qu'il fait pour composer lui-même une pièce « sérieuse » débouche, elle aussi, sur un échec total :* Dom Garcie de Navarre, *qu'il donne le 4 février 1661, est, en effet, une véritable tragi-comédie, très comparable au* Don Sanche d'Aragon *de Corneille, qui met en scène princes et grands personnages et traite de problèmes dynastiques et politiques, dans un style noble convenant au sujet. Or le public ne suit pas : au bout de quinze jours, Molière doit retirer la pièce de l'affiche, et il ne la fera même pas imprimer. C'est que, depuis qu'il a triomphé avec* L'Étourdi *et* Les Précieuses ridicules, *il est catalogué comme auteur et acteur comique, et ses tentatives pour donner de lui une autre image ne font que renforcer, auprès de son public, ce malentendu initial dont on verra que toute sa carrière est en quelque sorte tributaire.*

Car Molière doit son installation à Paris à la farce. Le roi et la cour, lors de la première représentation qu'il a donnée devant eux le 24 octobre 1658, ont été beaucoup moins sensibles au jeu de la troupe dans la tragédie de Nicomède qu'à sa prestation dans le petit divertissement qui l'accompagne, et dont Molière est l'auteur, Le Docteur amoureux. *Et le public parisien, qui découvre la nouvelle troupe le 2 novembre avec cette autre fantaisie qu'est* L'Étourdi, *lui assure immédiatement un succès qui la spécialise d'emblée dans le répertoire comique, répertoire auquel Molière s'est depuis longtemps consacré puisque, dès les tournées provinciales des années 1650, il a écrit pour sa troupe plusieurs*

farces, ainsi que les deux premières comédies qu'il donne à
Paris, L'Étourdi *et* Le Dépit amoureux. *On voit bien,*
d'ailleurs, que, dès qu'il commence à écrire, l'auteur
Molière s'efforce de composer pour l'acteur Molière un type
qui lui permette, à la façon de Turlupin, de Jodelet ou de
Scaramouche, de se faire reconnaître de son public. Les
débuts de Molière sont marqués par cet effort pour se créer
une présence comique, effort qui, lui, sera totalement
couronné de succès puisque le célèbre Tableau des farceurs
français et italiens, *peint vers 1670, placera Molière dans la*
compagnie des types de la commedia dell'arte — Pantalon,
Polichinelle, Arlequin — et de la farce française — Gros-
Guillaume, Gaultier-Garguille, Guillot-Gorju.

Or l'évolution de ce type que Molière se confectionne est
elle-même révélatrice. La première livrée qu'il endosse,
c'est celle d'un valet intrigant et agile, portant la toque, la
fraise et la barbe, et affublé d'un nom qui sonne bien et qui
sent son masque : Mascarille. *Très proche du « zani »*
italien dans L'Étourdi, *le type a été repris dans* Le Dépit
amoureux *et s'affirme surtout dans* Les Précieuses ridicules
où, avec son compère Jodelet, le marquis de Mascarille
mène auprès des deux pecques provinciales un jeu étourdis-
sant. Malgré sa réussite, le type reste toutefois un peu
conventionnel et trop manifestement inspiré de la comédie
italienne. Molière, pour se définir de façon plus person-
nelle, quitte le masque et change de nom et d'habit : il
devient Sganarelle. La finale sonne encore à l'italienne —
comme Briguelle ou Polichinelle — et l'initiale n'est peut-
être qu'un hommage à Scaramouche, en attendant Scapin,
mais l'ensemble compose un type nouveau. De valet qu'il
est dans la farce du Médecin volant *et qu'il sera plus tard,*
mais de façon beaucoup plus ambiguë, dans Dom Juan,
Sganarelle trouve sa voie propre en devenant un vieillard
ridicule, affublé d'un certain nombre de défauts, d'ailleurs
variables d'une apparition à l'autre : poltron, coléreux,
sensuel, égoïste, vaniteux. Vêtu lui aussi de la fraise et de la

barbe, portant haut-de-chausses, pourpoint et manteau, tout de rouge cramoisi ou de jaune criard, il permet une composition si parfaitement reconnaissable que, du Cocu imaginaire *au* Médecin malgré lui, *Molière s'identifie totalement à lui et ne le reprend pas moins de sept fois. Or il y a loin du premier Sganarelle, simple marionnette farcesque du* Médecin volant, *à ceux qui le suivent. À mesure que le type s'affirme, il devient plus complexe, échappe peu à peu à la farce pour se nuancer, s'affiner, s'enrichir. Dans* Sganarelle ou le Cocu imaginaire, *le rôle titre fait apparaître un bourgeois parisien dont la préoccupation unique — la peur d'être cocu — inaugure cette galerie d' « imaginaires » qui, d'Arnolphe à Argan, incapables de s'accommoder de la réalité, préfèrent se réfugier dans leurs lubies et se construire leur propre monde. Enfermé dans son idée fixe et soumis aux fantaisies d'une situation capricieuse, le héros comique laisse voir des traits qui l'humanisent. Sous le type, déjà, perce le personnage. Les soupirs de Sganarelle, ses hésitations, ce désir qu'il a de concilier son honneur et sa tranquillité, la sensualité qui se fait jour en lui lorsqu'il tient entre ses bras une belle évanouie : autant d'éléments qui contribuent à en faire autre chose qu'un simple bouffon. Mascarille menait le jeu et le spectateur riait avec lui. Sganarelle n'est plus qu'une victime : c'est de lui, désormais, qu'on rit. Mari infortuné, il se rend compte lui-même que ses plaintes excitent la risée commune :*

Et plusieurs qui tantôt ont appris mon martyre,
Bien loin d'y prendre part, n'en ont rien fait que rire.
(v. 385-386).

Molière découvre la vertu comique du malheur, lorsque c'est un personnage ridicule qui souffre. Le cocu imaginaire offre le premier modèle de ces personnages dont les souffrances vont constituer le cœur même de la comédie. Après lui, Sganarelle dans L'École des maris *et Arnolphe dans* L'École des femmes *vont marquer l'approfondisse-*

ment de ce comique éminemment humain, puisqu'il prend l'homme pour objet. De cette lignée, Alceste sera le représentant le plus achevé.

Mais, du coup, c'est assigner au comique une tout autre visée que le simple divertissement grossier que constituait la farce. En explorant toutes les potentialités du type qu'il a créé, Molière affirme de plus en plus qu'il prend la comédie au sérieux. L'évolution de Sganarelle vers un véritable personnage s'accompagne d'un enrichissement des procédés techniques de la pièce : les mécanismes primaires utilisés pour faire naître le rire — gestes, mots, situations — font place à des ressorts plus compliqués, dont la vie même de l'homme, dans sa dimension intime autant que sociale, fournit le fond. Élargissant son registre, utilisant les vers, passant des quelques scènes de la farce au découpage en cinq actes qui lui permet de n'être plus seulement une pièce d'appoint, mais de constituer à elle seule un spectacle, la comédie devient apte à aborder tous les sujets, y compris ceux que l'on croyait jusqu'alors réservés à d'autres genres, tragi-comédies ou tragédies. Que sa carrière tragique ait très tôt avorté a sans doute renforcé Molière dans son désir de transformer la comédie, de la plier à ses propres exigences, d'en faire le moyen de traduire sa propre vision du monde. Cette métamorphose du genre, le cycle du cocuage inauguré avec Sganarelle la réalise totalement : de l'acte unique, encore très proche de la construction farcesque, du Cocu imaginaire, Molière passe, avec L'École des maris, à une comédie beaucoup plus solidement construite, en trois actes, où les personnages gagnent en épaisseur et en nuances, et où tous les problèmes soulevés le sont de façon plus assurée, sinon encore très approfondie. L'École des femmes, sur un sujet très proche, avec des personnages qui semblent prendre la suite de ceux de la comédie précédente, marque le terme de l'évolution : en cinq actes et en vers, elle offre, avec Arnolphe et Agnès, l'image des rêves, des désirs, des passions qui agitent le corps et le cœur des hommes. Le *thème du mari cocu alimente ici une interrogation sur le mariage lui-même, sur les risques qu'il fait courir à ceux qui sont mal mariés ; et l'éveil d'Agnès, malgré la soumission où l'a tenue son tuteur, pose directement, à une société qui ne l'avait jamais vu poser avec autant d'acuité, la question de l'éducation des filles, et celle de leur liberté. Aucune comédie ne s'étant préoccupée jusque-là de telles réflexions, le succès et le scandale sont à la mesure de l'audace. Il est révélateur, à cet égard, que la fronde qui éclate oppose à Molière aussi bien les tenants d'une morale rigoriste, qui reprochent à la pièce son « obscénité », que les tenants d'une séparation rigoureuse des genres : « Il y a une grande différence de toutes ces bagatelles à la beauté des pièces sérieuses », affirme l'auteur Lysidas, dans* La Critique de l'École des femmes, *avant de noter encore avec amertume : « On ne court plus qu'à cela, et l'on voit une solitude effroyable aux grands ouvrages, lorsque des sottises ont tout Paris. » En élargissant le champ de la comédie à la peinture de l'homme et de la société et en lui ouvrant la voie des grands sujets, Molière brouille le paysage littéraire, s'attire haines et jalousies, et engage sa carrière dans une succession de luttes de plus en plus âpres, dont la querelle du* Tartuffe *va donner toute la mesure. Mais, ce faisant, il affirme aussi la dignité et la richesse du genre comique.* L'École des femmes *marque ainsi une date dans son œuvre mais, plus largement encore, dans l'histoire du théâtre lui-même.*

MOLIÈRE ET SA TROUPE

La pièce marque aussi le triomphe d'une troupe qui, en quatre années, a su s'attirer tous les suffrages du public parisien et qui, à présent, rivalise d'égale à égale avec les deux grandes troupes concurrentes, faisant même trembler les prestigieux comédiens de l'Hôtel de Bourgogne. La vivacité des échanges que traduit la querelle qui s'élève montre bien d'un côté l'assurance que la troupe a désormais acquise et de l'autre l'amertume jalouse que ses triomphes soulèvent chez ses rivaux. Les quelques égratignures que Molière s'était permises contre les Bourguignons dans Les Précieuses ridicules *font place dans* La Critique, *mais surtout dans* L'Impromptu de Versailles, *à une attaque en règle où chacun des Grands Comédiens se trouve nommément visé : le gros Montfleury, « entripaillé », « d'une vaste circonférence » ; la célèbre Beauchâteau, conservant un « visage riant » même « dans les plus grandes afflictions » ; son mari, « exécrable comédien », au dire de Boileau ; et encore Hauteroche, De Villiers. Mais alors que les répliques des Bourguignons, et notamment sous la plume de Montfleury le jeune, relèvent de la plus basse calomnie, la parodie à laquelle se livre Molière en imitant le jeu de ses concurrents révèle des intentions qui, tout en étant polémiques, traduisent aussi une réflexion approfondie sur l'art de la scène. Spécialistes de la tragédie cornélienne, les Grands Comédiens sont aussi les champions d'un art emphatique, fondé sur une déclamation à effets, ronflante et pompeuse. Les longues tirades tragiques, héroïques ou pathétiques, conviennent parfaitement à ce jeu artificiel et grandiloquent qui, étant donné la place centrale occupée tout au long du siècle par l'Hôtel de Bourgogne, est devenu en quelque sorte la norme de l'art théâtral. Arrivant à Paris après plusieurs années de tournées en province, habitués au jeu très physique que requiert la farce et découvrant encore, au contact des Italiens dont ils partagent la salle, toutes les ressources de l'agilité et de la vivacité corporelles, les comédiens de Molière sont peu aptes aux effets oratoires et à un jeu statique. Leur originalité réside tout au contraire dans une déclamation naturelle, un accord du geste et de la parole, une façon de renvoyer au spectateur comme le reflet de sa propre vie. Ici apparaissent les conceptions de Molière acteur et metteur en scène, qui entend faire coïncider la tonalité qu'il donne à ses comédies et le travail de ses acteurs. À la peinture « d'après nature » doit correspondre un jeu naturel. Tout au long de la répétition que présente* L'Impromptu de Versailles, *Molière ne cesse de donner le même conseil à chacun des comédiens : il faut jouer naturellement, c'est-à-dire être emphatique pour représenter un personnage emphatique, façonnier pour jouer un rôle qui l'exige, prendre un ton sophistiqué pour traduire un personnage qui est tel ; et parler en marquis, en précieuse, en honnête homme selon son emploi dans la pièce. La minutie apportée à chaque détail, le travail de mise en place rigoureux que dénote chacune de ses interventions montrent à quel point Molière conçoit la représentation comme le prolongement nécessaire du texte écrit. Homme de théâtre, il sait que l'acte théâtral n'existe que mis en scène. Pour imposer la comédie comme un miroir de la vie, il impose à sa troupe un jeu qui donne l'illusion du vrai. Le résultat, comme l'attestent jusqu'à ses ennemis, est parfaitement réussi. Donneau de Visé, sur ce point, rend justice à la troupe de Molière et au rôle de son chef : « Ce sont, écrit-il dans ses* Nouvelles nouvelles, *des portraits de la nature qui peuvent passer pour originaux. Il semble qu'elle y parle elle-même. Ces endroits ne se rencontrent pas seulement dans ce que joue Agnès, mais dans les rôles de tous ceux qui jouent à cette pièce. Jamais comédie ne fut si bien représentée, ni avec tant d'art, chaque acteur sait combien il y doit faire de pas, et toutes ses œillades sont comptées. »*

Un tel naturel, acquis, L'Impromptu *le prouve, à force de travail, outre qu'il dénote une conception radicalement nouvelle du jeu théâtral, prouve aussi tout le métier d'une troupe qui arrive, dans ces années 1661-1662, à son meilleur niveau. Sans doute Molière n'aurait-il pas conçu un certain nombre de ses grands rôles s'il n'avait songé, en les composant, aux acteurs dont il disposait pour les remplir. De la troupe débutante qui formait l'Illustre Théâtre dans les années 1643-1645, il ne reste plus grand monde vingt ans plus tard : seules sont encore là Madeleine Béjart, la compagne des débuts, femme de tête et d'esprit, objet d'attaques venimeuses qui montrent assez la place essentielle qu'elle tient auprès de Molière; et sa sœur Geneviève, Mademoiselle Hervé, plus effacée et qui ne joue guère que les utilités. Tous les autres n'ont rejoint Molière que plus tard, mais la majorité ont connu avec lui l'aventure provinciale où la troupe s'est véritablement formée : Du Parc, qu'on appelle aussi Gros René, très apprécié dans la farce; sa femme, la célèbre Marquise, une des vedettes de la troupe, et dont le talent ne consiste pas seulement à découvrir le galbe de ses jambes : Molière, dans L'Impromptu, la dit lui-même « excellente comédienne »; De Brie, qui joue les rôles de second plan, et surtout sa femme Catherine, grande, très mince, avec un visage étonnamment jeune qui lui permet de jouer longtemps les ingénues, de créer le rôle d'Agnès à 33 ans et de le tenir jusqu'à plus de 60; Louis Béjart, enfin, dit L'Éguisé, boiteux et spécialiste des rôles de second valet ou de vieillard. À cette ossature, de nouveaux comédiens viennent apporter, lorsque la troupe s'installe à Paris, un appoint important : si le célèbre Jodelet et son frère L'Espy ne font guère que passer, le premier mourant en 1660 et le second en 1663, La Grange, Du Croisy et sa femme, La Thorillière, Brécourt et la jeune Armande contribuent, précisément en ces années 1661-1662, à donner un sang neuf à la troupe, à en accroître sensiblement l'effectif et à augmenter considérablement, pour Molière, le champ possible des emplois à distribuer. La variété des personnages qu'il crée alors correspond parfaitement à une troupe élargie, comportant dans ses rangs, avec Madeleine, la Du Parc et la De Brie, et bientôt Armande, des comédiennes de premier plan, et, avec Molière lui-même, Brécourt, Du Croisy, La Thorillière, La Grange, tout un groupe d'acteurs susceptibles de tenir les premiers rôles. La revue d'effectif que constitue L'Impromptu de Versailles apparaît ainsi comme une sorte de présentation de la troupe à son public, Molière appelant, à*

*l'ouverture de la comédie, chaque comédien par son nom :
hommage rendu par un auteur à ses interprètes, par un
directeur et un metteur en scène à ses acteurs, et par un
comédien à ses confrères. Que cet hommage intervienne à
ce moment-là dans la carrière de Molière montre toute
l'importance qu'il reconnaît à ces acteurs qui lui permettent
de traduire le théâtre qu'il veut, comme il le veut. Et que la
chose se passe à Versailles, devant le roi et la cour,
officialise en quelque sorte le rôle d'une troupe appelée à
assurer désormais l'essentiel des divertissements royaux
dont Molière, dès 1664, lors de la fête des* Plaisirs de l'île
enchantée, *devient le véritable ordonnateur.*

MOLIÈRE ET LA COUR

*Ces années 1661-1662 sont aussi, en effet, des années
charnières dans la carrière parisienne de Molière et de ses
comédiens. Coïncidence exceptionnelle, mais pleine de
sens, que cette conjonction de l'arrivée au pouvoir d'un roi
jeune et décidé à affirmer son autorité, avec l'arrivée sur la
scène d'une troupe neuve elle aussi, et pareillement décidée
à remettre en question les positions établies. La véritable
rencontre de Louis XIV et de Molière date, en fait, moins
des débuts parisiens de la troupe que de la grandiose fête
donnée par Fouquet à Vaux-le-Vicomte, le 17 août 1661. Ce
jour-là, Molière présente, dans les jardins du château, un
divertissement accompagné de musique et de danses,* Les
Fâcheux. *Beauchamps a réglé les ballets,* Le Brun *construit
le décor,* Torelli *conçu la mise en scène et les machines.
L'agrément du roi, sensible à la suggestion qu'il fait d'enrichir la comédie en ajoutant un importun au défilé des fâcheux,
apporte à Molière une faveur qui va l'accompagner pendant
dix ans et lui assurer une protection qui sera la véritable
garantie de sa liberté d'écrivain. Non seulement, en effet,
Molière va bien vite bénéficier de la largesse royale et se*

trouver sur la liste des pensionnés officiels ; non seulement il va s'engager, à Versailles, dans la conception de spectacles somptueux et découvrir, pour répondre au goût de la cour et grâce à la collaboration de Lully, toutes les ressources de la comédie-ballet ; mais, plus encore, il va pouvoir, se sachant soutenu par le roi, tenter toutes les audaces et affronter toutes les tempêtes. La façon dont Molière pose un regard neuf sur la société qui l'entoure, cette manière qu'il a, dans L'École *des maris et* L'École *des femmes, de secouer les idées reçues et de faire passer un grand souffle de jeunesse n'est pas pour déplaire à un monarque jeune, préoccupé d'amour et de plaisir. Les débuts du règne sont, en effet, marqués par une liberté de ton et de mœurs dont la « nouvelle cour » donne l'exemple, face aux tenants de la « vieille cour », partisans d'un rigorisme mondain et moral, qui se regroupent autour de la reine mère. Dans la querelle qui s'élève contre Molière, celui-ci voit déjà poindre les groupes de pression, parmi lesquels le parti dévot, qui agissent pour que l'ordre et la tradition soient en tout respectés. La violence du débat, qui préfigure la longue querelle autour du* Tartuffe, *s'inscrit dans une conjoncture historique qui dépasse largement le sort d'un simple comédien : les vrais enjeux sont politiques et touchent à l'orientation du pouvoir. L'année même où Molière donne* L'École des femmes, *Bossuet, appelé par Anne d'Autriche, a quelques mois plus tôt prêché le carême au Louvre devant la cour, l'exhortant à quitter toute vie frivole pour répondre aux exigences chrétiennes. Dans un tel contexte, les ennemis de Molière ont beau jeu de dénoncer les sermons d'Arnolphe comme blasphématoires : « Un sermon touche l'âme et jamais ne fait rire », dit fielleusement Boursault dans* Le Portrait *du peintre. Il faut donc à Molière s'assurer de ses appuis à la cour pour pouvoir exercer son art comme il l'entend. Les dédicaces qui accompagnent chacune des comédies qu'il présente dans ces années-là témoignent d'une prudence et d'un savoir-faire eux-mêmes révélateurs d'une*

*intelligence en profondeur de ce milieu pourtant complexe.
L'École des maris est dédiée à Monsieur, frère du roi, le
protecteur initial de la troupe, celui dont elle porte le nom.
L'École des femmes est offerte à son épouse, Madame,
Henriette d'Angleterre, véritable centre de la cour, et qui,
par ses qualités de cœur et d'esprit, apparaît comme une
protectrice efficace et convaincue des écrivains. La dédicace
de La Critique à la reine mère marque un degré supplémentaire dans la stratégie moliéresque : non seulement Anne
d'Autriche aime le théâtre, mais ses vertus chrétiennes,
unanimement reconnues puisque le parti dévot compte
particulièrement sur elle, sont la meilleure des garanties ;
avec une telle caution, qui oserait accuser Molière d'impiété ? Degré ultime, L'Impromptu de Versailles, sans être
dédicacé, donne la place centrale au roi lui-même : véritable axe de la comédie, celui-ci en est, en fait, l'organisateur,
puisque c'est sur son ordre que Molière et sa troupe
entreprennent de répéter la pièce qu'il leur a commandée, et
que c'est par sa grâce qu'ils peuvent cesser la répétition et
remettre à plus tard la représentation. L'Impromptu est fait
pour le roi, et à partir de lui, qui en assure l'ouverture et le
dénouement. Et le fait qu'il soit de Versailles traduit
clairement d'où parle Molière, d'où il joue et d'où il tire sa
raison d'être.*

*S'il a ainsi besoin de la protection du roi et de la cour,
Molière n'entend pas pour autant leur aliéner sa liberté. Sa
prudence n'implique aucune complaisance. Mieux même :
en s'adressant à un public noble, il découvre, lors des
multiples représentations qu'il donne à Versailles, à Chambord, à Saint-Germain ou « en visite » chez les Grands, un
vaste champ d'observation dont il va nourrir son théâtre.
Les courtisans forment un monde, un « pays » dira La
Fontaine, ayant ses lois propres, ses coutumes, ses règles. Si
Molière ne met nullement en cause le système sur lequel
repose cette société de cour, il n'hésite pas, néanmoins, à
renvoyer aux courtisans leur propre image. Certes, il prend*

ses précautions, et Dorante, dans La Critique, *prend soin d'assortir ses jugements de quelques précisions :* « Ce n'est pas à toi que je parle, dit-il au Marquis. C'est à une douzaine de Messieurs qui déshonorent les gens de cour par leurs manières extravagantes, et font croire parmi le peuple que nous nous ressemblons tous. » Et, contre « les beaux esprits de profession », précieuses ou pédants, le même Dorante n'hésite pas à défendre le goût de la cour. Cependant, ces réserves faites, Molière trouve à la cour un réservoir quasi inépuisable de comportements et de personnages : l'ambition, la vanité, l'émulation, la flatterie, la superficialité étant le lot de cette société fermée sur elle-même, la matière est riche pour qui a entrepris de s'attacher au ridicule des hommes. Comme le montre une longue tirade de* L'Impromptu, *dite par Molière lui-même, et qui passe en revue toute une série de « caractères », les courtisans offrent à l'auteur comique « plus de sujets qu'il n'en voudra ». Et ils sont un enrichissement décisif pour la comédie qui, jusque-là, n'avait guère osé les mettre ainsi publiquement en scène et en cause. Déjà entrevu dans* Les Précieuses ridicules *et* Les Fâcheux, *le personnage du marquis ridicule que présentent* La Critique de l'École des femmes, *le* Remerciement au Roi *et surtout* L'Impromptu de Versailles, *se trouve doté de cette dimension comique qui l'annexe totalement au monde du théâtre :* « Que diable, dit Molière, voulez-vous qu'on prenne pour un caractère agréable de théâtre ? Le marquis aujourd'hui est le plaisant de la comédie ; et comme dans toutes les comédies anciennes on voit toujours un valet bouffon qui fait rire les auditeurs, de même, dans toutes nos pièces de maintenant, il faut toujours un marquis ridicule qui divertisse la compagnie. »

Présenter ainsi devant le roi et devant un public où les marquis abondent un courtisan comme le type même de la comédie nouvelle ; montrer sans ambages tous les ridicules du personnage et faire rire les gens de cour d'eux-mêmes :

voilà qui témoigne non seulement de l'indépendance d'esprit de Molière, mais plus encore de cette maîtrise totale de son art à laquelle il parvient avec la querelle de L'École des femmes. *L'audace qu'il manifeste à l'égard de son propre public, et qui lui vaudra, d'ailleurs, quelques vengeances cruelles de la part des marquis, apparaît de sa part comme la volonté de franchir l'ultime obstacle social qui pèse encore sur la comédie. Ne craignant pas d'être irrespectueux avec ceux-là mêmes dont il a besoin pour vivre, Molière prouve qu'il n'est rien qui soit interdit à l'auteur comique. C'est à Versailles, lieu symbolique, que, sept mois après* L'Impromptu, *il donnera son premier* Tartuffe.

MOLIÈRE ET LES FEMMES

De tous les sujets importants qui le préoccupent et dont il fait la matière de son théâtre, le premier sur lequel Molière met l'accent est celui des femmes, de leur place et de leur rôle dans la société, de leur éducation, de leurs rapports avec les hommes. La question de la femme apparaît comme un des fils directeurs de l'œuvre : des Précieuses ridicules, *qui marquent les débuts de sa carrière, aux* Femmes savantes, *qui en sont presque le terme, le sujet passionne Molière, comme le montrent les deux* Écoles *qui sont sur ce point les pièces les plus riches et les plus explicites. Faut-il voir dans cette double histoire d'un homme déjà mûr, et même sur le penchant de l'âge, qui s'entiche d'une toute jeune fille et se trouve comme obsédé par les risques de cocuage que lui fait courir le jeune âge de sa protégée, le reflet des propres inquiétudes d'un Molière épousant, à 41 ans, la jeune Armande Béjart, qui n'en a pas 20 ? On peut remarquer que les premiers à avoir suggéré une telle influence de sa vie privée sur sa création sont ses adversaires de la querelle. Dans les* Nouvelles nouvelles, *Donneau de Visé donne le ton : « Si vous voulez savoir pourquoi presque dans toutes ses pièces il raille tant les cocus, et dépeint si naturellement les jaloux, c'est qu'il est du nombre de ces derniers. »* Et Montfleury, raillé dans L'Impromptu, ira même plus loin, comme le rappelle une lettre de Racine à l'abbé Le Vasseur (éd. Picard, Pléiade, t. II, p. 459) : *« Montfleury a fait une requête contre Molière et l'a donnée au roi. Il l'accuse d'avoir épousé la fille, et d'avoir autrefois couché avec la mère. »* Jaloux, cocu, incestueux : les rapports de Molière avec les femmes ont d'abord nourri la calomnie. Est-ce à dire, cependant, qu'aucune préoccupation personnelle n'ait pu passer dans la façon dont Molière parle des femmes sur la scène ? L'affirmer serait méconnaître le fait que la vie privée de l'homme est, de façon constante et concrète, liée au monde du théâtre. C'est par Madeleine Béjart que Molière se lance véritablement dans la carrière. Même si les circonstances de cette rencontre ne sont pas exactement celles que suggère Tallemant des Réaux dans ses Historiettes (*« Un garçon, nommé Molière, écrit-il, quitta les bancs de la Sorbonne pour la suivre ; il en fut longtemps amoureux, donnait des avis à la troupe, et enfin s'en mit et l'épousa »* — éd. Adam, Pléiade, t. II, p. 778), il n'en reste pas moins que c'est par une femme, Madeleine, que Molière s'est initié au théâtre. Et la promiscuité, de règle au sein d'une troupe itinérante, l'amène aussi à entretenir avec d'autres actrices des liens qui ne sont pas seulement professionnels : si la Du Parc reste sourde à ses avances, Catherine de Brie le console, en attendant Armande, la jeune sœur de Madeleine. Comment dès lors ignorer cette dimension intime dans les rapports de Molière avec les comédiennes auxquelles il confie les rôles les plus importants de ses pièces ? La vivacité et la liberté de ton dont témoigne la première scène de L'Impromptu ne sauraient se comprendre si l'on oublie que, des quatre actrices qui lui font face et qui n'hésitent pas à lui tenir tête, il a été le soupirant de l'une, l'amant des deux autres, et qu'il vient d'épouser la dernière ! Et lorsque Madeleine lui *suggère quelque sujet à traiter, lorsque la* Du Parc *le prend de haut, lorsque la* de Brie *laisse percer quelque jalousie, lorsque enfin* Armande *lui fait plaisamment une scène de ménage, les rôles qu'il leur prête, et qu'il a écrits pour chacune d'elles, se ressentent de la connaissance qu'il a et de leur caractère de femmes et de leur talent de comédiennes. Ce qui règne à ce moment-là, sur la scène du théâtre, c'est une totale complicité, les actrices n'étant pas plus dupes de l'emploi qu'il leur fait tenir que Molière de leur capacité à le jouer. À cet égard, Armande apparaît comme une débutante, et si elle tient sa place dans* La Critique, *le rôle d'Agnès dans* L'École des femmes *est revenu à Catherine de Brie, actrice beaucoup plus chevronnée. Toute identification du couple Arnolphe-Agnès avec le couple Molière-Armande ne correspond donc pas à cette illusion première qui est celle de la scène. Il n'est pas avéré non plus qu'elle corresponde davantage à la réalité du couple à ce moment-là : le mariage a eu lieu au début de l'année 1662, et rien n'indique que, quelques mois plus tard, Molière puisse avoir déjà des craintes fondées quant à la fidélité de sa femme, ni qu'Armande, formée à l'école du théâtre, présente la même ingénuité qu'Agnès, et ait pareillement besoin d'être dessillée. Par ailleurs, le thème du cocuage est une telle tarte à la crème de la tradition comique, et Molière l'a utilisé si souvent déjà, qu'il n'est guère besoin de faire intervenir quelque influence vécue, ou à vivre, pour expliquer son choix. Tout au plus peut-on penser qu'au moment même où il se marie, il accorde une particulière attention à une question qui l'intéresse au premier chef. Et qu'à cette occasion, certains des sentiments, des réflexions, des désirs, des craintes, voire des fantasmes qui sont les siens et qui forment sa vie intérieure puissent nourrir les pièces qu'il écrit, la chose n'est pas niable : elle est le propre de toute création.*

Ce qu'il est peut-être plus important de déterminer, c'est la façon dont Molière réagit à cette question de la femme qu'il n'est pas le seul à soulever, mais qui agite en fait toute son époque. Dans un débat que les précieuses, et notamment Mlle de Scudéry, ont contribué à mettre au goût du jour, les partisans d'une plus grande liberté de la femme font porter leurs efforts sur deux points, où ils voient les sources essentielles de la dépendance féminine : l'éducation et le mariage. Que Molière choisisse d'écrire tour à tour une École des maris *et une* École des femmes *montre dès l'abord qu'il entend s'attacher, les deux titres le prouvent, à ce double aspect, essentiel, des choses. Et que, dans les deux cas, il choisisse une situation qui met face à face un homme d'un certain âge et une jeune fille lui permet de lier les deux problèmes. L'homme, que ce soit Sganarelle ou Arnolphe, se voit, en effet, envisagé dans sa double fonction de maître — dominus et magister. La tutelle qu'il exerce sur sa jeune pupille traduit à la fois l'autorité sociale que la loi reconnaît au mari sur sa femme et l'autorité morale que l'éducateur exerce sur son élève. Vu sous l'angle social, l'âge des protagonistes enrichit même la figure de l'époux de celle du père : Isabelle comme Agnès pourraient être les filles de leur protecteur, et d'ailleurs elles le sont au regard de la loi. En effet, dans les deux cas, les conditions dans lesquelles elles ont, tout enfants, été confiées à leurs tuteurs garantissent légalement à ceux-ci autorité parentale pleine et entière sur leurs pupilles. Sganarelle le précise, lorsqu'il rappelle à Ariste que le père de Léonor et d'Isabelle*

Sur elles, par contrat, nous sut, dès leur enfance
Et de père et d'époux donner pleine puissance (v. 103-104).

Peut-on en conclure que Molière, permettant à ses deux jeunes héroïnes d'échapper à l'autorité du père-époux auquel elles sont soumises, entreprend une croisade pour la libération de la femme ? Les choses sont, de fait, plus complexes. Le statut juridique de la femme au xviiᵉ siècle n'est pas aussi totalement négatif qu'on l'a longtemps répété. Il existe bel et bien des pouvoirs féminins, y compris

*juridiquement assurés, dans la société d'Ancien Régime. Et
si une fille mineure de 25 ans n'est pas en droit de se choisir
un époux sans l'autorisation de ses parents, la contrainte
existe aussi, et même plus forte, pour les garçons, puisque
pour eux la minorité en ce domaine va jusqu'à 30 ans!
Toute manœuvre qui amène le jeune homme à soustraire la
jeune fille à l'autorité de ses parents — que ce soit rapt de
séduction ou, plus radicalement encore, rapt de violence —
est passible des peines les plus lourdes. Dans ces conditions,
le sort de Valère dans* L'École des maris *et surtout d'Horace
dans* L'École des femmes *se trouve très fortement lié à celui
d'Isabelle et d'Agnès. Les conseils et le secours qu'Horace
vient chercher auprès d'Arnolphe, véritable substitut de son
père absent, l'intervention qu'il lui demande pour obtenir le
consentement d'Oronte lorsque celui-ci est de retour montrent bien qu'en matière de mariage, les choses ne sont guère
plus faciles pour le jeune homme que pour la jeune fille.
Vues sous cet angle-là, les deux* Écoles, *en ce qui concerne
la question du mariage, revendiquent moins une liberté
exclusivement féminine que la prise en compte du choix des
enfants par leurs parents : revendication que Molière ne
cessera jamais de mettre en avant, de pièce en pièce, tout au
long de sa carrière.*

*Toutefois, pour exercer cette liberté, encore faut-il être en
mesure d'apprendre à l'assurer. C'est bien là que la
réflexion de Molière apparaît la plus pénétrante. Face à un
système qui prépare la femme à un rôle passif, en refusant
de lui reconnaître la dimension intellectuelle, il met au
grand jour, en la portant sur la scène, l'inanité d'une telle
démarche. Vouloir maintenir la femme dans l'enfance en la
privant de toute véritable éducation, c'est en fait, pour
Molière, mutiler la nature humaine. La façon dont Arnolphe prétend élever Agnès, en lui donnant comme seule
perspective la sottise et l'ignorance, relève du crime contre
l'esprit et de l'abus de pouvoir. Si Molière prend en compte
la revendication féministe des précieuses concernant la*

légitimité, pour les filles, d'une éducation que la société du temps se refuse à leur donner, c'est moins pour défendre les femmes en tant que telles (capables, elles aussi, de l'excès inverse, le pédantisme, comme le montreront Les Femmes savantes) *que pour affirmer l'imprescriptible liberté pour tout être humain de pouvoir être lui-même. Dans la mesure où cette liberté se trouve particulièrement mise en question dans le cas des femmes, la démonstration de leur aptitude à apprendre, à aimer, à vivre apparaît d'autant plus éclatante. Si le personnage d'Agnès se révèle infiniment plus riche, en la matière, que celui d'Isabelle, c'est que la pupille d'Arnolphe a tout à découvrir. Et qu'elle puisse ainsi, contre la volonté et les manœuvres de son tuteur, lui-même infiniment plus retors et complexe que le naïf Sganarelle, s'éveiller si rapidement à la vie, découvrir l'amour et sentir sa propre ignorance des choses prouve, mieux que toutes les théories, la force de la nature. C'est parce qu'il croit en l'homme, en ses ressources intimes et en sa capacité à exercer sa liberté que Molière croit en la femme. À cet égard,* L'École des maris *et* L'École des femmes *ne peuvent être réduites à une sorte d'excroissance féministe dans l'œuvre de Molière. Leur audace est finalement beaucoup plus absolue ; elles disent la grande leçon de l'œuvre, que répéteront toutes les comédies qui suivent : il n'est nulle organisation sociale, nulle puissance spirituelle, nul système moral qui soit acceptable s'il ne fait, d'abord, confiance à la nature humaine.*

Jean Serroy

NOTE SUR LE TEXTE

Le texte reproduit les éditions originales :

1661 pour *L'École des maris*.

1663 pour *L'École des femmes*, 2ᵉ tirage (ce second tirage apporte quelques corrections au premier. Nous reproduisons ces variantes en note).

1663 pour *La Critique de l'École des femmes*.

1663 pour le *Remerciement au Roi*.

1682 pour *L'Impromptu de Versailles* (cette comédie faisant partie des sept qui n'ont pas été imprimées du vivant de Molière et qui ont été publiées pour la première fois dans l'édition de 1682, sous le titre *Œuvres posthumes de M. de Molière*).

L'ÉCOLE
DES
MARIS

COMÉDIE
de J.-B. P. Molière,

représentée sur le
Théâtre du Palais-Royal.

À PARIS
Chez Guillaume de Luyne,
Libraire Juré, au Palais, à la Salle des
Merciers, à la Justice.

M. DC. LXI
AVEC PRIVILÈGE DU ROI

L'ÉCOLE

DES

MARIS

COMÉDIE

représentée pour la première fois
à Paris, sur le Théâtre du Palais-Royal,
le 24 juin 1661
par la Troupe de Monsieur
Frère Unique du Roi.

Monseigneur,

Je fais voir ici à la France des choses bien peu proportionnées. Il n'est rien de si grand et de si superbe que le nom que je mets à la tête de ce livre, et rien de plus bas que ce qu'il contient. Tout le monde trouvera cet assemblage étrange ; et quelques-uns pourront bien dire, pour en exprimer l'inégalité, que c'est poser une couronne de perles et de diamants sur une statue de terre, et faire entrer par des portiques magnifiques et des arcs triomphaux superbes dans une méchante cabane. Mais, Monseigneur, ce qui doit me servir d'excuse, c'est qu'en cette aventure je n'ai eu aucun choix à faire, et que l'honneur que j'ai d'être à Votre Altesse Royale m'a imposé une nécessité absolue de lui dédier le premier ouvrage que je mets de moi-même au jour[2]. Ce n'est pas un présent que je lui fais, c'est un devoir dont je m'acquitte ; et les hommages ne sont jamais regardés par les choses qu'ils portent. J'ai donc osé, Monseigneur, dédier une bagatelle à Votre Altesse Royale, parce que je n'ai pu m'en dispenser ; et, si je me dispense ici de m'étendre sur les belles et glorieuses vérités qu'on pourrait dire d'Elle, c'est par la juste appréhension que ces grandes idées ne fissent éclater encore davantage la bassesse de mon offrande. Je me suis imposé silence pour trouver un endroit plus propre à placer de si belles choses; et tout ce que j'ai prétendu dans cette épître, c'est de justifier mon action à toute la France, et d'avoir cette gloire de vous dire à vous-même, Monseigneur, avec toute la soumission possible que je suis,

De Votre Altesse Royale,

Le très humble, très obéissant
et très fidèle serviteur,

J.-B. P. MOLIÈRE.

L'ÉCOLE DES MARIS

Comédie

LES PERSONNAGES

SGANARELLE[3]
ARISTE[4] } frères.

ISABELLE
LÉONOR } sœurs.

LISETTE, suivante de Léonor.
VALÈRE, amant d'Isabelle.
ERGASTE, valet de Valère.
LE COMMISSAIRE.
LE NOTAIRE.

La scène est à Paris.

ACTE PREMIER

SCÈNE PREMIÈRE

SGANARELLE, ARISTE

SGANARELLE

Mon frère, s'il vous plaît, ne discourons point tant,
Et que chacun de nous vive comme il l'entend.

Bien que sur moi des ans vous ayez l'avantage
Et soyez assez vieux pour devoir être sage,
5 Je vous dirai pourtant que mes intentions
Sont de ne prendre point de vos corrections,
Que j'ai pour tout conseil ma fantaisie à suivre,
Et me trouve fort bien de ma façon de vivre.

ARISTE

Mais chacun la condamne.

SGANARELLE

                    Oui, des fous comme vous,
Mon frère.

ARISTE

10   Grand merci : le compliment est doux.

SGANARELLE

Je voudrais bien savoir, puisqu'il faut tout entendre,
Ce que ces beaux censeurs en moi peuvent reprendre.

ARISTE

Cette farouche humeur, dont la sévérité
Fuit toutes les douceurs de la société,
15 À tous vos procédés inspire un air bizarre,
Et, jusques à l'habit, vous rend chez vous barbare.

SGANARELLE

Il est vrai qu'à la mode il faut m'assujettir,
Et ce n'est pas pour moi que je me dois vêtir !
Ne voudriez-vous point, par vos belles sornettes,
20 Monsieur mon frère aîné (car, Dieu merci, vous l'êtes
D'une vingtaine d'ans, à ne vous rien celer,
Et cela ne vaut point la peine d'en parler),
Ne voudriez-vous point, dis-je, sur ces matières,
De vos jeunes muguets[5] m'inspirer les manières ?

25 M'obliger à porter de ces petits chapeaux[6]
   Qui laissent éventer leurs débiles cerveaux,
   Et de ces blonds cheveux[7], de qui la vaste enflure
   Des visages humains offusque[8] la figure ?
   De ces petits pourpoints sous les bras se perdant,
30 Et de ces grands collets[9] jusqu'au nombril pendants ?
   De ces manches qu'à table on voit tâter les sauces,
   Et de ces cotillons[10] appelés hauts-de-chausses ?
   De ces souliers mignons, de rubans revêtus,
   Qui vous font ressembler à des pigeons pattus ?
35 Et de ces grands canons[11] où, comme en des entraves,
   On met tous les matins ses deux jambes esclaves,
   Et par qui nous voyons ces Messieurs les galants
   Marcher écarquillés ainsi que des volants[12] ?
   Je vous plairais, sans doute, équipé de la sorte ;
40 Et je vous vois porter les sottises qu'on porte.

ARISTE

   Toujours au plus grand nombre on doit s'accommoder,
   Et jamais il ne faut se faire regarder.
   L'un et l'autre excès choque, et tout homme bien sage
   Doit faire des habits ainsi que du langage,
45 N'y rien trop affecter, et sans empressement
   Suivre ce que l'usage y fait de changement.
   Mon sentiment n'est pas qu'on prenne la méthode
   De ceux qu'on voit toujours renchérir sur la mode,
   Et qui dans ses excès, dont ils sont amoureux,
50 Seraient fâchés qu'un autre eût été plus loin qu'eux ;
   Mais je tiens qu'il est mal, sur quoi que l'on se fonde,
   De fuir obstinément ce que suit tout le monde,
   Et qu'il vaut mieux souffrir d'être au nombre des fous,
   Que du sage parti se voir seul contre tous.

SGANARELLE

55 Cela sent son vieillard, qui, pour en faire accroire,
   Cache ses cheveux blancs d'une perruque noire.

ARISTE

C'est un étrange fait du soin que vous prenez
À me venir toujours jeter mon âge au nez,
Et qu'il faille qu'en moi sans cesse je vous voie
60 Blâmer l'ajustement aussi bien que la joie,
Comme si, condamnée à ne plus rien chérir,
La vieillesse devait ne songer qu'à mourir,
Et d'assez de laideur n'est pas accompagnée,
Sans se tenir encor malpropre et rechignée.

SGANARELLE

65 Quoi qu'il en soit, je suis attaché fortement
À ne démordre point de mon habillement.
Je veux une coiffure, en dépit de la mode,
Sous qui toute ma tête ait un abri commode ;
Un bon pourpoint bien long et fermé comme il faut,
70 Qui, pour bien digérer, tienne l'estomac chaud ;
Un haut-de-chausses fait justement pour ma cuisse ;
Des souliers où mes pieds ne soient point au supplice.
Ainsi qu'en ont usé sagement nos aïeux :
Et qui me trouve mal n'a qu'à fermer les yeux.

SCÈNE II

LÉONOR, ISABELLE, LISETTE,
ARISTE, SGANARELLE

LÉONOR, *à Isabelle.*

75 Je me charge de tout, en cas que l'on vous gronde.

LISETTE, *à Isabelle.*

Toujours dans une chambre à ne point voir le monde ?

ISABELLE

Il est ainsi bâti.

LÉONOR

Je vous en plains, ma sœur.

LISETTE

Bien vous prend que son frère ait toute une autre humeur,
Madame, et le destin vous fut bien favorable
80 En vous faisant tomber aux mains du raisonnable.

ISABELLE

C'est un miracle encor qu'il ne m'ait aujourd'hui
Enfermée à la clef ou menée avec lui.

LISETTE

Ma foi, je l'envoirais au diable avec sa fraise[13],
Et...

SGANARELLE

Où donc allez-vous, qu'il ne vous en déplaise ?

LÉONOR

85 Nous ne savons encor, et je pressais ma sœur
De venir du beau temps respirer la douceur ;
Mais...

SGANARELLE

Pour vous, vous pouvez aller où bon vous semble
Vous n'avez qu'à courir, vous voilà deux ensemble.
Mais vous, je vous défends, s'il vous plaît, de sortir.

ARISTE

90 Eh ! laissez-les, mon frère, aller se divertir.

SGANARELLE

Je suis votre valet[14], mon frère.

ARISTE

　　　　　　　La jeunesse

Veut...

SGANARELLE

　La jeunesse est sotte, et parfois la vieillesse.

ARISTE

Croyez-vous qu'elle est mal d'être avec Léonor ?

SGANARELLE

Non pas ; mais avec moi je la crois mieux encor.

ARISTE

Mais...

SGANARELLE

95　　　Mais ses actions de moi doivent dépendre,
　Et je sais l'intérêt enfin que j'y dois prendre.

ARISTE

À celles de sa sœur ai-je un moindre intérêt ?

SGANARELLE

Mon Dieu, chacun raisonne et fait comme il lui plaît.
Elles sont sans parents, et notre ami leur père
100 Nous commit [15] leur conduite à son heure dernière,
Et nous chargeant tous deux ou de les épouser,
Ou, sur notre refus, un jour d'en disposer,
Sur elles, par contrat, nous sut, dès leur enfance,
Et de père et d'époux donner pleine puissance.
105 D'élever celle-là vous prîtes le souci,
Et moi, je me chargeai du soin de celle-ci ;
Selon vos volontés vous gouvernez la vôtre :
Laissez-moi, je vous prie, à mon gré régir l'autre.

ARISTE

Il me semble…

SGANARELLE

Il me semble, et je le dis tout haut,
110 Que sur un tel sujet c'est parler comme il faut.
Vous souffrez que la vôtre aille leste et pimpante :
Je le veux bien ; qu'elle ait et laquais et suivante :
J'y consens ; qu'elle coure, aime l'oisiveté,
Et soit des damoiseaux [16] fleurée [17] en liberté :
115 J'en suis fort satisfait. Mais j'entends que la mienne
Vive à ma fantaisie, et non pas à la sienne ;
Que d'une serge [18] honnête elle ait son vêtement,
Et ne porte le noir qu'aux bons jours seulement [19],
Qu'enfermée au logis, en personne bien sage,
120 Elle s'applique toute aux choses du ménage,
À recoudre mon linge aux heures de loisir,
Ou bien à tricoter quelque bas par plaisir ;
Qu'aux discours des muguets elle ferme l'oreille,
Et ne sorte jamais sans avoir qui la veille.
125 Enfin la chair est faible, et j'entends tous les bruits.
Je ne veux point porter de cornes, si je puis ;
Et comme à m'épouser sa fortune l'appelle,
Je prétends corps pour corps pouvoir répondre d'elle.

ISABELLE

Vous n'avez pas sujet, que je crois…

SGANARELLE

Taisez-vous.
130 Je vous apprendrai bien s'il faut sortir sans nous.

LÉONOR

Quoi donc, Monsieur… ?

SGANARELLE

Mon Dieu, Madame, sans langage[20],
Je ne vous parle pas, car vous êtes trop sage.

LÉONOR

Voyez-vous Isabelle avec nous à regret?

SGANARELLE

Oui, vous me la gâtez, puisqu'il faut parler net.
135 Vos visites ici ne font que me déplaire,
Et vous m'obligerez de ne nous en plus faire.

LÉONOR

Voulez-vous que mon cœur vous parle net aussi?
J'ignore de quel œil elle voit tout ceci;
Mais je sais ce qu'en moi ferait la défiance;
140 Et quoiqu'un même sang nous ait donné naissance,
Nous sommes bien peu sœurs s'il faut que chaque jour
Vos manières d'agir lui donnent de l'amour.

LISETTE

En effet, tous ces soins sont des choses infâmes.
Sommes-nous chez les Turcs pour renfermer les femmes?
145 Car on dit qu'on les tient esclaves en ce lieu,
Et que c'est pour cela qu'ils sont maudits de Dieu.
Notre honneur est, Monsieur, bien sujet à faiblesse,
S'il faut qu'il ait besoin qu'on le garde sans cesse.
Pensez-vous, après tout, que ces précautions
150 Servent de quelque obstacle à nos intentions,
Et quand nous nous mettons quelque chose à la tête,
Que l'homme le plus fin ne soit pas une bête?
Toutes ces gardes-là sont visions de fous:
Le plus sûr est, ma foi, de se fier en nous.
155 Qui nous gêne se met en un péril extrême,
Et toujours notre honneur veut se garder lui-même.
C'est nous inspirer presque un désir de pécher,

Que montrer tant de soins de nous en empêcher ;
Et si par un mari je me voyais contrainte,
160 J'aurais fort grande pente à confirmer sa crainte.

SGANARELLE

Voilà, beau précepteur, votre éducation,
Et vous souffrez cela sans nulle émotion.

ARISTE

Mon frère, son discours ne doit que faire rire.
Elle a quelque raison en ce qu'elle veut dire :
165 Leur sexe aime à jouir d'un peu de liberté ;
On le retient fort mal par tant d'austérité ;
Et les soins défiants, les verrous et les grilles
Ne font pas la vertu des femmes ni des filles.
C'est l'honneur qui les doit tenir dans le devoir,
170 Non la sévérité que nous leur faisons voir.
C'est une étrange chose, à vous parler sans feinte,
Qu'une femme qui n'est sage que par contrainte.
En vain sur tous ses pas nous prétendons régner :
Je trouve que le cœur est ce qu'il faut gagner ;
175 Et je ne tiendrais, moi, quelque soin qu'on se donne,
Mon honneur guère sûr aux mains d'une personne
À qui, dans les désirs qui pourraient l'assaillir,
Il ne manquerait rien qu'un moyen de faillir.

SGANARELLE

Chansons que tout cela.

ARISTE

Soit ; mais je tiens sans cesse
180 Qu'il nous faut en riant instruire la jeunesse,
Reprendre ses défauts avec grande douceur,
Et du nom de vertu ne lui point faire peur.
Mes soins pour Léonor ont suivi ces maximes :
Des moindres libertés je n'ai point fait des crimes.

185 À ses jeunes désirs j'ai toujours consenti,
Et je ne m'en suis point, grâce au Ciel, repenti.
J'ai souffert qu'elle ait vu les belles compagnies,
Les divertissements, les bals, les comédies ;
Ce sont choses, pour moi, que je tiens de tout temps
190 Fort propres à former l'esprit des jeunes gens ;
Et l'école du monde, en l'air dont il faut vivre
Instruit mieux, à mon gré, que ne fait aucun livre.
Elle aime à dépenser en habits, linge et nœuds :
Que voulez-vous ? Je tâche à contenter ses vœux ;
195 Et ce sont des plaisirs qu'on peut, dans nos familles,
Lorsque l'on a du bien, permettre aux jeunes filles.
Un ordre paternel l'oblige à m'épouser ;
Mais mon dessein n'est pas de la tyranniser.
Je sais bien que nos ans ne se rapportent guère,
200 Et je laisse à son choix liberté tout entière.
Si quatre mille écus de rente bien venants[21],
Une grande tendresse et des soins complaisants
Peuvent, à son avis, pour un tel mariage,
Réparer entre nous l'inégalité d'âge,
205 Elle peut m'épouser ; sinon, choisir ailleurs.
Je consens que sans moi ses destins soient meilleurs ;
Et j'aime mieux la voir sous un autre hyménée,
Que si contre son gré sa main m'était donnée.

SGANARELLE

Hé ! qu'il est doucereux ! c'est tout sucre et tout miel.

ARISTE

210 Enfin, c'est mon humeur, et j'en rends grâce au Ciel.
Je ne suivrais jamais ces maximes sévères,
Qui font que les enfants comptent les jours des pères.

SGANARELLE

Mais ce qu'en la jeunesse on prend de liberté
Ne se retranche pas avec facilité ;

215 Et tous ses sentiments suivront mal votre envie,
Quand il faudra changer sa manière de vie.

ARISTE

Et pourquoi la changer?

SGANARELLE

Pourquoi?

ARISTE

Oui.

SGANARELLE

Je ne sais.

ARISTE

Y voit-on quelque chose où l'honneur soit blessé?

SGANARELLE

Quoi? si vous l'épousez, elle pourra prétendre
220 Les mêmes libertés que fille on lui voit prendre?

ARISTE

Pourquoi non?

SGANARELLE

Vos désirs lui seront complaisants,
Jusques à lui laisser et mouches[22] et rubans?

ARISTE

Sans doute.

SGANARELLE

À lui souffrir, en cervelle troublée,
De courir tous les bals et les lieux d'assemblée?

ARISTE

Oui, vraiment.

SGANARELLE

225   Et chez vous iront les damoiseaux ?

ARISTE

Et quoi donc ?

SGANARELLE

Qui joueront et donneront cadeaux [23] ?

ARISTE

D'accord.

SGANARELLE

Et votre femme entendra les fleurettes ?

ARISTE

Fort bien.

SGANARELLE

Et vous verrez ces visites muguettes
D'un œil à témoigner de n'en être point soûl ?

ARISTE

Cela s'entend.

SGANARELLE

230   Allez, vous êtes un vieux fou.

À Isabelle.

Rentrez, pour n'ouïr point cette pratique [24] infâme.

ARISTE

Je veux m'abandonner à la foi de ma femme,
Et prétends toujours vivre ainsi que j'ai vécu.

SGANARELLE

Que j'aurai de plaisir si l'on le fait cocu !

ARISTE

235 J'ignore pour quel sort mon astre m'a fait naître ;
Mais je sais que pour vous, si vous manquez de l'être,
On ne vous en doit point imputer le défaut,
Car vos soins pour cela font bien tout ce qu'il faut.

SGANARELLE

Riez donc, beau rieur. Oh ! que cela doit plaire
240 De voir un goguenard presque sexagénaire !

LÉONOR

Du sort dont vous parlez, je le garantis, moi,
S'il faut que par l'hymen il reçoive ma foi :
Il s'y peut assurer [25] ; mais sachez que mon âme
Ne répondrait de rien, si j'étais votre femme.

LISETTE

245 C'est conscience à ceux qui s'assurent en nous ;
Mais c'est pain bénit [26], certes, à des gens comme vous.

SGANARELLE

Allez, langue maudite, et des plus mal apprises.

ARISTE

Vous vous êtes, mon frère, attiré ces sottises.
Adieu. Changez d'humeur, et soyez averti
250 Que renfermer sa femme est le mauvais parti.
Je suis votre valet.

SGANARELLE

       Je ne suis pas le vôtre.
Oh ! que les voilà bien tous formés l'un pour l'autre !
Quelle belle famille ! Un vieillard insensé

Qui fait le dameret[27] dans un corps tout cassé ;
255 Une fille maîtresse et coquette suprême ;
Des valets impudents : non, la Sagesse même
N'en viendrait pas à bout, perdrait sens et raison
À vouloir corriger une telle maison.
Isabelle pourrait perdre dans ces hantises[28]
260 Les semences d'honneur qu'avec nous elle a prises ;
Et pour l'en empêcher dans peu nous prétendons
Lui faire aller revoir nos choux et nos dindons.

SCÈNE III

ERGASTE, VALÈRE, SGANARELLE

VALÈRE

Ergaste, le voilà cet Argus[29] que j'abhorre,
Le sévère tuteur de celle que j'adore.

SGANARELLE

265 N'est-ce pas quelque chose enfin de surprenant
Que la corruption des mœurs de maintenant !

VALÈRE

Je voudrais l'accoster, s'il est en ma puissance,
Et tâcher de lier avec lui connaissance.

SGANARELLE

Au lieu de voir régner cette sévérité
270 Qui composait[30] si bien l'ancienne honnêteté,
La jeunesse en ces lieux, libertine[31], absolue[32],
Ne prend...

VALÈRE

Il ne voit pas que c'est lui qu'on salue.

ERGASTE

Son mauvais œil peut-être est de ce côté-ci :
Passons du côté droit.

SGANARELLE

Il faut sortir d'ici.
275 Le séjour de la ville en moi ne peut produire
Que des...

VALÈRE

Il faut chez lui tâcher de m'introduire.

SGANARELLE

Heu!... J'ai cru qu'on parlait. Aux champs, grâces aux
                                                    [Cieux,
Les sottises du temps ne blessent point mes yeux.

ERGASTE

Abordez-le.

SGANARELLE

Plaît-il? Les oreilles me cornent.
280 Là, tous les passe-temps de nos filles se bornent...
Est-ce à nous?

ERGASTE

Approchez.

SGANARELLE

Là, nul godelureau
Ne vient... Que diable!... Encor? Que de coups de
                                                [chapeau!

VALÈRE

Monsieur, un tel abord vous interrompt peut-être?

SGANARELLE

Cela se peut.

VALÈRE

Mais quoi? l'honneur de vous connaître
285 Est un si grand bonheur, est un si doux plaisir,
Que de vous saluer j'avais un grand désir.

SGANARELLE

Soit.

VALÈRE

Et de vous venir, mais sans nul artifice,
Assurer que je suis tout à votre service.

SGANARELLE

Je le crois.

VALÈRE

J'ai le bien [33] d'être de vos voisins.
290 Et j'en dois rendre grâce à mes heureux destins.

SGANARELLE

C'est bien fait.

VALÈRE

Mais, Monsieur, savez-vous les nouvelles
Que l'on dit à la cour, et qu'on tient pour fidèles [34]?

SGANARELLE

Que m'importe?

VALÈRE

Il est vrai; mais pour les nouveautés
On peut avoir parfois des curiosités.

295 Vous irez voir, Monsieur, cette magnificence
Que de notre Dauphin prépare la naissance[35] ?

SGANARELLE

Si je veux.

VALÈRE

        Avouons que Paris nous fait part
De cent plaisirs charmants qu'on n'a point autre part ;
Les provinces auprès sont des lieux solitaires.
À quoi donc passez-vous le temps ?

SGANARELLE

300   À mes affaires.

VALÈRE

L'esprit veut du relâche, et succombe parfois
Par trop d'attachement aux sérieux emplois.
Que faites-vous les soirs avant qu'on se retire ?

SGANARELLE

Ce qui me plaît.

VALÈRE

            Sans doute, on ne peut pas mieux dire :
305 Cette réponse est juste, et le bon sens paraît
À ne vouloir jamais faire que ce qui plaît.
Si je ne vous croyais l'âme trop occupée,
J'irais parfois chez vous passer l'après-soupée.

SGANARELLE

Serviteur.

SCÈNE IV

VALÈRE, ERGASTE

VALÈRE

Que dis-tu de ce bizarre fou?

ERGASTE

310 Il a le repart brusque, et l'accueil loup-garou.

VALÈRE

Ah! j'enrage!

ERGASTE

Et de quoi?

VALÈRE

De quoi! C'est que j'enrage
De voir celle que j'aime au pouvoir d'un sauvage,
D'un dragon surveillant, dont la sévérité
Ne lui laisse jouir d'aucune liberté.

ERGASTE

315 C'est ce qui fait[36] pour vous, et sur ces conséquences
Votre amour doit fonder de grandes espérances:
Apprenez, pour avoir votre esprit raffermi,
Qu'une femme qu'on garde est gagnée à demi,
Et que les noirs chagrins des maris ou des pères
320 Ont toujours du galant avancé les affaires.
Je coquette fort peu, c'est mon moindre talent,
Et de profession je ne suis point galant;
Mais j'en ai servi vingt de ces chercheurs de proie,
Qui disaient fort souvent que leur plus grande joie
325 Était de rencontrer de ces maris fâcheux,
Qui jamais sans gronder ne reviennent chez eux,

De ces brutaux fieffés, qui sans raison ni suite
De leurs femmes en tout contrôlent la conduite,
Et du nom de mari fièrement se parant
330 Leur rompent en visière [37] aux yeux des soupirants.
« On en sait, disent-ils, prendre ses avantages ;
Et l'aigreur de la dame à ces sortes d'outrages,
Dont la plaint doucement le complaisant témoin,
Est un camp [38] à pousser les choses assez loin. »
335 En un mot, ce vous est une attente assez belle,
Que la sévérité du tuteur d'Isabelle.

VALÈRE

Mais depuis quatre mois que je l'aime ardemment,
Je n'ai pour lui parler pu trouver un moment.

ERGASTE

L'amour rend inventif ; mais vous ne l'êtes guère,
Et si j'avais été…

VALÈRE

340   Mais qu'aurais-tu pu faire,
Puisque sans ce brutal on ne la voit jamais,
Et qu'il n'est là-dedans servantes ni valets
Dont, par l'appas flatteur de quelque récompense,
Je puisse pour mes feux ménager l'assistance ?

ERGASTE

345 Elle ne sait donc pas encor que vous l'aimez ?

VALÈRE

C'est un point dont mes vœux ne sont point informés.
Partout où ce farouche a conduit cette belle,
Elle m'a toujours vu comme une ombre après elle,
Et mes regards aux siens ont tâché chaque jour
350 De pouvoir expliquer l'excès de mon amour.

Mes yeux ont fort parlé ; mais qui me peut apprendre
Si leur langage enfin a pu se faire entendre ?

ERGASTE

Ce langage, il est vrai, peut être obscur parfois,
S'il n'a pour truchement l'écriture ou la voix.

VALÈRE

355 Que faire pour sortir de cette peine extrême,
Et savoir si la belle a connu que je l'aime ?
Dis-m'en quelque moyen.

ERGASTE

　　　　　　　C'est ce qu'il faut trouver.
Entrons un peu chez vous, afin d'y mieux rêver[39].

ACTE II

SCÈNE PREMIÈRE

ISABELLE, SGANARELLE

SGANARELLE

Va, je sais la maison, et connais la personne
360 Aux marques seulement que ta bouche me donne.

ISABELLE, *à part.*

Ô Ciel ! sois-moi propice et seconde en ce jour
Le stratagème adroit d'une innocente amour.

SGANARELLE

Dis-tu pas qu'on t'a dit qu'il s'appelle Valère ?

ISABELLE

Oui.

SGANARELLE

Va, sois en repos, rentre et me laisse faire ;
365 Je vais parler sur l'heure à ce jeune étourdi.

ISABELLE

Je fais, pour une fille, un projet bien hardi ;
Mais l'injuste rigueur dont envers moi l'on use,
Dans tout esprit bien fait me servira d'excuse.

SCÈNE II

SGANARELLE, ERGASTE, VALÈRE

SGANARELLE

Ne perdons point de temps. C'est ici : qui va là [40] ?
370 Bon, je rêve : holà ! dis-je, holà ! quelqu'un ! holà !
Je ne m'étonne pas, après cette lumière [41],
S'il y venait tantôt de si douce manière ;
Mais je veux me hâter, et de son fol espoir...
Peste soit du gros bœuf [42], qui pour me faire choir
375 Se vient devant mes pas planter comme une perche !

VALÈRE

Monsieur, j'ai du regret...

SGANARELLE

Ah ! c'est vous que je cherche.

VALÈRE

Moi, Monsieur ?

SGANARELLE

Vous. Valère est-il pas votre nom ?

VALÈRE

Oui.

SGANARELLE

Je viens vous parler, si vous le trouvez bon.

VALÈRE

Puis-je être assez heureux pour vous rendre service ?

SGANARELLE

380 Non. Mais je prétends, moi, vous rendre un bon office,
Et c'est ce qui chez vous prend droit de m'amener.

VALÈRE

Chez moi, Monsieur ?

SGANARELLE

Chez vous : faut-il tant s'étonner ?

VALÈRE

J'en ai bien du sujet, et mon âme ravie
De l'honneur...

SGANARELLE

Laissons là cet honneur, je vous prie.

VALÈRE

Voulez-vous pas entrer ?

SGANARELLE

385   Il n'en est pas besoin.

VALÈRE

Monsieur, de grâce.

SGANARELLE

Non, je n'irai pas plus loin.

VALÈRE

Tant que vous serez là, je ne puis vous entendre.

SGANARELLE

Moi, je n'en veux bouger.

VALÈRE

Eh bien ! il se faut rendre.
Vite, puisque Monsieur à cela se résout,
Donnez un siège ici.

SGANARELLE

390   Je veux parler debout.

VALÈRE

Vous souffrir de la sorte… ?

SGANARELLE

Ah ! contrainte effroyable !

VALÈRE

Cette incivilité serait trop condamnable.

SGANARELLE

C'en est une que rien ne saurait égaler,
De n'ouïr pas les gens qui veulent nous parler.

VALÈRE

Je vous obéis donc.

SGANARELLE

395   Vous ne sauriez mieux faire ;
Tant de cérémonie est fort peu nécessaire.
Voulez-vous m'écouter ?

VALÈRE

Sans doute, et de grand cœur.

SGANARELLE

Savez-vous, dites-moi, que je suis le tuteur
D'une fille assez jeune et passablement belle,
400 Qui loge en ce quartier, et qu'on nomme Isabelle?

VALÈRE

Oui.

SGANARELLE

Si vous le savez, je ne vous l'apprends pas.
Mais, savez-vous aussi, lui trouvant des appas,
Qu'autrement qu'en tuteur sa personne me touche,
Et qu'elle est destinée à l'honneur de ma couche?

VALÈRE

Non.

SGANARELLE

405 Je vous l'apprends donc, et qu'il est à propos
Que vos feux, s'il vous plaît, la laissent en repos.

VALÈRE

Qui? moi, Monsieur?

SGANARELLE

Oui, vous. Mettons bas toute feinte.

VALÈRE

Qui vous a dit que j'ai pour elle l'âme atteinte?

SGANARELLE

Des gens à qui l'on peut donner quelque crédit.

VALÈRE

Mais encor?

SGANARELLE

Elle-même.

VALÈRE

Elle?

SGANARELLE

410   Elle. Est-ce assez dit?
Comme une fille honnête, et qui m'aime d'enfance,
Elle vient de m'en faire entière confidence;
Et de plus m'a chargé de vous donner avis
Que depuis que par vous tous ses pas sont suivis,
415 Son cœur, qu'avec excès votre poursuite outrage,
N'a que trop de vos yeux entendu le langage,
Que vos secrets désirs lui sont assez connus,
Et que c'est vous donner des soucis superflus
De vouloir davantage expliquer une flamme
420 Qui choque l'amitié [43] que me garde son âme.

VALÈRE

C'est elle, dites-vous, qui de sa part vous fait...?

SGANARELLE

Oui, vous venir donner cet avis franc et net,
Et qu'ayant vu l'ardeur dont votre âme est blessée,
Elle vous eût plus tôt fait savoir sa pensée,
425 Si son cœur avait eu, dans son émotion,
À qui pouvoir donner cette commission;
Mais qu'enfin les douleurs d'une contrainte extrême
L'ont réduite à vouloir se servir de moi-même,
Pour vous rendre averti, comme je vous ai dit,
430 Qu'à tout autre que moi son cœur est interdit,
Que vous avez assez joué de la prunelle,

Et que, si vous avez tant soit peu de cervelle,
Vous prendrez d'autres soins. Adieu jusqu'au revoir.
Voilà ce que j'avais à vous faire savoir.

VALÈRE

435 Ergaste, que dis-tu d'une telle aventure ?

SGANARELLE, *à part.*

Le voilà bien surpris !

ERGASTE

Selon ma conjecture,
Je tiens qu'elle n'a rien de déplaisant pour vous,
Qu'un mystère assez fin est caché là-dessous,
Et qu'enfin cet avis n'est pas d'une personne
440 Qui veuille voir cesser l'amour qu'elle vous donne.

SGANARELLE, *à part.*

Il en tient comme il faut[44].

VALÈRE

Tu crois mystérieux..

ERGASTE

Oui... Mais il nous observe, ôtons-nous de ses yeux.

SGANARELLE

Que sa confusion paraît sur son visage !
Il ne s'attendait pas sans doute à ce message.
445 Appelons Isabelle. Elle montre le fruit
Que l'éducation dans une âme produit :
La vertu fait ses soins, et son cœur s'y consomme[45]
Jusques à s'offenser des seuls regards d'un homme.

SCÈNE III

ISABELLE, SGANARELLE

ISABELLE

J'ai peur que cet amant, plein de sa passion,
450 N'ait pas de mon avis compris l'intention ;
Et j'en veux, dans les fers où je suis prisonnière,
Hasarder un qui parle avec plus de lumière.

SGANARELLE

Me voilà de retour.

ISABELLE

Hé bien ?

SGANARELLE

Un plein effet
A suivi tes discours, et ton homme a son fait.
455 Il me voulait nier que son cœur fût malade ;
Mais lorsque de ta part j'ai marqué [46] l'ambassade,
Il est resté d'abord et muet et confus,
Et je ne pense pas qu'il y revienne plus.

ISABELLE

Ha ! que me dites-vous ? J'ai bien peur du contraire,
460 Et qu'il ne nous prépare encor plus d'une affaire.

SGANARELLE

Et sur quoi fondes-tu cette peur que tu dis ?

ISABELLE

Vous n'avez pas été plus tôt hors du logis,
Qu'ayant, pour prendre l'air, la tête à ma fenêtre,
J'ai vu dans ce détour [47] un jeune homme paraître,

'd, de la part de cet impertinent,
⸺ me donner un bonjour surprenant,
Et m'a droit dans ma chambre une boîte jetée
Qui renferme une lettre en poulet[48] cachetée.
J'ai voulu sans tarder lui rejeter le tout ;
470 Mais ses pas de la rue avaient gagné le bout,
Et je m'en sens le cœur tout gros de fâcherie.

SGANARELLE

Voyez un peu la ruse et la friponnerie !

ISABELLE

Il est de mon devoir de faire promptement
Reporter boîte et lettre à ce maudit amant ;
475 Et j'aurais pour cela besoin d'une personne,
Car d'oser à vous-même...

SGANARELLE

        Au contraire, mignonne,
C'est me faire mieux voir ton amour et ta foi,
Et mon cœur avec joie accepte cet emploi :
Tu m'obliges par-là plus que je ne puis dire.

ISABELLE

Tenez donc.

SGANARELLE

480   Bon. Voyons ce qu'il a pu t'écrire.

ISABELLE

Ah ! Ciel ! gardez-vous bien de l'ouvrir.

SGANARELLE

        Et pourquoi ?

ISABELLE

Lui voulez-vous donner à croire que c'est moi ?
Une fille d'honneur doit toujours se défendre
De lire les billets qu'un homme lui fait rendre [49] :
485 La curiosité qu'on fait lors éclater
Marque un secret plaisir de s'en ouïr conter ;
Et je treuve à propos que toute cachetée
Cette lettre lui soit promptement reportée,
Afin que d'autant mieux il connaisse aujourd'hui
490 Le mépris éclatant que mon cœur fait de lui,
Que ses feux désormais perdent toute espérance,
Et n'entreprennent plus pareille extravagance.

SGANARELLE

Certes elle a raison lorsqu'elle parle ainsi.
Va, ta vertu me charme, et ta prudence aussi.
495 Je vois que mes leçons ont germé dans ton âme,
Et tu te montres digne enfin d'être ma femme.

ISABELLE

Je ne veux pas pourtant gêner votre désir :
La lettre est en vos mains, et vous pouvez l'ouvrir.

SGANARELLE

Non, je n'ai garde : hélas ! tes raisons sont trop bonnes ;
500 Et je vais m'acquitter du soin que tu me donnes,
À quatre pas de là dire ensuite deux mots,
Et revenir ici te remettre en repos.

SCÈNE IV

SGANARELLE, ERGASTE

SGANARELLE

Dans quel ravissement est-ce que mon cœur nage,
Lorsque je vois en elle une fille si sage !

505 C'est un trésor d'honneur que j'ai dans ma maison.
Prendre un regard d'amour pour une trahison !
Recevoir un poulet comme une injure extrême,
Et le faire au galant reporter par moi-même !
Je voudrais bien savoir, en voyant tout ceci,
510 Si celle de mon frère en userait ainsi.
Ma foi ! les filles sont ce que l'on les fait être.
Holà !

ERGASTE

Qu'est-ce ?

SGANARELLE

                    Tenez, dites à votre maître
Qu'il ne s'ingère pas d'oser écrire encor
Des lettres qu'il envoie avec des boîtes d'or,
515 Et qu'Isabelle en est puissamment irritée.
Voyez, on ne l'a pas au moins décachetée :
Il connaîtra l'état que l'on fait de ses feux.
Et quel heureux succès il doit espérer d'eux.

SCÈNE V

VALÈRE, ERGASTE

VALÈRE

Que vient de te donner cette farouche bête ?

ERGASTE

520 Cette lettre, Monsieur, qu'avecque cette boëte
On prétend qu'ait reçue Isabelle de vous,
Et dont elle est, dit-il, en un fort grand courroux ;
C'est sans vouloir l'ouvrir qu'elle vous la fait rendre :
Lisez vite, et voyons si je me puis méprendre.

LETTRE

« Cette lettre vous surprendra sans doute, et l'on peut trouver bien hardi pour moi et le dessein de vous l'écrire et la manière de vous la faire tenir ; mais je me vois dans un état à ne plus garder de mesures. La juste horreur d'un mariage dont je suis menacée dans six jours me fait hasarder toutes choses ; et dans la résolution de m'en affranchir par quelque voie que ce soit, j'ai cru que je devais plutôt vous choisir que le désespoir. Ne croyez pas pourtant que vous soyez redevable de tout à ma mauvaise destinée : ce n'est pas la contrainte où je me treuve qui a fait naître les sentiments que j'ai pour vous ; mais c'est elle qui en précipite le témoignage, et qui me fait passer sur des formalités où la bienséance du sexe oblige. Il ne tiendra qu'à vous que je sois à vous bientôt, et j'attends seulement que vous m'ayez marqué les intentions de votre amour pour vous faire savoir la résolution que j'ai prise ; mais surtout songez que le temps presse, et que deux cœurs qui s'aiment doivent s'entendre à demi-mot. »

ERGASTE

525 Hé bien ! Monsieur, le tour est-il d'original [50] ?
Pour une jeune fille, elle n'en sait pas mal !
De ces ruses d'amour la croirait-on capable ?

VALÈRE

Ah ! je la trouve là tout à fait adorable.
Ce trait de son esprit et de son amitié
530 Accroît pour elle encor mon amour de moitié,
Et joint aux sentiments que sa beauté m'inspire…

ERGASTE

La dupe vient ; songez à ce qu'il vous faut dire.

SCÈNE VI

SGANARELLE, VALÈRE, ERGASTE

SGANARELLE

Oh! trois et quatre fois béni soit cet édit[51]
Par qui des vêtements le luxe est interdit!
535 Les peines des maris ne seront plus si grandes,
Et les femmes auront un frein à leurs demandes.
Oh! que je sais au Roi bon gré de ces décris[52]!
Et que, pour le repos de ces mêmes maris,
Je voudrais bien qu'on fît de la coquetterie
540 Comme de la guipure[53] et de la broderie!
J'ai voulu l'acheter, l'édit, expressément,
Afin que d'Isabelle il soit lu hautement[54];
Et ce sera tantôt, n'étant plus occupée,
Le divertissement de notre après-soupée.
545 Envoirez-vous encor, Monsieur aux blonds cheveux,
Avec des boîtes d'or des billets amoureux?
Vous pensiez bien trouver quelque jeune coquette,
Friande de l'intrigue, et tendre à la fleurette?
Vous voyez de quel air on reçoit vos joyaux:
550 Croyez-moi, c'est tirer votre poudre aux moineaux.
Elle est sage, elle m'aime, et votre amour l'outrage:
Prenez visée ailleurs, et troussez-moi bagage.

VALÈRE

Oui, oui, votre mérite, à qui chacun se rend,
Est à mes vœux, Monsieur, un obstacle trop grand;
555 Et c'est folie à moi, dans mon ardeur fidèle,
De prétendre avec vous à l'amour d'Isabelle.

SGANARELLE

Il est vrai, c'est folie.

VALÈRE

Aussi n'aurais-je pas
Abandonné mon cœur à suivre ses appas,
Si j'avais pu savoir que ce cœur misérable
560 Dût trouver un rival comme vous redoutable.

SGANARELLE

Je le crois.

VALÈRE

Je n'ai garde à présent d'espérer ;
Je vous cède, Monsieur, et c'est sans murmurer.

SGANARELLE

Vous faites bien.

VALÈRE

Le droit de la sorte l'ordonne ;
Et de tant de vertus brille votre personne,
565 Que j'aurais tort de voir d'un regard de courroux
Les tendres sentiments qu'Isabelle a pour vous.

SGANARELLE

Cela s'entend.

VALÈRE

Oui, oui, je vous quitte [55] la place.
Mais je vous prie au moins (et c'est la seule grâce,
Monsieur, que vous demande un misérable amant
570 Dont vous seul aujourd'hui causez tout le tourment),
Je vous conjure donc d'assurer Isabelle
Que si depuis trois mois mon cœur brûle pour elle,
Cette amour est sans tache, et n'a jamais pensé
À rien dont son honneur ait lieu d'être offensé.

SGANARELLE

Oui.

VALÈRE

575   Que, ne dépendant que du choix de mon âme,
Tous mes desseins étaient de l'obtenir pour femme,
Si les destins, en vous[56], qui captivez son cœur,
N'opposaient un obstacle à cette juste ardeur.

SGANARELLE

Fort bien.

VALÈRE

Que, quoi qu'on fasse, il ne lui faut pas croire
580 Que jamais ses appas sortent de ma mémoire ;
Que, quelque arrêt des Cieux qu'il me faille subir,
Mon sort est de l'aimer jusqu'au dernier soupir ;
Et que si quelque chose étouffe mes poursuites,
C'est le juste respect que j'ai pour vos mérites.

SGANARELLE

585 C'est parler sagement ; et je vais de ce pas
Lui faire ce discours, qui ne la choque pas.
Mais, si vous me croyez, tâchez de faire en sorte
Que de votre cerveau cette passion sorte.
Adieu.

ERGASTE

    La dupe est bonne.

SGANARELLE

              Il me fait grand'pitié,
590 Ce pauvre malheureux trop rempli d'amitié ;
Mais c'est un mal pour lui de s'être mis en tête
De vouloir prendre un fort qui se voit ma conquête.

SCÈNE VII

SGANARELLE, ISABELLE

SGANARELLE

Jamais amant n'a fait tant de trouble éclater,
Au poulet renvoyé sans se décacheter[57] :
595 Il perd toute espérance enfin, et se retire.
Mais il m'a tendrement conjuré de te dire
Que du moins en t'aimant il n'a jamais pensé
À rien dont ton honneur ait lieu d'être offensé,
Et que, ne dépendant que du choix de son âme,
600 Tous ses désirs étaient de t'obtenir pour femme,
Si les destins, en moi, qui captive ton cœur,
N'opposaient un obstacle à cette juste ardeur ;
Que, quoi qu'on puisse faire, il ne te faut pas croire
Que jamais tes appas sortent de sa mémoire ;
605 Que, quelque arrêt des Cieux qu'il lui faille subir,
Son sort est de t'aimer jusqu'au dernier soupir ;
Et que si quelque chose étouffe sa poursuite,
C'est le juste respect qu'il a pour mon mérite.
Ce sont ses propres mots ; et loin de le blâmer,
610 Je le trouve honnête homme, et le plains de t'aimer.

ISABELLE, *bas.*

Ses feux ne trompent point ma secrète croyance,
Et toujours ses regards m'en ont dit l'innocence.

SGANARELLE

Que dis-tu ?

ISABELLE

Qu'il m'est dur que vous plaigniez si fort
Un homme que je hais à l'égal de la mort ;
615 Et que si vous m'aimiez autant que vous le dites,
Vous sentiriez l'affront que me font les poursuites.

SGANARELLE

Mais il ne savait pas tes inclinations ;
Et par l'honnêteté de ses intentions
Son amour ne mérite...

ISABELLE

                    Est-ce les avoir bonnes,
620 Dites-moi, de vouloir enlever les personnes ?
Est-ce être homme d'honneur de former des desseins
Pour m'épouser de force en m'ôtant de vos mains ?
Comme si j'étais fille à supporter la vie
Après qu'on m'aurait fait une telle infamie.

SGANARELLE

Comment ?

ISABELLE

625   Oui, oui : j'ai su que ce traître d'amant
Parle de m'obtenir par un enlèvement ;
Et j'ignore pour moi les pratiques secrètes
Qui l'ont instruit si tôt du dessein que vous faites
De me donner la main dans huit jours au plus tard,
630 Puisque ce n'est que d'hier que vous m'en fîtes part ;
Mais il veut prévenir, dit-on, cette journée
Qui doit à votre sort unir ma destinée.

SGANARELLE

Voilà qui ne vaut rien.

ISABELLE

                    Oh ! que pardonnez-moi.
C'est un fort honnête homme, et qui ne sent pour moi...

SGANARELLE

635 Il a tort, et ceci passe la raillerie.

ISABELLE

Allez, votre douceur entretient sa folie.
S'il vous eût vu tantôt lui parler vertement,
Il craindrait vos transports et mon ressentiment ;
Car c'est encor depuis sa lettre méprisée
640 Qu'il a dit ce dessein qui m'a scandalisée ;
Et son amour conserve, ainsi que je l'ai su,
La croyance qu'il est dans mon cœur bien reçu,
Que je fuis votre hymen, quoi que le monde en croie,
Et me verrais tirer de vos mains avec joie.

SGANARELLF

Il est fou.

ISABELLE

645 　　　　Devant vous il sait se déguiser,
Et son intention est de vous amuser.
Croyez par ces beaux mots que le traître vous joue.
Je suis bien malheureuse, il faut que je l'avoue,
Qu'avecque tous mes soins pour vivre dans l'honneur
650 Et rebuter les vœux d'un lâche suborneur,
Il faille être exposée aux fâcheuses surprises
De voir faire sur moi d'infâmes entreprises !

SGANARELLE

Va, ne redoute rien.

ISABELLE

　　　　　　Pour moi, je vous le dis,
Si vous n'éclatez fort contre un trait si hardi,
655 Et ne trouvez bientôt moyen de me défaire
Des persécutions d'un pareil téméraire,
J'abandonnerai tout, et renonce à l'ennui
De souffrir les affronts que je reçois de lui.

SGANARELLE

Ne t'afflige point tant ; va, ma petite femme,
660 Je m'en vais le trouver et lui chanter sa gamme[58].

ISABELLE

Dites-lui bien au moins qu'il le nierait en vain,
Que c'est de bonne part qu'on m'a dit son dessein,
Et qu'après cet avis, quoi qu'il puisse entreprendre,
J'ose le défier de me pouvoir surprendre,
665 Enfin que, sans plus perdre et soupirs et moments,
Il doit savoir pour vous quels sont mes sentiments,
Et que si d'un malheur il ne veut être cause,
Il ne se fasse pas deux fois dire une chose.

SGANARELLE

Je dirai ce qu'il faut.

ISABELLE

Mais tout cela d'un ton
670 Qui marque que mon cœur lui parle tout de bon.

SGANARELLE

Va, je n'oublierai rien, je t'en donne assurance.

ISABELLE

J'attends votre retour avec impatience.
Hâtez-le, s'il vous plaît, de tout votre pouvoir :
Je languis quand je suis un moment sans vous voir.

SGANARELLE

675 Va, pouponne[59], mon cœur, je reviens tout à l'heure.
Est-il une personne et plus sage et meilleure ?
Ah ! que je suis heureux ! et que j'ai de plaisir
De trouver une femme au gré de mon désir !
Oui, voilà comme il faut que les femmes soient faites,
680 Et non comme j'en sais, de ces franches coquettes,

Qui s'en laissent conter, et font dans tout Paris
Montrer au bout du doigt leurs honnêtes maris.
Holà ! notre galant aux belles entreprises !

SCÈNE VIII

VALÈRE, SGANARELLE, ERGASTE

VALÈRE

Monsieur, qui vous ramène en ce lieu ?

SGANARELLE

Vos sottises.

VALÈRE

Comment ?

SGANARELLE

685   Vous savez bien de quoi je veux parler.
Je vous croyais plus sage, à ne vous rien celer.
Vous venez m'amuser de vos belles paroles,
Et conservez sous main des espérances folles.
Voyez-vous, j'ai voulu doucement vous traiter,
690 Mais vous m'obligerez à la fin d'éclater.
N'avez-vous point de honte, étant ce que vous êtes,
De faire en votre esprit les projets que vous faites,
De prétendre enlever une fille d'honneur,
Et troubler un hymen qui fait tout son bonheur ?

VALÈRE

695 Qui vous a dit, Monsieur, cette étrange nouvelle ?

SGANARELLE

Ne dissimulons point : je la tiens d'Isabelle,
Qui vous mande par moi, pour la dernière fois,

Qu'elle vous a fait voir assez quel est son choix,
Que son cœur, tout à moi, d'un tel projet s'offense,
700 Qu'elle mourrait plutôt qu'en souffrir l'insolence,
Et que vous causerez de terribles éclats
Si vous ne mettez fin à tout cet embarras.

VALÈRE

S'il est vrai qu'elle ait dit ce que je viens d'entendre,
J'avouerai que mes feux n'ont plus rien à prétendre :
705 Par ces mots assez clairs je vois tout terminé,
Et je dois révérer l'arrêt qu'elle a donné.

SGANARELLE

Si ? Vous en doutez donc, et prenez pour des feintes
Tout ce que de sa part je vous ai fait de plaintes ?
Voulez-vous qu'elle-même elle explique son cœur ?
710 J'y consens volontiers pour vous tirer d'erreur.
Suivez-moi, vous verrez s'il est rien que j'avance,
Et si son jeune cœur entre nous deux balance.

SCÈNE IX

ISABELLE, SGANARELLE, VALÈRE

ISABELLE

Quoi ? vous me l'amenez ! Quel est votre dessein ?
Prenez-vous contre moi ses intérêts en main ?
715 Et voulez-vous, chargé de ses rares mérites,
M'obliger à l'aimer, et souffrir ses visites ?

SGANARELLE

Non, mamie, et ton cœur pour cela m'est trop cher.
Mais il prend mes avis pour des contes en l'air,
Croit que c'est moi qui parle et te fais par adresse
720 Pleine pour lui de haine, et pour moi de tendresse ;

Et par toi-même enfin j'ai voulu, sans retour,
Le tirer d'une erreur qui nourrit son amour.

ISABELLE

Quoi? mon âme à vos yeux ne se montre pas toute,
Et de mes vœux encor vous pouvez être en doute?

VALÈRE

725 Oui, tout ce que Monsieur de votre part m'a dit,
Madame, a bien pouvoir de surprendre un esprit :
J'ai douté, je l'avoue ; et cet arrêt suprême,
Qui décide du sort de mon amour extrême,
Doit m'être assez touchant, pour ne pas s'offenser
730 Que mon cœur par deux fois le fasse prononcer.

ISABELLE

Non, non, un tel arrêt ne doit pas vous surprendre ;
Ce sont mes sentiments qu'il vous a fait entendre ;
Et je les tiens fondés sur assez d'équité,
Pour en faire éclater toute la vérité.
735 Oui, je veux bien qu'on sache, et j'en dois être crue,
Que le sort offre ici deux objets à ma vue
Qui, m'inspirant pour eux différents sentiments,
De mon cœur agité font tous les mouvements.
L'un, par un juste choix où l'honneur m'intéresse,
740 A toute mon estime et toute ma tendresse ;
Et l'autre, pour le prix de son affection,
A toute ma colère et mon aversion,
La présence de l'un m'est agréable et chère,
J'en reçois dans mon âme une allégresse entière,
745 Et l'autre par sa vue inspire dans mon cœur
De secrets mouvements et de haine et d'horreur.
Me voir femme de l'un est toute mon envie ;
Et plutôt qu'être à l'autre on m'ôterait la vie.
Mais c'est assez montrer mes justes sentiments,
750 Et trop longtemps languir dans ces rudes tourments ;

Il faut que ce que j'aime, usant de diligence,
Fasse à ce que je hais perdre toute espérance,
Et qu'un heureux hymen affranchisse mon sort
D'un supplice pour moi plus affreux que la mort.

SGANARELLE

755 Oui, mignonne, je songe à remplir ton attente.

ISABELLE

C'est l'unique moyen de me rendre contente.

SGANARELLE

Tu la seras dans peu.

ISABELLE

Je sais qu'il est honteux
Aux filles d'expliquer si librement leurs vœux.

SGANARELLE

Point, point.

ISABELLE

Mais en l'état où sont mes destinées,
760 De telles libertés doivent m'être données ;
Et je puis sans rougir faire un aveu si doux
À celui que déjà je regarde en époux.

SGANARELLE

Oui, ma pauvre fanfan, pouponne de mon âme.

ISABELLE

Qu'il songe donc, de grâce, à me prouver sa flamme.

SGANARELLE

Oui, tiens, baise ma main.

ISABELLE

765   Que sans plus de soupirs
Il conclue un hymen qui fait tous mes désirs,
Et reçoive en ce lieu la foi que je lui donne
De n'écouter jamais les vœux d'autre personne[60].

SGANARELLE

Hai! hai! mon petit nez, pauvre petit bouchon[61].
770 Tu ne languiras pas longtemps, je t'en réponds :
Va, chut! Vous le voyez, je ne lui fais pas dire
Ce n'est qu'après moi seul que son âme respire.

VALÈRE

Eh bien! Madame, eh bien! c'est s'expliquer assez :
Je vois par ce discours de quoi vous me pressez,
775 Et je saurai dans peu vous ôter la présence
De celui qui vous fait si grande violence.

ISABELLE

Vous ne me sauriez faire un plus charmant plaisir,
Car enfin cette vue est fâcheuse à souffrir,
Elle m'est odieuse, et l'horreur est si forte...

SGANARELLE

Eh! eh!

ISABELLE

780   Vous offensé-je en parlant de la sorte?
Fais-je...

SGANARELLE

          Mon Dieu, nenni, je ne dis pas cela;
Mais je plains, sans mentir, l'état où le voilà,
Et c'est trop hautement que ta haine se montre.

ISABELLE

Je n'en puis trop montrer en pareille rencontre[62].

VALÈRE

785 Oui, vous serez contente : et dans trois jours vos yeux
Ne verront plus l'objet qui vous est odieux.

ISABELLE

À la bonne heure. Adieu.

SGANARELLE

                    Je plains votre infortune ;
Mais...

VALÈRE

Non, vous n'entendrez de mon cœur plainte aucune :
Madame assurément rend justice à tous deux,
790 Et je vais travailler à contenter ses vœux.
Adieu.

SGANARELLE

            Pauvre garçon ! sa douleur est extrême.
Tenez, embrassez-moi : c'est un autre elle-même.

SCÈNE X

ISABELLE, SGANARELLE

SGANARELLE

Je le tiens fort à plaindre.

ISABELLE

                    Allez, il ne l'est point.

SGANARELLE

Au reste, ton amour me touche au dernier point,
795 Mignonnette, et je veux qu'il ait sa récompense :

C'est trop que de huit jours pour ton impatience ;
Dès demain je t'épouse, et n'y veux appeler...

ISABELLE

Dès demain ?

SGANARELLE

      Par pudeur tu feins d'y reculer ;
Mais je sais bien la joie où ce discours te jette,
800 Et tu voudrais déjà que la chose fût faite.

ISABELLE

Mais...

SGANARELLE

Pour ce mariage allons tout préparer.

ISABELLE

Ô Ciel, inspire-moi ce qui peut le parer !

ACTE III

SCÈNE PREMIÈRE

ISABELLE

Oui, le trépas cent fois me semble moins à craindre
Que cet hymen fatal où l'on veut me contraindre ;
805 Et tout ce que je fais pour en fuir les rigueurs
Doit trouver quelque grâce auprès de mes censeurs.
Le temps presse, il fait nuit : allons, sans crainte aucune,
À la foi d'un amant commettre[63] ma fortune.

SCÈNE II
SGANARELLE, ISABELLE

SGANARELLE

Je reviens, et l'on va pour demain de ma part...

ISABELLE

Ô Ciel !

SGANARELLE

810   C'est toi, mignonne ? Où vas-tu donc si tard ?
Tu disais qu'en ta chambre, étant un peu lassée,
Tu t'allais renfermer, lorsque je t'ai laissée ;
Et tu m'avais prié même que mon retour
T'y souffrît en repos jusques à demain jour.

ISABELLE

Il est vrai ; mais...

SGANARELLE

Et quoi ?

ISABELLE

Vous me voyez confuse,
815   Et je ne sais comment vous en dire l'excuse.

SGANARELLE

Quoi donc ? Que pourrait-ce être ?

ISABELLE

Un secret surprenant :
C'est ma sœur qui m'oblige à sortir maintenant,
Et qui, pour un dessein dont je l'ai fort blâmée,
820 M'a demandé ma chambre, où je l'ai renfermée.

SGANARELLE

Comment ?

ISABELLE

L'eût-on pu croire ? elle aime cet amant
Que nous avons banni.

SGANARELLE

Valère ?

ISABELLE

Éperdument :
C'est un transport si grand, qu'il n'en est point de
[même[64] ;
Et vous pouvez juger de sa puissance extrême,
825 Puisque seule, à cette heure, elle est venue ici
Me découvrir à moi son amoureux souci,
Me dire absolument qu'elle perdra la vie
Si son âme n'obtient l'effet de son envie,
Que depuis plus d'un an d'assez vives ardeurs
830 Dans un secret commerce entretenaient leurs cœurs,
Et que même ils s'étaient, leur flamme étant nouvelle,
Donné de s'épouser une foi mutuelle...

SGANARELLE

La vilaine !

ISABELLE

Qu'ayant appris le désespoir
Où j'ai précipité celui qu'elle aime à voir,
835 Elle vient me prier de souffrir que sa flamme
Puisse rompre un départ qui lui percerait l'âme,
Entretenir ce soir cet amant sous mon nom
Par la petite rue où ma chambre répond,
Lui peindre, d'une voix qui contrefait la mienne,
840 Quelques doux sentiments dont l'appas le retienne,

Et ménager enfin pour elle adroitement
Ce que pour moi l'on sait qu'il a d'attachement.

SGANARELLE

Et tu trouves cela... ?

ISABELLE

Moi ? J'en suis courroucée.
Quoi ? ma sœur, ai-je dit, êtes-vous insensée ?
845 Ne rougissez-vous point d'avoir pris tant d'amour
Pour ces sortes de gens qui changent chaque jour,
D'oublier votre sexe, et tromper l'espérance
D'un homme dont le Ciel vous donnait l'alliance ?

SGANARELLE

Il le mérite bien, et j'en suis fort ravi.

ISABELLE

850 Enfin de cent raisons mon dépit s'est servi
Pour lui bien reprocher des bassesses si grandes
Et pouvoir cette nuit rejeter ses demandes ;
Mais elle m'a fait voir de si pressants désirs,
A tant versé de pleurs, tant poussé de soupirs,
855 Tant dit qu'au désespoir je porterais son âme
Si je lui refusais ce qu'exige sa flamme,
Qu'à céder malgré moi mon cœur s'est vu réduit ;
Et pour justifier cette intrigue de nuit,
Où me faisait du sang relâcher la tendresse,
860 J'allais faire avec moi venir coucher Lucrèce,
Dont vous me vantez tant les vertus chaque jour ;
Mais vous m'avez surprise avec ce prompt retour.

SGANARELLE

Non, non, je ne veux point chez moi tout ce mystère.
J'y pourrais consentir à l'égard de mon frère ;
865 Mais on peut être vu de quelqu'un de dehors ;

Et celle que je dois honorer de mon corps
Non seulement doit être et pudique et bien née,
Il ne faut pas que même elle soit soupçonnée.
Allons chasser l'infâme, et de sa passion...

ISABELLE

870 Ah ! vous lui donneriez trop de confusion ;
Et c'est avec raison qu'elle pourrait se plaindre
Du peu de retenue où j'ai su me contraindre.
Puisque de son dessein je dois me départir,
Attendez que du moins je la fasse sortir.

SGANARELLE

Eh bien ! fais.

ISABELLE

875   Mais surtout cachez-vous, je vous prie,
Et sans lui dire rien daignez voir sa sortie.

SGANARELLE

Oui, pour l'amour de toi je retiens mes transports ;
Mais, dès le même instant qu'elle sera dehors,
Je veux, sans différer, aller trouver mon frère :
880 J'aurai joie à courir lui dire cette affaire.

ISABELLE

Je vous conjure donc de ne me point nommer.
Bonsoir : car tout d'un temps[65] je vais me renfermer.

SGANARELLE

Jusqu'à demain, mamie. En quelle impatience
Suis-je de voir mon frère, et lui conter sa chance !
885 Il en tient, le bonhomme, avec tout son phébus[66],
Et je n'en voudrais pas tenir[67] vingt bons écus.

ISABELLE, *dans la maison.*

Oui, de vos déplaisirs l'atteinte m'est sensible ;
Mais ce que vous voulez, ma sœur, m'est impossible :
Mon honneur, qui m'est cher, y court trop de hasard.
890 Adieu : retirez-vous avant qu'il soit plus tard.

SGANARELLE

La voilà qui, je crois, peste de belle sorte :
De peur qu'elle revînt, fermons à clef la porte.

ISABELLE

Ô Ciel, dans mes desseins ne m'abandonnez pas !

SGANARELLE

Où pourra-t-elle aller ? Suivons un peu ses pas.

ISABELLE

895 Dans mon trouble, du moins la nuit me favorise.

SGANARELLE

Au logis du galant, quelle est son entreprise ?

SCÈNE III

VALÈRE, SGANARELLE, ISABELLE

VALÈRE

Oui, oui, je veux tenter quelque effort cette nuit
Pour parler... Qui va là ?

ISABELLE

              Ne faites point de bruit,
Valère : on vous prévient[68], et je suis Isabelle.

SGANARELLE

900 Vous en avez menti, chienne, ce n'est pas elle :
De l'honneur que tu fuis elle suit trop les lois,
Et tu prends faussement et son nom et sa voix.

ISABELLE

Mais à moins de vous voir, par un saint hyménée…

VALÈRE

Oui, c'est l'unique but où tend ma destinée ;
905 Et je vous donne ici ma foi que dès demain
Je vais où vous voudrez recevoir votre main.

SGANARELLE

Pauvre sot qui s'abuse !

VALÈRE

Entrez en assurance :
De votre Argus dupé je brave la puissance ;
Et devant qu'il vous pût ôter à mon ardeur,
910 Mon bras de mille coups lui percerait le cœur.

SGANARELLE

Ah ! je te promets bien que je n'ai pas envie
De te l'ôter, l'infâme à ses feux asservie,
Que du don de ta foi je ne suis point jaloux,
Et que, si j'en suis cru, tu seras son époux.
915 Oui, faisons-le surprendre avec cette effrontée :
La mémoire du père, à bon droit respectée,
Jointe au grand intérêt que je prends à la sœur,
Veut que du moins on tâche à lui rendre l'honneur.
Holà !

SCÈNE IV

SGANARELLE, LE COMMISSAIRE,
NOTAIRE ET SUITE

LE COMMISSAIRE

Qu'est-ce ?

SGANARELLE

Salut, Monsieur le Commissaire.
920 Votre présence en robe est ici nécessaire :
Suivez-moi, s'il vous plaît, avec votre clarté[69].

LE COMMISSAIRE

Nous sortions...

SGANARELLE

Il s'agit d'un fait assez hâté.

LE COMMISSAIRE

Quoi ?

SGANARELLE

D'aller là-dedans, et d'y surprendre ensemble
Deux personnes qu'il faut qu'un bon hymen assemble :
925 C'est une fille à nous, que, sous un don de foi,
Un Valère a séduite et fait entrer chez soi.
Elle sort de famille et noble et vertueuse,
Mais...

LE COMMISSAIRE

Si c'est pour cela, la rencontre est heureuse,
Puisque ici nous avons un notaire.

SGANARELLE

Monsieur ?

LE NOTAIRE

Oui, notaire royal[70].

LE COMMISSAIRE

930   De plus homme d'honneur.

SGANARELLE

Cela s'en va sans dire. Entrez dans cette porte,
Et, sans bruit, ayez l'œil que personne n'en sorte.
Vous serez pleinement contenté de vos soins ;
Mais ne vous laissez pas graisser la patte, au moins.

LE COMMISSAIRE

935 Comment ? vous croyez donc qu'un homme de justice...

SGANARELLE

Ce que j'en dis n'est pas pour taxer[71] votre office.
Je vais faire venir mon frère promptement.
Faites que le flambeau m'éclaire seulement.
Je vais le réjouir, cet homme sans colère.
Holà !

SCÈNE V

ARISTE, SGANARELLE

ARISTE

940 Qui frappe ? Ah ! ah ! que voulez-vous, mon frère ?

SGANARELLE

Venez, beau directeur, suranné damoiseau :
On veut vous faire voir quelque chose de beau.

ARISTE

Comment ?

SGANARELLE

Je vous apporte une bonne nouvelle.

ARISTE

Quoi ?

SGANARELLE

Votre Léonor, où, je vous prie, est-elle ?

ARISTE

945 Pourquoi cette demande ? Elle est, comme je crois,
Au bal chez son amie.

SGANARELLE

Eh ! oui, oui ; suivez-moi,
Vous verrez à quel bal la donzelle est allée.

ARISTE

Que voulez-vous conter ?

SGANARELLE

Vous l'avez bien stylée :
« Il n'est pas bon de vivre en sévère censeur ;
950 On gagne les esprits par beaucoup de douceur ;
Et les soins défiants, les verrous et les grilles
Ne font pas la vertu des femmes ni des filles ;
Nous les portons au mal par tant d'austérité,
Et leur sexe demande un peu de liberté[72]. »
955 Vraiment, elle en a pris tout son soûl, la rusée,
Et la vertu chez elle est fort humanisée.

ARISTE

Où veut donc aboutir un pareil entretien ?

SGANARELLE

Allez, mon frère aîné, cela vous sied fort bien ;
Et je ne voudrais pas pour vingt bonnes pistoles

960 Que vous n'eussiez ce fruit de vos maximes folles.
On voit ce qu'en deux sœurs nos leçons ont produit :
L'une fuit ce galant, et l'autre le poursuit.

ARISTE

Si vous ne me rendez cette énigme plus claire...

SGANARELLE

L'énigme est que son bal est chez Monsieur Valère ;
965 Que de nuit je l'ai vue y conduire ses pas,
Et qu'à l'heure présente elle est entre ses bras.

ARISTE

Qui ?

SGANARELLE

Léonor.

ARISTE

Cessons de railler, je vous prie.

SGANARELLE

Je raille ?... Il est fort bon avec sa raillerie !
Pauvre esprit, je vous dis, et vous redis encor
970 Que Valère chez lui tient votre Léonor,
Et qu'ils s'étaient promis une foi mutuelle
Avant qu'il eût songé de poursuivre Isabelle.

ARISTE

Ce discours d'apparence est si fort dépourvu...

SGANARELLE

Il ne le croira pas encor en l'ayant vu.
975 J'enrage. Par ma foi, l'âge ne sert de guère
Quand on n'a pas cela[73].

ARISTE

Quoi ? vous voulez, mon frère… ?

SGANARELLE

Mon Dieu, je ne veux rien. Suivez-moi seulement :
Votre esprit tout à l'heure aura contentement ;
Vous verrez si j'impose[74], et si leur foi donnée
980 N'avait pas joint leurs cœurs depuis plus d'une année.

ARISTE

L'apparence[75] qu'ainsi, sans m'en faire avertir,
À cet engagement elle eût pu consentir,
Moi, qui dans toute chose ai, depuis son enfance,
Montré toujours pour elle entière complaisance,
985 Et qui cent fois ai fait des protestations
De ne jamais gêner ses inclinations ?

SGANARELLE

Enfin vos propres yeux jugeront de l'affaire.
J'ai fait venir déjà commissaire et notaire :
Nous avons intérêt que l'hymen prétendu[76]
990 Répare sur-le-champ l'honneur qu'elle a perdu ;
Car je ne pense pas que vous soyez si lâche,
De vouloir l'épouser avecque cette tache,
Si vous n'avez encor quelques raisonnements
Pour vous mettre au-dessus de tous les bernements[77].

ARISTE

995 Moi je n'aurai jamais cette faiblesse extrême
De vouloir posséder un cœur malgré lui-même.
Mais je ne saurais croire enfin…

SGANARELLE

Que de discours !
Allons : ce procès-là continuerait toujours.

SCÈNE VI

LE COMMISSAIRE, LE NOTAIRE,
SGANARELLE, ARISTE

LE COMMISSAIRE

Il ne faut mettre ici nulle force en usage,
1000 Messieurs ; et si vos vœux ne vont qu'au mariage,
Vos transports en ce lieu se peuvent apaiser.
Tous deux également tendent à s'épouser ;
Et Valère déjà, sur ce qui vous regarde,
A signé que pour femme il tient celle qu'il garde.

ARISTE

La fille...

LE COMMISSAIRE

1005   Est renfermée, et ne veut point sortir
Que vos désirs aux leurs ne veuillent consentir.

SCÈNE VII

LE COMMISSAIRE, VALÈRE,
LE NOTAIRE, SGANARELLE, ARISTE

VALÈRE, *à la fenêtre.*

Non, Messieurs ; et personne ici n'aura l'entrée
Que cette volonté ne m'ait été montrée.
Vous savez qui je suis, et j'ai fait mon devoir
1010 En vous signant l'aveu qu'on peut vous faire voir.
Si c'est votre dessein d'approuver l'alliance,
Votre main peut aussi m'en signer l'assurance ;
Sinon, faites état de m'arracher le jour[78]
Plutôt que de m'ôter l'objet de mon amour.

SGANARELLE

1015 Non, nous ne songeons pas à vous séparer d'elle.
Il ne s'est point encor détrompé d'Isabelle.
Profitons de l'erreur.

ARISTE

Mais est-ce Léonor... ?

SGANARELLE

Taisez-vous.

ARISTE

Mais...

SGANARELLE

Paix donc.

ARISTE

Je veux savoir...

SGANARELLE

Encor ?
Vous tairez-vous ? vous dis-je.

VALÈRE

Enfin, quoi qu'il avienne,
1020 Isabelle a ma foi ; j'ai de même la sienne,
Et ne suis point un choix[79], à tout examiner,
Que vous soyez reçus à faire condamner[80].

ARISTE

Ce qu'il dit là n'est pas...

SGANARELLE

Taisez-vous, et pour cause.
Vous saurez le secret. Oui, sans dire autre chose,

1025 Nous consentons tous deux que vous soyez l'époux
De celle qu'à présent on trouvera chez vous.

LE COMMISSAIRE

C'est dans ces termes-là que la chose est conçue,
Et le nom est en blanc, pour ne l'avoir point vue.
Signez. La fille après vous mettra tous d'accord.

VALÈRE

J'y consens de la sorte.

SGANARELLE

1030   Et moi, je le veux fort.
Nous rirons bien tantôt. Là, signez donc, mon frère :
L'honneur vous appartient.

ARISTE

                        Mais quoi ? tout ce mystère...

SGANARELLE

Diantre ! que de façons ! Signez, pauvre butor.

ARISTE

Il parle d'Isabelle, et vous de Léonor

SGANARELLE

1035 N'êtes-vous pas d'accord, mon frère, si c'est elle,
De les laisser tous deux à leur foi mutuelle ?

ARISTE

Sans doute.

SGANARELLE

            Signez donc : j'en fais de même aussi.

ARISTE

Soit : je n'y comprends rien.

SGANARELLE

Vous serez éclairci.

LE COMMISSAIRE

Nous allons revenir.

SGANARELLE

Or çà, je vais vous dire
La fin de cette intrigue.

SCÈNE VIII

LÉONOR, LISETTE, SGANARELLE,
ARISTE

LÉONOR

1040   Ô l'étrange martyre !
Que tous ces jeunes fous me paraissent fâcheux[81] !
Je me suis dérobée au bal pour l'amour d'eux.

LISETTE

Chacun d'eux près de vous veut se rendre agréable.

LÉONOR

Et moi, je n'ai rien vu de plus insupportable ;
1045 Et je préférerais le plus simple entretien
À tous les contes bleus[82] de ces diseurs de rien.
Ils croyent que tout cède à leur perruque blonde,
Et pensent avoir dit le meilleur mot du monde
Lorsqu'ils viennent, d'un ton de mauvais goguenard,
1050 Vous railler sottement sur l'amour d'un vieillard ;
Et moi d'un tel vieillard je prise plus le zèle
Que tous les beaux transports d'une jeune cervelle.
Mais n'aperçois-je pas... ?

SGANARELLE

Oui, l'affaire est ainsi.
Ah! je la vois paraître, et la servante aussi.

ARISTE

1055 Léonor, sans courroux, j'ai sujet de me plaindre :
Vous savez si jamais j'ai voulu vous contraindre,
Et si plus de cent fois je n'ai pas protesté
De laisser à vos vœux leur pleine liberté ;
Cependant votre cœur, méprisant mon suffrage,
1060 De foi comme d'amour à mon insu s'engage.
Je ne me repens pas de mon doux traitement ;
Mais votre procédé me touche assurément ;
Et c'est une action que n'a pas méritée
Cette tendre amitié que je vous ai portée.

LÉONOR

1065 Je ne sais pas sur quoi vous tenez ce discours ;
Mais croyez que je suis de même que toujours,
Que rien ne peut pour vous altérer mon estime,
Que toute autre amitié me paraîtrait un crime
Et que, si vous voulez satisfaire mes vœux,
1070 Un saint nœud dès demain nous unira nous deux.

ARISTE

Dessus quel fondement venez-vous donc, mon frère... ?

SGANARELLE

Quoi ? vous ne sortez pas du logis de Valère ?
Vous n'avez point conté vos amours aujourd'hui ?
Et vous ne brûlez pas depuis un an pour lui ?

LÉONOR

1075 Qui vous a fait de moi de si belles peintures
Et prend soin de forger de telles impostures ?

SCÈNE IX

ISABELLE, VALÈRE, LE COMMISSAIRE,
LE NOTAIRE, ERGASTE, LISETTE, LÉONOR,
SGANARELLE, ARISTE

ISABELLE

Ma sœur, je vous demande un généreux pardon,
Si de mes libertés j'ai taché votre nom.
Le pressant embarras d'une surprise extrême
1080 M'a tantôt inspiré ce honteux stratagème :
Votre exemple condamne un tel emportement :
Mais le sort nous traita nous deux diversement.
Pour vous, je ne veux point, Monsieur, vous faire excuse :
Je vous sers beaucoup plus que je ne vous abuse.
1085 Le Ciel pour être joints ne nous fit pas tous deux :
Je me suis reconnue indigne de vos vœux ;
Et j'ai bien mieux aimé me voir aux mains d'un autre
Que ne pas mériter un cœur comme le vôtre.

VALÈRE

Pour moi, je mets ma gloire et mon bien souverain
1090 À la pouvoir, Monsieur, tenir de votre main.

ARISTE

Mon frère, doucement il faut boire la chose :
D'une telle action vos procédés sont cause ;
Et je vois votre sort malheureux à ce point,
Que, vous sachant dupé, l'on ne vous plaindra point.

LISETTE

1095 Par ma foi, je lui sais bon gré de cette affaire,
Et ce prix de ses soins est un trait exemplaire.

LÉONOR

Je ne sais si ce trait se doit faire estimer ;
Mais je sais bien qu'au moins je ne le puis blâmer.

ERGASTE

Au sort d'être cocu son ascendant[83] l'expose,
1100 Et ne l'être qu'en herbe est pour lui douce chose.

SGANARELLE

Non, je ne puis sortir de mon étonnement[84] ;
Cette déloyauté confond mon jugement ;
Et je ne pense pas que Satan en personne
Puisse être si méchant qu'une telle friponne.
1105 J'aurais pour elle au feu mis la main que voilà :
Malheureux qui se fie à femme après cela !
La meilleure est toujours en malice féconde ;
C'est un sexe engendré pour damner tout le monde.
J'y renonce à jamais, à ce sexe trompeur,
1110 Et je le donne tout au diable de bon cœur.

ERGASTE

Bon.

ARISTE

Allons tous chez moi. Venez, Seigneur Valère.
Nous tâcherons demain d'apaiser sa colère.

LISETTE

Vous, si vous connaissez des maris loups-garous,
Envoyez-les au moins à l'école chez nous.

L'ÉCOLE

DES

FEMMES

COMÉDIE
Par J.-B. P. Molière

À PARIS
Chez Guillaume de Luynes,
Libraire Juré, au Palais, dans la Salle
des Merciers, à la Justice.

M. DC. LXIII
AVEC PRIVILÈGE DU ROI

L'ÉCOLE

DES

FEMMES

COMÉDIE

représentée pour la première fois
à Paris, sur le Théâtre du Palais-Royal,
le 26 décembre 1662,
par la Troupe de Monsieur
Frère Unique du Roi.

À MADAME[85]

Madame,

Je suis le plus embarrassé homme du monde, lorsqu'il me faut dédier un livre ; et je me trouve si peu fait au style d'épître dédicatoire, que je ne sais par où sortir de celle-ci. Un autre auteur qui serait en ma place trouverait d'abord cent belles choses à dire de Votre Altesse Royale, sur le titre de *L'École des femmes,* et l'offre qu'il vous en ferait. Mais, pour moi, Madame, je vous avoue mon faible[86]. Je ne sais point cet art de trouver des rapports entre des choses si peu proportionnées ; et, quelques belles lumières que mes confrères les auteurs me donnent tous les jours sur de pareils sujets, je ne vois point ce que Votre Altesse Royale pourrait avoir à démêler avec la comédie que je lui présente. On n'est pas en peine, sans doute, comment il faut faire pour vous louer. La matière, Madame, ne saute que trop aux yeux ; et, de quelque côté qu'on vous regarde, on rencontre gloire sur gloire, et qualités sur qualités. Vous en avez, Madame, du côté du rang et de la naissance, qui vous font respecter de toute la terre. Vous en avez du côté des grâces, et de l'esprit et du corps, qui vous font admirer de toutes les personnes qui vous voient. Vous en avez du côté de l'âme, qui, si l'on ose parler ainsi, vous font aimer de tous ceux qui ont l'honneur d'appro-

cher de vous : je veux dire cette douceur pleine de
charmes, dont vous daignez tempérer la fierté des grands
titres que vous portez ; cette bonté toute obligeante, cette
affabilité généreuse que vous faites paraître pour tout le
monde[87]. Et ce sont particulièrement ces dernières pour
qui je suis, et dont je sens fort bien que je ne me pourrai
taire quelque jour. Mais encore une fois, Madame, je ne
sais point le biais de faire entrer ici des vérités si
éclatantes ; et ce sont choses, à mon avis, et d'une trop
vaste étendue et d'un mérite trop relevé, pour les vouloir
renfermer dans une épître, et les mêler avec des bagatelles. Tout bien considéré, Madame, je ne vois rien à faire
ici pour moi, que de vous dédier simplement ma comédie,
et de vous assurer, avec tout le respect qu'il m'est possible,
que je suis,

   De Votre Altesse Royale,
      Madame,

               Le très humble, très obéissant
                  et très obligé serviteur,

                       J.B. MOLIÈRE.

PRÉFACE

Bien des gens ont frondé d'abord cette comédie ; mais les rieurs ont été pour elle, et tout le mal qu'on en a pu dire n'a pu faire qu'elle n'ait eu un succès dont je me contente.

Je sais qu'on attend de moi dans cette impression quelque préface qui réponde aux censeurs et rende raison de mon ouvrage ; et sans doute que je suis assez redevable à toutes les personnes qui lui ont donné leur approbation, pour me croire obligé de défendre leur jugement contre celui des autres ; mais il se trouve qu'une grande partie des choses que j'aurais à dire sur ce sujet est déjà dans une dissertation que j'ai faite en dialogue, et dont je ne sais encore ce que je ferai [88]. L'idée de ce dialogue, ou, si l'on veut, de cette petite comédie, me vint après les deux ou trois premières représentations de ma pièce. Je la dis, cette idée, dans une maison où je me trouvai un soir, et d'abord une personne de qualité [89], dont l'esprit est assez connu dans le monde, et qui me fait l'honneur de m'aimer, trouva le projet assez à son gré, non seulement pour me solliciter d'y mettre la main, mais encore pour l'y mettre lui-même ; et je fus étonné que deux jours après il me montra toute l'affaire exécutée d'une manière à la vérité beaucoup plus galante et plus spirituelle que je ne puis faire, mais où je trouvai des choses trop avantageuses pour moi ; et j'eus peur que, si je produisais cet ouvrage sur notre théâtre, on ne m'accusât d'abord d'avoir mendié les louanges qu'on m'y donnait. Cependant cela m'empêcha, par quelque considération, d'achever ce que j'avais commencé. Mais tant de gens me pressent tous les jours de le faire, que je ne sais ce qui en sera ; et cette incertitude est cause que je ne mets point dans cette préface ce qu'on verra dans la *Critique,* en cas que je me résolve à la faire paraître. S'il faut que cela soit, je le dis encore, ce sera seulement pour venger le public du chagrin délicat [90] de certaines gens ; car, pour moi, je m'en tiens assez vengé par la réussite de ma comédie ; et je souhaite que toutes celles que je pourrai faire soient traitées par eux comme celle-ci, pourvu que le reste soit de même.

L'ÉCOLE DES FEMMES

Comédie

LES PERSONNAGES

ARNOLPHE, autrement M. DE LA SOUCHE [91].
AGNÈS, jeune fille innocente, élevée par Arnolphe [92].
HORACE, amant d'Agnès [93].
ALAIN, paysan, valet d'Arnolphe.
GEORGETTE, paysanne, servante d'Arnolphe.
CHRYSALDE, ami d'Arnolphe.
ENRIQUE, beau-frère de Chrysalde.
ORONTE, père d'Horace et grand ami d'Arnolphe.

La scène est dans une place de ville [94].

ACTE PREMIER

SCÈNE PREMIÈRE

CHRYSALDE, ARNOLPHE

CHRYSALDE

Vous venez, dites-vous, pour lui donner la main [95] ?

ARNOLPHE

Oui, je veux terminer la chose dans demain.

CHRYSALDE

Nous sommes ici seuls ; et l'on peut, ce me semble,
Sans craindre d'être ouïs, y discourir ensemble :
5 Voulez-vous qu'en ami je vous ouvre mon cœur ?
Votre dessein pour vous me fait trembler de peur ;
Et de quelque façon que vous tourniez l'affaire,
Prendre femme est à vous un coup bien téméraire.

ARNOLPHE

Il est vrai, notre ami. Peut-être que chez vous
10 Vous trouvez des sujets de craindre pour chez nous ;
Et votre front, je crois, veut que du mariage
Les cornes soient partout l'infaillible apanage.

CHRYSALDE

Ce sont coups du hasard, dont on n'est point garant,
Et bien sot, ce me semble, est le soin qu'on en prend.
15 Mais quand je crains pour vous, c'est cette raillerie
Dont cent pauvres maris ont souffert la furie ;
Car enfin vous savez qu'il n'est grands ni petits
Que de votre critique on ait vus garantis ;
Que vos plus grands plaisirs[96] sont, partout où vous êtes,
20 De faire cent éclats des intrigues secrètes...

ARNOLPHE

Fort bien : est-il au monde une autre ville aussi
Où l'on ait des maris si patients qu'ici ?
Est-ce qu'on n'en voit pas, de toutes les espèces,
Qui sont accommodés[97] chez eux de toutes pièces ?
25 L'un amasse du bien, dont sa femme fait part
À ceux qui prennent soin de le faire cornard ;
L'autre un peu plus heureux, mais non pas moins infâme,
Voit faire tous les jours des présents à sa femme,

Et d'aucun soin jaloux n'a l'esprit combattu,
30 Parce qu'elle lui dit que c'est pour sa vertu.
L'un fait beaucoup de bruit qui ne lui sert de guère ;
L'autre en toute douceur laisse aller les affaires,
Et voyant arriver chez lui le damoiseau,
Prend fort honnêtement ses gants et son manteau.
35 L'une de son galant, en adroite femelle,
Fait fausse confidence à son époux fidèle,
Qui dort en sûreté sur un pareil appas,
Et le plaint, ce galant, des soins qu'il ne perd pas ;
L'autre, pour se purger [98] de sa magnificence,
40 Dit qu'elle gagne au jeu l'argent qu'elle dépense ;
Et le mari benêt, sans songer à quel jeu,
Sur les gains qu'elle fait rend des grâces à Dieu.
Enfin, ce sont partout des sujets de satire :
Et comme spectateur ne puis-je pas en rire ?
Puis-je pas de nos sots [99]... ?

CHRYSALDE

45   Oui ; mais qui rit d'autrui
Doit craindre qu'en revanche on rie aussi de lui.
J'entends parler le monde ; et des gens se délassent
À venir débiter les choses qui se passent ;
Mais, quoi que l'on divulgue aux endroits où je suis,
50 Jamais on ne m'a vu triompher de ces bruits.
J'y suis assez modeste ; et, bien qu'aux occurrences
Je puisse condamner certaines tolérances,
Que mon dessein ne soit de souffrir nullement
Ce que quelques maris [100] souffrent paisiblement,
55 Pourtant je n'ai jamais affecté [101] de le dire ;
Car enfin il faut craindre un revers de satire,
Et l'on ne doit jamais jurer sur de tels cas
De ce qu'on pourra faire, ou bien ne faire pas.
Ainsi, quand à mon front, par un sort qui tout mène,
60 Il serait arrivé quelque disgrâce humaine,
Après mon procédé, je suis presque certain

Qu'on se contentera de s'en rire sous main ;
Et peut-être qu'encor j'aurai cet avantage,
Que quelques bonnes gens diront que c'est dommage,
65 Mais de vous, cher compère, il en est autrement :
Je vous le dis encor, vous risquez diablement.
Comme sur les maris accusés de souffrance [102]
De tout temps votre langue a daubé d'importance,
Qu'on vous a vu contre eux un diable déchaîné,
70 Vous devez marcher droit pour n'être point berné ;
Et s'il faut que sur vous on ait la moindre prise,
Gare qu'aux carrefours on ne vous tympanise [103],
Et...

ARNOLPHE

Mon Dieu, notre ami, ne vous tourmentez point :
Bien huppé [104] qui pourra m'attraper sur ce point.
75 Je sais les tours rusés et les subtiles trames
Dont pour nous en planter savent user les femmes,
Et comme on est dupé par leurs dextérités.
Contre cet accident j'ai pris mes sûretés ;
Et celle que j'épouse a toute l'innocence
80 Qui peut sauver mon front de maligne influence [105]

CHRYSALDE

Et que prétendez-vous qu'une sotte, en un mot...

ARNOLPHE

Épouser une sotte est pour n'être point sot [106].
Je crois, en bon chrétien, votre moitié fort sage ;
Mais une femme habile est un mauvais présage ;
85 Et je sais ce qu'il coûte à de certaines gens
Pour avoir pris les leurs avec trop de talents.
Moi, j'irais me charger d'une spirituelle [107]
Qui ne parlerait rien que cercle et que ruelle [108],
Qui de prose et de vers ferait de doux écrits,
90 Et que visiteraient marquis et beaux esprits,

Tandis que, sous le nom du mari de Madame,
Je serais comme un saint que pas un ne réclame[109] ?
Non, non, je ne veux point d'un esprit qui soit haut ;
Et femme qui compose en sait plus qu'il ne faut.
95 Je prétends que la mienne, en clartés peu sublime,
Même ne sache pas ce que c'est qu'une rime ;
Et s'il faut qu'avec elle on joue au corbillon[110]
Et qu'on vienne à lui dire à son tour : « Qu'y met-on ? »
Je veux qu'elle réponde : « Une tarte à la crème » ;
100 En un mot, qu'elle soit d'une ignorance extrême ;
Et c'est assez pour elle, à vous en bien parler,
De savoir prier Dieu, m'aimer, coudre et filer.

CHRYSALDE

Une femme stupide est donc votre marotte[111] ?

ARNOLPHE

Tant, que j'aimerais mieux une laide bien sotte
105 Qu'une femme fort belle avec beaucoup d'esprit.

CHRYSALDE

L'esprit et la beauté...

ARNOLPHE

L'honnêteté suffit.

CHRYSALDE

Mais comment voulez-vous, après tout, qu'une bête
Puisse jamais savoir ce que c'est qu'être honnête ?
Outre qu'il est assez ennuyeux, que je crois,
110 D'avoir toute sa vie une bête avec soi,
Pensez-vous le bien prendre, et que sur votre idée
La sûreté d'un front puisse être bien fondée ?
Une femme d'esprit peut trahir son devoir ;
Mais il faut pour le moins qu'elle ose le vouloir ;

115 Et la stupide au sien peut manquer d'ordinaire,
Sans en avoir l'envie et sans penser le faire.

ARNOLPHE

À ce bel argument, à ce discours profond,
Ce que Pantagruel à Panurge répond[112] :
Pressez-moi de me joindre à femme autre que sotte,
120 Prêchez, patrocinez jusqu'à la Pentecôte ;
Vous serez ébahi, quand vous serez au bout,
Que vous ne m'aurez rien persuadé du tout.

CHRYSALDE

Je ne vous dis plus mot.

ARNOLPHE

                    Chacun a sa méthode.
En femme, comme en tout, je veux suivre ma mode.
125 Je me vois riche assez pour pouvoir, que je crois,
Choisir une moitié qui tienne tout de moi,
Et de qui la soumise et pleine dépendance
N'ait à me reprocher aucun bien ni naissance.
Un air doux et posé, parmi d'autres enfants,
130 M'inspira de l'amour pour elle dès quatre ans ;
Sa mère se trouvant de pauvreté pressée,
De la lui demander il me vint la pensée ;
Et la bonne paysanne[113], apprenant mon désir,
À s'ôter cette charge eut beaucoup de plaisir.
135 Dans un petit couvent, loin de toute pratique[114],
Je la fis élever selon ma politique,
C'est-à-dire ordonnant quels soins on emploirait
Pour la rendre idiote autant qu'il se pourrait.
Dieu merci, le succès a suivi mon attente :
140 Et grande, je l'ai vue à tel point innocente,
Que j'ai béni le Ciel d'avoir trouvé mon fait,
Pour me faire une femme au gré de mon souhait.
Je l'ai donc retirée ; et comme ma demeure

À cent sortes de monde est ouverte à toute heure,
145 Je l'ai mise à l'écart, comme il faut tout prévoir,
Dans cette autre maison où nul ne me vient voir ;
Et pour ne point gâter sa bonté naturelle,
Je n'y tiens que des gens tout aussi simples qu'elle,
Vous me direz : Pourquoi cette narration ?
150 C'est pour vous rendre instruit de ma précaution.
Le résultat de tout est qu'en ami fidèle
Ce soir je vous invite à souper avec elle,
Je veux que vous puissiez un peu l'examiner,
Et voir si de mon choix on me doit condamner.

CHRYSALDE

J'y consens.

ARNOLPHE

155   Vous pourrez, dans cette conférence,
Juger de sa personne et de son innocence.

CHRYSALDE

Pour cet article-là, ce que vous m'avez dit
Ne peut...

ARNOLPHE

       La vérité passe encor mon récit.
Dans ses simplicités à tous coups je l'admire,
160 Et parfois elle en dit dont je pâme de rire.
L'autre jour (pourrait-on se le persuader ?),
Elle était fort en peine, et me vint demander,
Avec une innocence à nulle autre pareille,
Si les enfants qu'on fait se faisaient par l'oreille [115].

CHRYSALDE

Je me réjouis fort, Seigneur Arnolphe...

ARNOLPHE

165   **Bon !**
Me voulez-vous toujours appeler de ce nom ?

CHRYSALDE

Ah ! malgré que j'en aie, il me vient à la bouche,
Et jamais je ne songe à Monsieur de la Souche.
Qui diable vous a fait aussi vous aviser,
170 À quarante et deux ans, de vous débaptiser,
Et d'un vieux tronc pourri de votre métairie
Vous faire dans le monde un nom de seigneurie ?

ARNOLPHE

Outre que la maison par ce nom se connaît,
La Souche plus qu'Arnolphe à mes oreilles plaît.

CHRYSALDE

175 Quel abus de quitter le vrai nom de ses pères
Pour en vouloir prendre un bâti sur des chimères !
De la plupart des gens c'est la démangeaison ;
Et, sans vous embrasser dans la comparaison,
Je sais un paysan qu'on appelait Gros-Pierre,
180 Qui n'ayant pour tout bien qu'un seul quartier de terre,
Y fit tout à l'entour faire un fossé bourbeux,
Et de Monsieur de l'Isle en prit le nom pompeux[116].

ARNOLPHE

Vous pourriez vous passer d'exemples de la sorte.
Mais enfin de la Souche est le nom que je porte :
185 J'y vois de la raison, j'y trouve des appas ;
Et m'appeler de l'autre est ne m'obliger pas.

CHRYSALDE

Cependant la plupart ont peine à s'y soumettre,
Et je vois même encor des adresses de lettre...

ARNOLPHE

Je le souffre aisément de qui n'est pas instruit ;
Mais vous...

CHRYSALDE

190   Soit : là-dessus nous n'aurons point de bruit.
Et je prendrai le soin d'accoutumer ma bouche
À ne plus vous nommer que Monsieur de la Souche.

ARNOLPHE

Adieu. Je frappe ici pour donner le bonjour,
Et dire seulement que je suis de retour.

CHRYSALDE, *s'en allant.*

195 Ma foi, je le tiens fou de toutes les manières.

ARNOLPHE

Il est un peu blessé [117] sur certaines matières.
Chose étrange de voir comme avec passion
Un chacun est chaussé de son opinion !
Holà !

SCÈNE II

ALAIN, GEORGETTE, ARNOLPHE

ALAIN

Qui heurte ?

ARNOLPHE

Ouvrez. On aura, que je pense,
200 Grande joie à me voir après dix jours d'absence.

ALAIN

Qui va là ?

ARNOLPHE

Moi.

ALAIN

Georgette !

GEORGETTE

Hé bien ?

ALAIN

Ouvre là-bas.

GEORGETTE

Vas-y, toi.

ALAIN

Vas-y, toi.

GEORGETTE

Ma foi, je n'irai pas.

ALAIN

Je n'irai pas aussi.

ARNOLPHE

Belle cérémonie
Pour me laisser dehors ! Holà ho, je vous prie.

GEORGETTE

Qui frappe ?

ARNOLPHE

Votre maître.

GEORGETTE

Alain !

ALAIN

Quoi ?

GEORGETTE

205   C'est Monsieur.
Ouvre vite.

ALAIN

Ouvre, toi.

GEORGETTE

Je souffle notre feu.

ALAIN

J'empêche, peur du chat, que mon moineau ne sorte.

ARNOLPHE

Quiconque de vous deux n'ouvrira pas la porte
N'aura point à manger de plus de quatre jours.
Ha !

GEORGETTE

210   Par quelle raison y venir, quand j'y cours ?

ALAIN

Pourquoi plutôt que moi ? Le plaisant strodagème [118] !

GEORGETTE

Ôte-toi donc de là.

ALAIN

Non, ôte-toi, toi-même.

GEORGETTE

Je veux ouvrir la porte.

ALAIN

Et je veux l'ouvrir, moi.

GEORGETTE

Tu ne l'ouvriras pas.

ALAIN

Ni toi non plus.

GEORGETTE

Ni toi.

ARNOLPHE

215 Il faut que j'aie ici l'âme bien patiente !

ALAIN

Au moins, c'est moi, Monsieur.

GEORGETTE

Je suis votre servante,

C'est moi.

ALAIN

Sans le respect de Monsieur que voilà,

Je te...

ARNOLPHE, *recevant un coup d'Alain.*

Peste !

ALAIN

Pardon.

ARNOLPHE

Voyez ce lourdaud-là !

ALAIN

C'est elle aussi, Monsieur...

ARNOLPHE

Que tous deux on se taise,
220 Songez à me répondre, et laissons la fadaise.
Hé bien, Alain, comment se porte-t-on ici ?

ALAIN

Monsieur, nous nous... Monsieur, nous nous por... Dieu
[merci,
Nous nous...

*Arnolphe ôte par trois fois le chapeau de dessus la
tête d'Alain.*

ARNOLPHE

Qui vous apprend, impertinente bête,
À parler devant moi le chapeau sur la tête ?

ALAIN

Vous faites bien, j'ai tort.

ARNOLPHE, *à Alain.*

225   Faites descendre Agnès.

À Georgette.

Lorsque je m'en allai, fut-elle triste après ?

GEORGETTE

Triste ? Non.

ARNOLPHE

Non ?

GEORGETTE

Si fait.

ARNOLPHE

Pourquoi donc... ?

GEORGETTE

Oui, je meure,

Elle vous croyait voir de retour à toute heure ;
Et nous n'oyions jamais passer devant chez nous
230 Cheval, âne, ou mulet, qu'elle ne prît pour vous.

SCÈNE III

AGNÈS, ALAIN, GEORGETTE, ARNOLPHE

ARNOLPHE

La besogne à la main ! C'est un bon témoignage.
Hé bien ! Agnès, je suis de retour du voyage :
En êtes-vous bien aise ?

AGNÈS

Oui, Monsieur, Dieu merci.

ARNOLPHE

Et moi de vous revoir je suis bien aise aussi.
235 Vous vous êtes toujours, comme on voit, bien portée ?

AGNÈS

Hors les puces, qui m'ont la nuit inquiétée.

ARNOLPHE

Ah ! vous aurez dans peu quelqu'un pour les chasser.

AGNÈS

Vous me ferez plaisir.

ARNOLPHE

Je le puis bien penser.

Que faites-vous donc là ?

AGNÈS

Je me fais des cornettes.
240 Vos chemises de nuit et vos coiffes[119] sont faites.

ARNOLPHE

Ha ! voilà qui va bien. Allez, montez là-haut :
Ne vous ennuyez point, je reviendrai tantôt,
Et je vous parlerai d'affaires importantes.

Tous étant rentrés.

Héroïnes du temps, Mesdames les savantes,
245 Pousseuses[120] de tendresse et de beaux sentiments ;
Je défie à la fois tous vos vers, vos romans,
Vos lettres, billets doux, toute votre science
De valoir cette honnête et pudique ignorance.

SCÈNE IV

HORACE, ARNOLPHE

ARNOLPHE

Ce n'est point par le bien qu'il faut être ébloui ;
250 Et pourvu que l'honneur soit... Que vois-je ? Est-ce ?...

[Oui.

Je me trompe. Nenni. Si fait. Non, c'est lui-même.
Hor...

HORACE

Seigneur Ar...

ARNOLPHE

Horace !

HORACE

Arnolphe.

ARNOLPHE

Ah ! joie extrême !

Et depuis quand ici ?

HORACE

Depuis neuf jours.

ARNOLPHE

Vraiment ?

HORACE

Je fus d'abord chez vous, mais inutilement.

ARNOLPHE

J'étais à la campagne.

HORACE

255   Oui, depuis deux journées.

ARNOLPHE

Oh ! comme les enfants croissent en peu d'années !
J'admire de le voir au point où le voilà,
Après que je l'ai vu pas plus grand que cela.

HORACE

Vous voyez.

ARNOLPHE

Mais, de grâce. Oronte votre père,
260 Mon bon et cher ami, que j'estime et révère,
Que fait-il ? que dit-il ? est-il toujours gaillard ?
À tout ce qui le touche, il sait que je prends part :
Nous ne nous sommes vus depuis quatre ans ensemble.

HORACE

Ni, qui plus est, écrit l'un à l'autre, me semble.
265 Il est, seigneur Arnolphe, encor plus gai que nous,

Et j'avais de sa part une lettre pour vous ;
Mais depuis, par une autre, il m'apprend sa venue,
Et la raison encor ne m'en est pas connue.
Savez-vous qui peut être un de vos citoyens
270 Qui retourne en ces lieux avec beaucoup de biens
Qu'il s'est en quatorze ans acquis dans l'Amérique ?

ARNOLPHE

Non. Vous a-t-on point dit comme on le nomme ?

HORACE

Enrique.

ARNOLPHE

Non.

HORACE

Mon père m'en parle, et qu'il est revenu
Comme s'il devait m'être entièrement connu,
275 Et m'écrit qu'en chemin ensemble ils se vont mettre
Pour un fait important que ne dit point sa lettre.

ARNOLPHE

J'aurai certainement grande joie à le voir,
Et pour le régaler [121] je ferai mon pouvoir.

Après avoir lu la lettre.

Il faut pour des amis des lettres moins civiles,
280 Et tous ces compliments sont choses inutiles.
Sans qu'il prît le souci de m'en écrire rien,
Vous pouvez librement disposer de mon bien.

HORACE

Je suis homme à saisir les gens par leurs paroles,
Et j'ai présentement besoin de cent pistoles.

ARNOLPHE

285 Ma foi, c'est m'obliger que d'en user ainsi,
Et je me réjouis de les avoir ici.
Gardez aussi la bourse.

HORACE

Il faut…

ARNOLPHE

Laissons ce style [122].
Hé bien ! comment encor trouvez-vous cette ville ?

HORACE

Nombreuse en citoyens, superbe en bâtiments ;
290 Et j'en crois merveilleux les divertissements.

ARNOLPHE

Chacun a ses plaisirs qu'il se fait à sa guise ;
Mais pour ceux que du nom de galants on baptise,
Ils ont en ce pays de quoi se contenter,
Car les femmes y sont faites à coqueter :
295 On trouve d'humeur douce et la brune et la blonde,
Et les maris aussi les plus bénins du monde ;
C'est un plaisir de prince ; et des tours que je vois
Je me donne souvent la comédie à moi.
Peut-être en avez-vous déjà féru [123] quelqu'une.
300 Vous est-il point encore arrivé de fortune ?
Les gens faits comme vous font plus que les écus,
Et vous êtes de taille à faire des cocus.

HORACE

À ne vous rien cacher de la vérité pure,
J'ai d'amour en ces lieux eu certaine aventure,
305 Et l'amitié m'oblige à vous en faire part.

ARNOLPHE

Bon ! voici de nouveau quelque conte gaillard ;
Et ce sera de quoi mettre sur mes tablettes.

HORACE

Mais, de grâce, qu'au moins ces choses soient secrètes.

ARNOLPHE

Oh !

HORACE

Vous n'ignorez pas qu'en ces occasions
310 Un secret éventé rompt nos prétentions.
Je vous avouerai donc avec pleine franchise
Qu'ici d'une beauté mon âme s'est éprise.
Mes petits soins d'abord ont eu tant de succès,
Que je me suis chez elle ouvert un doux accès ;
315 Et sans trop me vanter ni lui faire une injure,
Mes affaires y sont en fort bonne posture.

ARNOLPHE, *riant.*

Et c'est ?

HORACE, *lui montrant le logis d'Agnès.*

Un jeune objet qui loge en ce logis
Dont vous voyez d'ici que les murs sont rougis ;
Simple, à la vérité, par l'erreur sans seconde
320 D'un homme qui la cache au commerce du monde,
Mais qui, dans l'ignorance où l'on veut l'asservir,
Fait briller des attraits capables de ravir ;
Un air tout engageant, je ne sais quoi de tendre,
Dont il n'est point de cœur qui se puisse défendre.
325 Mais peut-être il n'est pas que vous n'ayez bien vu
Ce jeune astre d'amour de tant d'attraits pourvu :
C'est Agnès qu'on l'appelle.

ARNOLPHE, *à part.*

Ah ! je crève !

HORACE

Pour l'homme
C'est, je crois, de la Zousse ou Source [124] qu'on le
[nomme :
Je ne me suis pas fort arrêté sur le nom ;
330 Riche, à ce qu'on m'a dit, mais des plus sensés, non ;
Et l'on m'en a parlé comme d'un ridicule.
Le connaissez-vous point ?

ARNOLPHE, *à part*

La fâcheuse pilule !

HORACE

Eh ! vous ne dites mot ?

ARNOLPHE

Eh ! oui, je le connois.

HORACE

C'est un fou, n'est-ce pas ?

ARNOLPHE

Eh...

HORACE

Qu'en dites-vous ? quoi ?
335 Eh ? c'est-à-dire oui ? Jaloux à faire rire ?
Sot ? Je vois qu'il en est ce que l'on m'a pu dire.
Enfin l'aimable Agnès a su m'assujettir.
C'est un joli bijou, pour ne vous point mentir ;
Et ce serait péché qu'une beauté si rare
340 Fût laissée au pouvoir de cet homme bizarre.
Pour moi, tous mes efforts, tous mes vœux les plus doux

Vont à m'en rendre maître en dépit du jaloux ;
Et l'argent que de vous j'emprunte avec franchise
N'est que pour mettre à bout cette juste entreprise.
345 Vous savez mieux que moi, quels que soient nos efforts,
Que l'argent est la clef de tous les grands ressorts,
Et que ce doux métal qui frappe tant de têtes,
En amour, comme en guerre, avance les conquêtes.
Vous me semblez chagrin [125] : serait-ce qu'en effet
350 Vous désapprouveriez le dessein que j'ai fait ?

ARNOLPHE

Non, c'est que je songeais…

HORACE

Cet entretien vous lasse.
Adieu. J'irai chez vous tantôt vous rendre grâce.

ARNOLPHE

Ah ! faut-il… !

HORACE, *revenant.*

Derechef [126], veuillez être discret,
Et n'allez pas, de grâce, éventer mon secret.

ARNOLPHE

Que je sens dans mon âme… !

HORACE, *revenant.*

355   Et surtout à mon père,
Qui s'en ferait peut-être un sujet de colère.

ARNOLPHE, *croyant qu'il revient encore.*

Oh !… Oh ! que j'ai souffert durant cet entretien !
Jamais trouble d'esprit ne fut égal au mien.
Avec quelle imprudence et quelle hâte extrême
360 Il m'est venu conter cette affaire à moi-même !

Bien que mon autre nom le tienne dans l'erreur,
Étourdi montra-t-il jamais tant de fureur ?
Mais ayant tant souffert, je devais me contraindre
Jusques à m'éclaircir de ce que je dois craindre,
365 À pousser jusqu'au bout son caquet indiscret,
Et savoir pleinement leur commerce secret.
Tâchons à le rejoindre : il n'est pas loin, je pense.
Tirons-en de ce fait l'entière confidence.
Je tremble du malheur qui m'en peut arriver,
370 Et l'on cherche souvent plus qu'on ne veut trouver.

ACTE II

SCÈNE PREMIÈRE

ARNOLPHE

Il m'est, lorsque j'y pense, avantageux sans doute
D'avoir perdu mes pas et pu manquer sa route ;
Car enfin de mon cœur le trouble impérieux
N'eût pu se renfermer tout entier à ses yeux :
375 Il eût fait éclater l'ennui[127] qui me dévore,
Et je ne voudrais pas qu'il sût ce qu'il ignore.
Mais je ne suis pas homme à gober le morceau,
Et laisser un champ libre aux vœux du damoiseau :
J'en veux rompre le cours et, sans tarder, apprendre
380 Jusqu'où l'intelligence entre eux a pu s'étendre.
J'y prends pour mon honneur un notable intérêt :
Je la regarde en femme, aux termes qu'elle en est ;
Elle n'a pu faillir sans me couvrir de honte,
Et tout ce qu'elle a fait enfin est sur mon compte.
385 Éloignement fatal ! voyage malheureux[128] !

Frappant à la porte.

SCÈNE II

ALAIN, GEORGETTE, ARNOLPHE

ALAIN

Ah ! Monsieur, cette fois...

ARNOLPHE

          Paix. Venez çà tous deux.
Passez là, passez là. Venez là, venez dis-je.

GEORGETTE

Ah ! vous me faites peur, et tout mon sang se fige.

ARNOLPHE

C'est donc ainsi qu'absent vous m'avez obéi ?--
390 Et tous deux de concert vous m'avez donc trahi ?

GEORGETTE

Eh ! ne me mangez pas, Monsieur, je vous conjure.

ALAIN, *à part.*

Quelque chien enragé l'a mordu, je m'assure.

ARNOLPHE

Ouf ! Je ne puis parler, tant je suis prévenu [129] :
Je suffoque, et voudrais me pouvoir mettre nu.
395 Vous avez donc souffert, ô canaille maudite,
Qu'un homme soit venu ?... Tu veux prendre la fuite !
Il faut que sur-le-champ... Si tu bouges... ! Je veux
Que vous me disiez... Euh ! Oui, je veux que tous deux...
Quiconque remûra, par la mort ! je l'assomme.
400 Comme est-ce que chez moi s'est introduit cet homme ?
Eh ! parlez, dépêchez, vite, promptement, tôt,
Sans rêver. Veut-on dire ?

ALAIN et GEORGETTE

Ah ! Ah !

GEORGETTE

Le cœur me faut[130].

ALAIN

Je meurs.

ARNOLPHE

  Je suis en eau : prenons un peu d'haleine ;
Il faut que je m'évente, et que je me promène.
405 Aurais-je deviné quand je l'ai vu petit
Qu'il croîtrait pour cela ? Ciel ! que mon cœur pâtit !
Je pense qu'il vaut mieux que de sa propre bouche
Je tire avec douceur l'affaire qui me touche.
Tâchons de modérer notre ressentiment.
410 Patience, mon cœur, doucement, doucement.
Levez-vous, et rentrant, faites qu'Agnès descende.
Arrêtez. Sa surprise en deviendrait moins grande :
Du chagrin qui me trouble ils iraient l'avertir,
Et moi-même je veux l'aller faire sortir.
Que l'on m'attende ici.

SCÈNE III

ALAIN, GEORGETTE

GEORGETTE

415   Mon Dieu ! qu'il est terrible !
Ses regards m'ont fait peur, mais une peur horrible !
Et jamais je ne vis un plus hideux chrétien.

ALAIN

Ce Monsieur l'a fâché : je te le disais bien.

GEORGETTE

Mais que diantre est-ce là, qu'avec tant de rudesse
420 Il nous fait au logis garder notre maîtresse?
D'où vient qu'à tout le monde il veut tant la cacher,
Et qu'il ne saurait voir personne en approcher?

ALAIN

C'est que cette action le met en jalousie.

GEORGETTE

Mais d'où vient qu'il est pris de cette fantaisie?

ALAIN

425 Cela vient... cela vient de ce qu'il est jaloux.

GEORGETTE

Oui; mais pourquoi l'est-il? et pourquoi ce courroux?

ALAIN

C'est que la jalousie... entends-tu bien, Georgette,
Est une chose... là... qui fait qu'on s'inquiète...
Et qui chasse les gens d'autour d'une maison.
430 Je m'en vais te bailler une comparaison,
Afin de concevoir la chose davantage.
Dis-moi, n'est-il pas vrai, quand tu tiens ton potage,
Que si quelque affamé venait pour en manger,
Tu serais en colère, et voudrais le charger[131]?

GEORGETTE

Oui, je comprends cela.

ALAIN

435   C'est justement tout comme:
La femme est en effet le potage[132] de l'homme;
Et quand un homme voit d'autres hommes parfois

Qui veulent dans sa soupe aller tremper leurs doigts,
Il en montre aussitôt une colère extrême.

GEORGETTE

440 Oui ; mais pourquoi chacun n'en fait-il pas de même,
Et que nous en voyons qui paraissent joyeux
Lorsque leurs femmes sont avec les biaux Monsieux.

ALAIN

C'est que chacun n'a pas cette amitié goulue
Qui n'en veut que pour soi.

GEORGETTE

                              Si je n'ai la berlue,
Je le vois qui revient.

ALAIN

445   Tes yeux sont bons, c'est lui.

GEORGETTE

Vois comme il est chagrin.

ALAIN

                              C'est qu'il a de l'ennui.

SCÈNE IV

ARNOLPHE, AGNÈS, ALAIN, GEORGETTE

ARNOLPHE

Un certain Grec disait à l'empereur Auguste[133],
Comme une instruction utile autant que juste,
Que lorsqu'une aventure en colère nous met,
450 Nous devons, avant tout, dire notre alphabet,
Afin que dans ce temps la bile se tempère,

Et qu'on ne fasse rien que l'on ne doive faire.
J'ai suivi sa leçon sur le sujet d'Agnès,
Et je la fais venir en ce lieu tout exprès,
455 Sous prétexte d'y faire un tour de promenade,
Afin que les soupçons de mon esprit malade
Puissent sur le discours la mettre adroitement,
Et lui sondant le cœur s'éclaircir doucement.
Venez, Agnès. Rentrez[134].

SCÈNE V

ARNOLPHE, AGNÈS

ARNOLPHE

La promenade est belle.

AGNÈS

Fort belle.

ARNOLPHE

Le beau jour !

AGNÈS

Fort beau.

ARNOLPHE

460   Quelle nouvelle ?

AGNÈS

Le petit chat est mort.

ARNOLPHE

C'est dommage ; mais quoi ?
Nous sommes tous mortels, et chacun est pour soi.
Lorsque j'étais aux champs, n'a-t-il point fait de pluie ?

AGNÈS

Non.

ARNOLPHE

Vous ennuyait-il?

AGNÈS

Jamais je ne m'ennuie.

ARNOLPHE

465 Qu'avez-vous fait encor ces neuf ou dix jours-ci?

AGNÈS

Six chemises, je pense, et six coiffes aussi.

ARNOLPHE, *ayant un peu rêvé.*

Le monde, chère Agnès, est une étrange chose.
Voyez la médisance, et comme chacun cause :
Quelques voisins m'ont dit qu'un jeune homme inconnu
470 Était en mon absence à la maison venu,
Que vous aviez souffert sa vue et ses harangues ;
Mais je n'ai point pris foi sur ces méchantes langues,
Et j'ai voulu gager que c'était faussement...

AGNÈS

Mon Dieu, ne gagez pas : vous perdriez vraiment.

ARNOLPHE

Quoi? c'est la vérité qu'un homme...?

AGNÈS

475   Chose sûre.
Il n'a presque bougé de chez nous, je vous jure.

ARNOLPHE, *à part.*

Cet aveu qu'elle fait avec sincérité
Me marque pour le moins son ingénuité.

Mais il me semble, Agnès, si ma mémoire est bonne,
480 Que j'avais défendu que vous vissiez personne.

AGNÈS

Oui ; mais quand je l'ai vu, vous ignorez pourquoi ;
Et vous en auriez fait, sans doute, autant que moi.

ARNOLPHE

Peut-être. Mais enfin contez-moi cette histoire.

AGNÈS

Elle est fort étonnante, et difficile à croire.
485 J'étais sur le balcon à travailler au frais,
Lorsque je vis passer sous les arbres d'auprès
Un jeune homme bien fait, qui, rencontrant ma vue,
D'une humble révérence aussitôt me salue :
Moi pour ne point manquer à la civilité,
490 Je fis la révérence aussi de mon côté.
Soudain il me refait une autre révérence :
Moi, j'en refais de même une autre en diligence ;
Et lui d'une troisième aussitôt repartant,
D'une troisième aussi j'y repars à l'instant.
495 Il passe, vient, repasse, et toujours de plus belle
Me fait à chaque fois révérence nouvelle ;
Et moi, qui tous ces tours fixement regardais,
Nouvelle révérence aussi je lui rendais :
Tant que, si sur ce point la nuit ne fût venue,
500 Toujours comme cela je me serais tenue,
Ne voulant point céder, et recevoir l'ennui
Qu'il me pût estimer moins civile que lui.

ARNOLPHE

Fort bien.

AGNÈS

          Le lendemain, étant sur notre porte,
Une vieille m'aborde, en parlant de la sorte :

505 « Mon enfant, le bon Dieu puisse-t-il vous bénir,
    Et dans tous vos attraits longtemps vous maintenir !
    Il ne vous a pas faite une belle personne
    Afin de mal user des choses qu'il vous donne ;
    Et vous devez savoir que vous avez blessé
510 Un cœur qui de s'en plaindre est aujourd'hui forcé. »

ARNOLPHE, *à part.*

Ah ! suppôt de Satan ! exécrable damnée !

AGNÈS

« Moi, j'ai blessé quelqu'un ! fis-je toute étonnée.
    — Oui, dit-elle, blessé, mais blessé tout de bon ;
    Et c'est l'homme qu'hier vous vîtes du balcon.
515 — Hélas, qui [135] pourrait, dis-je, en avoir été cause ?
    Sur lui, sans y penser, fis-je choir quelque chose ?
    — Non, dit-elle, vos yeux ont fait ce coup fatal,
    Et c'est de leurs regards qu'est venu tout son mal.
    — Hé ! mon Dieu ! ma surprise est, fis-je, sans seconde :
520 Mes yeux ont-ils du mal, pour en donner au monde ?
    — Oui, fit-elle, vos yeux, pour causer le trépas,
    Ma fille, ont un venin que vous ne savez pas.
    En un mot, il languit, le pauvre misérable ;
    Et s'il faut, poursuivit la vieille charitable,
525 Que votre cruauté lui refuse un secours,
    C'est un homme à porter en terre dans deux jours.
    — Mon Dieu ! j'en aurais, dis-je, une douleur bien
                                              [grande.
    Mais pour le secourir qu'est-ce qu'il me demande ?
    — Mon enfant, me dit-elle, il ne veut obtenir
530 Que le bien de vous voir et vous entretenir :
    Vos yeux peuvent eux seuls empêcher sa ruine
    Et du mal qu'ils ont fait être la médecine.
    — Hélas ! volontiers, dis-je ; et puisqu'il est ainsi,
    Il peut, tant qu'il voudra, me venir voir ici. »

ARNOLPHE, *à part.*

535 Ah ! sorcière maudite, empoisonneuse d'âmes,
Puisse l'enfer payer tes charitables trames [136] !

AGNÈS

Voilà comme il me vit, et reçut guérison.
Vous-même, à votre avis, n'ai-je pas eu raison ?
Et pouvais-je, après tout, avoir la conscience
540 De le laisser mourir faute d'une assistance,
Moi qui compatis tant aux gens qu'on fait souffrir
Et ne puis, sans pleurer, voir un poulet mourir ?

ARNOLPHE, *bas.*

Tout cela n'est parti que d'une âme innocente ;
Et j'en dois accuser mon absence imprudente,
545 Qui sans guide a laissé cette bonté de mœurs
Exposée aux aguets des rusés séducteurs.
Je crains que le pendard, dans ses vœux téméraires,
Un peu plus fort que jeu n'ait poussé les affaires.

AGNÈS

Qu'avez-vous ? Vous grondez, ce me semble, un petit ?
550 Est-ce que c'est mal fait ce que je vous ai dit ?

ARNOLPHE

Non. Mais de cette vue apprenez-moi les suites,
Et comme le jeune homme a passé ses visites.

AGNÈS

Hélas ! si vous saviez comme il était ravi,
Comme il perdit son mal sitôt que je le vis,
555 Le présent qu'il m'a fait d'une belle cassette,
Et l'argent qu'en ont eu notre Alain et Georgette,
Vous l'aimeriez sans doute et diriez comme nous...

ARNOLPHE

Oui. Mais que faisait-il étant seul avec vous ?

AGNÈS

Il jurait qu'il m'aimait d'une amour sans seconde,
560 Et me disait des mots les plus gentils du monde,
Des choses que jamais rien ne peut égaler,
Et dont, toutes les fois que je l'entends parler,
La douceur me chatouille et là-dedans remue
Certain je ne sais quoi dont je suis toute émue.

ARNOLPHE, *à part.*

565 Ô fâcheux examen d'un mystère fatal,
Où l'examinateur souffre seul tout le mal !

À Agnès.

Outre tous ces discours, toutes ces gentillesses,
Ne vous faisait-il point aussi quelques caresses ?

AGNÈS

Oh tant ! Il me prenait et les mains et les bras,
570 Et de me les baiser il n'était jamais las.

ARNOLPHE

Ne vous a-t-il point pris, Agnès, quelque autre chose ?

La voyant interdite.

Ouf !

AGNÈS

Hé ! il m'a...

ARNOLPHE

Quoi ?

AGNÈS

Pris...

ARNOLPHE

Euh !

AGNÈS

Le...[137].

ARNOLPHE

Plaît-il ?

AGNÈS

Je n'ose,
Et vous vous fâcherez peut-être contre moi.

ARNOLPHE

Non.

AGNÈS

Si fait.

ARNOLPHE

Mon Dieu, non !

AGNÈS

Jurez donc votre foi.

ARNOLPHE

Ma foi, soit.

AGNÈS

575   Il m'a pris... Vous serez en colère.

ARNOLPHE

Non.

AGNÈS

Si.

ARNOLPHE

Non, non, non, non. Diantre, que de mystère !
Qu'est-ce qu'il vous a pris ?

AGNÈS

Il...

ARNOLPHE, *à part.*

Je souffre en damné.

AGNÈS

Il m'a pris le ruban que vous m'aviez donné.
À vous dire le vrai, je n'ai pu m'en défendre.

ARNOLPHE, *reprenant haleine.*

580 Passe pour le ruban. Mais je voulais apprendre
S'il ne vous a rien fait que vous baiser les bras.

AGNÈS

Comment? est-ce qu'on fait d'autres choses?

ARNOLPHE

Non pas.
Mais pour guérir du mal qu'il dit qui le possède,
N'a-t-il point exigé de vous d'autre remède?

AGNÈS

585 Non. Vous pouvez juger, s'il en eût demandé,
Que pour le secourir j'aurais tout accordé.

ARNOLPHE

Grâce aux bontés du Ciel, j'en suis quitte à bon compte;
Si j'y retombe plus, je veux bien qu'on m'affronte [138].
Chut. De votre innocence, Agnès, c'est un effet.
590 Je ne vous en dis mot : ce qui s'est fait est fait.
Je sais qu'en vous flattant le galant ne désire
Que de vous abuser, et puis après s'en rire.

AGNÈS

Oh ! point : il me l'a dit plus de vingt fois à moi.

ARNOLPHE

Ah ! vous ne savez pas ce que c'est que sa foi.
595 Mais enfin apprenez qu'accepter des cassettes,
Et de ces beaux blondins écouter les sornettes,
Que se laisser par eux, à force de langueur,
Baiser ainsi les mains et chatouiller le cœur,
Est un péché mortel des plus gros qu'il se fasse.

AGNÈS

600 Un péché, dites-vous ? Et la raison, de grâce ?

ARNOLPHE

La raison ? La raison est l'arrêt prononcé
Que par ces actions le Ciel est courroucé.

AGNÈS

Courroucé ! Mais pourquoi faut-il qu'il s'en courrouce ?
C'est une chose, hélas ! si plaisante et si douce !
605 J'admire quelle joie on goûte à tout cela,
Et je ne savais point encor ces choses-là.

ARNOLPHE

Oui, c'est un grand plaisir que toutes ces tendresses,
Ces propos si gentils et ces douces caresses ;
Mais il faut le goûter en toute honnêteté,
610 Et qu'en se mariant le crime en soit ôté [139].

AGNÈS

N'est-ce plus un péché lorsque l'on se marie ?

ARNOLPHE

Non.

AGNÈS

Mariez-moi donc promptement, je vous prie.

ARNOLPHE

Si vous le souhaitez, je le souhaite aussi,
Et pour vous marier on me revoit ici.

AGNÈS

Est-il possible ?

ARNOLPHE

Oui.

AGNÈS

615   Que vous me ferez aise !

ARNOLPHE

Oui, je ne doute point que l'hymen ne vous plaise.

AGNÈS

Vous nous voulez, nous deux...

ARNOLPHE

Rien de plus assuré.

AGNÈS

Que, si cela se fait, je vous caresserai !

ARNOLPHE

Hé ! la chose sera de ma part réciproque.

AGNÈS

620 Je ne reconnais point, pour moi, quand on se moque.
Parlez-vous tout de bon ?

ARNOLPHE

Oui, vous le pourrez voir.

AGNÈS

Nous serons mariés ?

ARNOLPHE

Oui.

AGNÈS

Mais quand ?

ARNOLPHE

Dès ce soir.

AGNÈS, *riant.*

Dès ce soir ?

ARNOLPHE

Dès ce soir. Cela vous fait donc rire ?

AGNÈS

Oui.

ARNOLPHE

Vous voir bien contente est ce que je désire.

AGNÈS

625 Hélas ! que je vous ai grande obligation,
Et qu'avec lui j'aurai de satisfaction !

ARNOLPHE

Avec qui ?

AGNÈS

Avec…, là.

ARNOLPHE

Là… : là n'est pas mon compte.
À choisir un mari vous êtes un peu prompte.

C'est un autre, en un mot, que je vous tiens tout prêt,
630 Et quant au monsieur, là, je prétends, s'il vous plaît,
Dût le mettre au tombeau le mal dont il vous berce,
Qu'avec lui désormais vous rompiez tout commerce ;
Que, venant au logis, pour votre compliment
Vous lui fermiez au nez la porte honnêtement,
635 Et lui jetant, s'il heurte, un grès [140] par la fenêtre,
L'obligiez tout de bon à ne plus y paraître.
M'entendez-vous, Agnès ? Moi, caché dans un coin,
De votre procédé je serai le témoin.

AGNÈS

Las ! il est si bien fait ! C'est...

ARNOLPHE

Ah ! que de langage !

AGNÈS

Je n'aurai pas le cœur...

ARNOLPHE

640   Point de bruit davantage.
Montez là-haut.

AGNÈS

Mais quoi ? voulez-vous... ?

ARNOLPHE

C'est assez.
Je suis maître, je parle : allez, obéissez [141].

ACTE III

SCÈNE PREMIÈRE

ARNOLPHE, AGNÈS, ALAIN, GEORGETTE

ARNOLPHE

Oui, tout a bien été, ma joie est sans pareille :
Vous avez là suivi mes ordres à merveille,
645 Confondu de tout point le blondin séducteur,
Et voilà de quoi sert un sage directeur [142].
Votre innocence, Agnès, avait été surprise.
Voyez sans y penser où vous vous étiez mise :
Vous enfiliez tout droit, sans mon instruction,
650 Le grand chemin d'enfer et de perdition.
De tous ces damoiseaux on sait trop les coutumes :
Ils ont de beaux canons, force rubans et plumes,
Grands cheveux, belles dents, et des propos fort doux [143] ;
Mais, comme je vous dis, la griffe est là-dessous ;
655 Et ce sont vrais Satans, dont la gueule altérée
De l'honneur féminin cherche à faire curée.
Mais, encore une fois, grâce au soin apporté,
Vous en êtes sortie avec honnêteté.
L'air dont je vous ai vu lui jeter cette pierre,
660 Qui de tous ses desseins a mis l'espoir par terre,
Me confirme encor mieux à ne point différer
Les noces où je dis qu'il vous faut préparer.
Mais, avant toute chose, il est bon de vous faire
Quelque petit discours qui vous soit salutaire.
665 Un siège au frais ici. Vous, si jamais en rien...

GEORGETTE

De toutes vos leçons nous nous souviendrons bien.
Cet autre monsieur-là nous en faisait accroire ;
Mais...

ALAIN

S'il entre jamais, je veux jamais ne boire.
Aussi bien est-ce un sot : il nous a l'autre fois
670 Donné deux écus d'or qui n'étaient pas de poids.

ARNOLPHE

Ayez donc pour souper tout ce que je désire ;
Et pour notre contrat, comme je viens de dire.
Faites venir ici, l'un ou l'autre, au retour,
Le notaire qui loge au coin de ce carfour.

SCÈNE II

ARNOLPHE, AGNÈS

ARNOLPHE, *assis*.

675 Agnès, pour m'écouter, laissez là votre ouvrage.
Levez un peu la tête et tournez le visage :
Là, regardez-moi là durant cet entretien[144],
Et jusqu'au moindre mot imprimez-le-vous bien.
Je vous épouse, Agnès ; et cent fois la journée
680 Vous devez bénir l'heur de votre destinée,
Contempler la bassesse où vous avez été,
Et dans le même temps admirer ma bonté,
Qui de ce vil état de pauvre villageoise
Vous fait monter au rang d'honorable bourgeoise
685 Et jouir de la couche et des embrassements
D'un homme qui fuyait tous ces engagements,
Et dont à vingt partis, fort capables de plaire,
Le cœur a refusé l'honneur qu'il vous veut faire.
Vous devez toujours, dis-je, avoir devant les yeux
690 Le peu que vous étiez sans ce nœud glorieux,
Afin que cet objet d'autant mieux vous instruise
À mériter l'état où je vous aurai mise,
À toujours vous connaître, et faire qu'à jamais
Je puisse me louer de l'acte que je fais.

695 Le mariage, Agnès, n'est pas un badinage :
À d'austères devoirs le rang de femme engage,
Et vous n'y montez pas, à ce que je prétends,
Pour être libertine [145] et prendre du bon temps.
Votre sexe n'est là que pour la dépendance :
700 Du côté de la barbe est la toute-puissance.
Bien qu'on soit deux moitiés de la société,
Ces deux moitiés pourtant n'ont point d'égalité :
L'une est moitié suprême et l'autre subalterne ;
L'une en tout est soumise à l'autre qui gouverne ;
705 Et ce que le soldat, dans son devoir instruit,
Montre d'obéissance au chef qui le conduit,
Le valet à son maître, un enfant à son père,
À son supérieur le moindre petit Frère [146],
N'approche point encor de la docilité,
710 Et de l'obéissance, et de l'humilité,
Et du profond respect où la femme doit être
Pour son mari, son chef, son seigneur et son maître [147].
Lorsqu'il jette sur elle un regard sérieux,
Son devoir aussitôt est de baisser les yeux,
715 Et de n'oser jamais le regarder en face
Que quand d'un doux regard il lui veut faire grâce.
C'est ce qu'entendent mal les femmes d'aujourd'hui ;
Mais ne vous gâtez pas sur l'exemple d'autrui.
Gardez-vous d'imiter ces coquettes vilaines
720 Dont par toute la ville on chante les fredaines,
Et de vous laisser prendre aux assauts du malin,
C'est-à-dire d'ouïr aucun jeune blondin.
Songez qu'en vous faisant moitié de ma personne,
C'est mon honneur, Agnès, que je vous abandonne ;
725 Que cet honneur est tendre et se blesse de peu ;
Que sur un tel sujet il ne faut point de jeu ;
Et qu'il est aux enfers des chaudières bouillantes
Où l'on plonge à jamais les femmes mal vivantes.
Ce que je vous dis là ne sont pas des chansons ;
730 Et vous devez du cœur dévorer ces leçons.

Si votre âme les suit, et fuit d'être coquette,
Elle sera toujours, comme un lis, blanche et nette ;
Mais s'il faut qu'à l'honneur elle fasse un faux bond,
Elle deviendra lors noire comme un charbon ;
735 Vous paraîtrez à tous un objet effroyable,
Et vous irez un jour, vrai partage[148] du diable,
Bouillir dans les enfers à toute éternité :
Dont vous veuille garder la céleste bonté !
Faites la révérence. Ainsi qu'une novice
740 Par cœur dans le couvent doit savoir son office[149],
Entrant au mariage il en faut faire autant ;
Et voici dans ma poche un écrit important

                                        Il se lève.

Qui vous enseignera l'office de la femme.
J'en ignore l'auteur, mais c'est quelque bonne âme ;
745 Et je veux que ce soit votre unique entretien.
Tenez. Voyons un peu si vous le lirez bien.

AGNÈS lit.

LES MAXIMES DU MARIAGE
OU LES DEVOIRS DE LA FEMME MARIÉE

AVEC SON EXERCICE JOURNALIER[150]

Ire MAXIME

Celle qu'un lien honnête
Fait entrer au lit d'autrui,
Doit se mettre dans la tête,
Malgré le train d'aujourd'hui,
750 Que l'homme qui la prend, ne la prend que pour lui.

ARNOLPHE

Je vous expliquerai ce que cela veut dire ;
Mais pour l'heure présente il ne faut rien que lire.

AGNÈS poursuit.

IIe MAXIME

Elle ne se doit parer

755   Qu'autant que peut désirer
          Le mari qui la possède :
C'est lui que touche seul le soin de sa beauté ;
          Et pour rien doit être compté
          Que les autres la trouvent laide.

IIIe MAXIME

760   Loin ces études d'œillades,
          Ces eaux, ces blancs [151], ces pommades,
Et mille ingrédients qui font des teints fleuris :
À l'honneur tous les jours ce sont drogues mortelles ;
          Et les soins de paraître belles
765   Se prennent peu pour les maris.

IVe MAXIME

Sous sa coiffe, en sortant, comme l'honneur l'ordonne
Il faut que de ses yeux elle étouffe les coups,
          Car pour bien plaire à son époux,
          Elle ne doit plaire à personne.

Ve MAXIME

770 Hors ceux dont au mari la visite se rend,
          La bonne règle défend
          De recevoir aucune âme :
          Ceux qui, de galante humeur,
          N'ont affaire qu'à Madame,
775   N'accommodent pas Monsieur.

VIe MAXIME

          Il faut des présents des hommes
          Qu'elle se défende bien ;
          Car dans le siècle où nous sommes,
          On ne donne rien pour rien.

VIIe MAXIME

780 Dans ses meubles, dût-elle en avoir de l'ennui,
Il ne faut écritoire [152], encre, papier, ni plumes :

Le mari doit, dans les bonnes coutumes,
Écrire tout ce qui s'écrit chez lui.

VIIIe MAXIME

Ces sociétés déréglées
785   Qu'on nomme belles assemblées
Des femmes tous les jours corrompent les esprits :
En bonne politique on les doit interdire ;
Car c'est là que l'on conspire
Contre les pauvres maris.

IXe MAXIME

790 Toute femme qui veut à l'honneur se vouer
Doit se défendre de jouer,
Comme d'une chose funeste :
Car le jeu, fort décevant,
Pousse une femme souvent
795   À jouer de tout son reste.

Xe MAXIME

Des promenades du temps,
Ou repas qu'on donne aux champs,
Il ne faut pas qu'elle essaye :
Selon les prudents cerveaux,
800   Le mari, dans ces cadeaux[153],
Est toujours celui qui paye.

XIe MAXIME...

ARNOLPHE

Vous achèverez seule ; et, pas à pas, tantôt
Je vous expliquerai ces choses comme il faut,
Je me suis souvenu d'une petite affaire :
805 Je n'ai qu'un mot à dire, et ne tarderai guère.
Rentrez, et conservez ce livre chèrement.
Si le notaire vient, qu'il m'attende un moment.

SCÈNE III

ARNOLPHE

Je ne puis faire mieux que d'en faire ma femme.
Ainsi que je voudrai, je tournerai cette âme ;
810 Comme un morceau de cire entre mes mains elle est,
Et je lui puis donner la forme qui me plaît.
Il s'en est peu fallu que, durant mon absence,
On ne m'ait attrapé par son trop d'innocence ;
Mais il vaut beaucoup mieux, à dire vérité,
815 Que la femme qu'on a pèche de ce côté.
De ces sortes d'erreurs le remède est facile :
Toute personne simple aux leçons est docile ;
Et si du bon chemin on l'a fait écarter,
Deux mots incontinent l'y peuvent rejeter.
820 Mais une femme habile est bien une autre bête ;
Notre sort ne dépend que de sa seule tête ;
De ce qu'elle s'y met rien ne la fait gauchir,
Et nos enseignements ne font là que blanchir[154] :
Son bel esprit lui sert à railler nos maximes,
825 À se faire souvent des vertus de ses crimes,
Et trouver, pour venir à ses coupables fins,
Des détours à duper l'adresse des plus fins.
Pour se parer du coup en vain on se fatigue :
Une femme d'esprit est un diable en intrigue ;
830 Et dès que son caprice a prononcé tout bas
L'arrêt de notre honneur, il faut passer le pas :
Beaucoup d'honnêtes gens en pourraient bien que dire.
Enfin, mon étourdi n'aura pas lieu d'en rire.
Par son trop de caquet il a ce qu'il lui faut.
835 Voilà de nos Français l'ordinaire défaut :
Dans la possession d'une bonne fortune,
Le secret est toujours ce qui les importune ;
Et la vanité sotte a pour eux tant d'appas,

Qu'ils se pendraient plutôt que de ne causer pas.
840 Oh ! que les femmes sont du diable bien tentées,
Lorsqu'elles vont choisir ces têtes éventées,
Et que… ! Mais le voici… Cachons-nous toujours bien
Et découvrons un peu quel chagrin est le sien.

SCÈNE IV

HORACE, ARNOLPHE

thème ⟹ Amour

HORACE

Je reviens de chez vous, et le destin me montre
845 Qu'il n'a pas résolu que je vous y rencontre.
Mais j'irai tant de fois, qu'enfin quelque moment…

ARNOLPHE

Hé ! mon Dieu, n'entrons point dans ce vain compliment :
Rien ne me fâche tant que ces cérémonies ;
Et si l'on m'en croyait, elles seraient bannies.
850 C'est un maudit usage ; et la plupart des gens
Y perdent sottement les deux tiers de leur temps.
Mettons[155] donc sans façons. Hé bien ! vos amourettes ?
Puis-je, seigneur Horace, apprendre où vous en êtes ?
J'étais tantôt distrait par quelque vision ;
855 Mais depuis là-dessus j'ai fait réflexion :
De vos premiers progrès j'admire la vitesse,
Et dans l'événement mon âme s'intéresse.

métonymie

HORACE

Ma foi, depuis qu'à vous s'est découvert mon cœur,
Il est à mon amour arrivé du malheur.

ARNOLPHE

Oh ! oh ! comment cela ?

HORACE

La fortune cruelle
A ramené des champs le patron de la belle.

ARNOLPHE

Quel malheur !

HORACE

Et de plus, à mon très grand regret,
Il a su de nous deux le commerce secret.

ARNOLPHE

D'où, diantre, a-t-il sitôt appris cette aventure ?

HORACE

Je ne sais ; mais enfin c'est une chose sûre.
Je pensais aller rendre, à mon heure à peu près,
Ma petite visite à ses jeunes attraits,
Lorsque, changeant pour moi de ton et de visage,
Et servante et valet m'ont bouché le passage,
Et d'un « Retirez-vous, vous nous importunez »,
M'ont assez rudement fermé la porte au nez.

ARNOLPHE

La porte au nez !

HORACE

Au nez.

ARNOLPHE

La chose est un peu forte.

HORACE

J'ai voulu leur parler au travers de la porte ;
Mais à tous mes propos ce qu'ils ont répondu
C'est : « Vous n'entrerez point, Monsieur l'a défendu. »

ARNOLPHE

Ils n'ont donc point ouvert ?

HORACE

                    Non. Et de la fenêtre
Agnès m'a confirmé le retour de ce maître,
En me chassant de là d'un ton plein de fierté [156],
Accompagné d'un grès que sa main a jeté.

ARNOLPHE

Comment d'un grès ?

HORACE

880   D'un grès de taille non petite,
Dont on a par ses mains régalé ma visite.

ARNOLPHE

Diantre ! ce ne sont pas des prunes [157] que cela !
Et je trouve fâcheux l'état où vous voilà.

HORACE

Il est vrai, je suis mal par ce retour funeste.

ARNOLPHE

885 Certes, j'en suis fâché pour vous, je vous proteste.

HORACE

Cet homme me rompt [158] tout.

ARNOLPHE

                    Oui. Mais cela n'est rien,
Et de vous raccrocher vous trouverez moyen.

HORACE

Il faut bien essayer, par quelque intelligence [159],
De vaincre du jaloux l'exacte vigilance.

ARNOLPHE

890 Cela vous est facile. Et la fille, après tout,
Vous aime.

HORACE

Assurément.

ARNOLPHE

Vous en viendrez à bout.

HORACE

Je l'espère.

ARNOLPHE

Le grès vous a mis en déroute ;
Mais cela ne doit pas vous étonner.

HORACE

Sans doute,
Et j'ai compris d'abord que mon homme était là,
895 Qui, sans se faire voir, conduisait tout cela.
Mais ce qui m'a surpris, et qui va vous surprendre,
C'est un autre incident que vous allez entendre ;
Un trait hardi qu'a fait cette jeune beauté,
Et qu'on n'attendrait point de sa simplicité.
900 Il le faut avouer, l'amour est un grand maître [160] :
Ce qu'on ne fut jamais il nous enseigne à l'être ;
Et souvent de nos mœurs l'absolu changement
Devient, par ses leçons, l'ouvrage d'un moment ;
De la nature, en nous, il force les obstacles,
905 Et ses effets soudains ont de l'air des miracles ;
D'un avare à l'instant il fait un libéral,
Un vaillant d'un poltron, un civil d'un brutal ;
Il rend agile à tout l'âme la plus pesante,
Et donne de l'esprit à la plus innocente.
910 Oui, ce dernier miracle éclate dans Agnès ;

Car, tranchant avec moi par ces termes exprès :
« Retirez-vous : mon âme aux visites renonce ;
Je sais tous vos discours, et voilà ma réponse »,
Cette pierre ou ce grès dont vous vous étonniez
915 Avec un mot de lettre est tombée à mes pieds ;
Et j'admire de voir cette lettre ajustée
Avec le sens des mots et la pierre jetée.
D'une telle action n'êtes-vous pas surpris ?
L'amour sait-il pas l'art d'aiguiser les esprits ?
920 Et peut-on me nier que ses flammes puissantes
Ne fassent dans un cœur des choses étonnantes ?
Que dites-vous du tour et de ce mot d'écrit ?
Euh ! n'admirez-vous point cette adresse d'esprit ?
Trouvez-vous pas plaisant de voir quel personnage
925 A joué mon jaloux dans tout ce badinage ?
Dites.

ARNOLPHE

Oui, fort plaisant.

HORACE

Riez-en donc un peu.

Arnolphe rit d'un ris forcé.

Cet homme, gendarmé d'abord contre mon feu,
Qui chez lui se retranche, et de grès fait parade [161],
Comme si j'y voulais entrer par escalade ;
930 Qui, pour me repousser, dans son bizarre effroi,
Anime du dedans tous ses gens contre moi,
Et qu'abuse à ses yeux, par sa machine [162] même,
Celle qu'il veut tenir dans l'ignorance extrême !
Pour moi, je vous l'avoue, encor que son retour
935 En un grand embarras jette ici mon amour,
Je tiens cela plaisant autant qu'on saurait dire,
Je ne puis y songer sans de bon cœur en rire :
Et vous n'en riez pas assez, à mon avis.

ARNOLPHE, *avec un ris forcé.*

Pardonnez-moi, j'en ris tout autant que je puis.

HORACE

940 Mais il faut qu'en ami je vous montre la lettre.
Tout ce que son cœur sent, sa main a su l'y mettre,
Mais en termes touchants et tous pleins de bonté,
De tendresse innocente et d'ingénuité,
De la manière enfin que la pure nature
945 Exprime de l'amour la première blessure.

ARNOLPHE, *bas*

Voilà, friponne, à quoi l'écriture te sert ;
Et contre mon dessein l'art t'en fut découvert.

HORACE, *lit.*

« Je veux vous écrire, et je suis bien en peine par où je
m'y prendrai. J'ai des pensées que je désirerais que vous
sussiez ; mais je ne sais comment faire pour vous les dire,
et je me défie de mes paroles. Comme je commence à
connaître qu'on m'a toujours tenue dans l'ignorance, j'ai
peur de mettre quelque chose qui ne soit pas bien, et d'en
dire plus que je ne devrais. En vérité, je ne sais ce que
vous m'avez fait ; mais je sens que je suis fâchée à mourir
de ce qu'on me fait faire contre vous, que j'aurai toutes les
peines du monde à me passer de vous, et que je serais bien
aise d'être à vous. Peut-être qu'il y a du mal à dire cela ;
mais enfin je ne puis m'empêcher de le dire, et je voudrais
que cela se pût faire sans qu'il y en eût. On me dit fort que
tous les jeunes hommes sont des trompeurs, qu'il ne les
faut point écouter, et que tout ce que vous me dites n'est
que pour m'abuser ; mais je vous assure que je n'ai pu
encore me figurer cela de vous, et je suis si touchée de vos
paroles, que je ne saurais croire qu'elles soient menteuses.
Dites-moi franchement ce qui en est ; car enfin, comme je
suis sans malice, vous auriez le plus grand tort du monde,

si vous me trompiez ; et je pense que j'en mourrais de
déplaisir. »

ARNOLPHE

Hon ! chienne !

HORACE

Qu'avez-vous ?

ARNOLPHE

Moi ? rien. C'est que je tousse.

HORACE

Avez-vous jamais vu d'expression plus douce ?
950 Malgré les soins maudits d'un injuste pouvoir,
Un plus beau naturel peut-il se faire voir ?
Et n'est-ce pas sans doute un crime punissable
De gâter méchamment ce fonds d'âme admirable,
D'avoir dans l'ignorance et la stupidité
955 Voulu de cet esprit[163] étouffer la clarté ?
L'amour a commencé d'en déchirer le voile ;
Et si, par la faveur de quelque bonne étoile,
Je puis, comme j'espère, à ce franc animal,
Ce traître, ce bourreau, ce faquin, ce brutal…

ARNOLPHE

Adieu.

HORACE

Comment, si vite ?

ARNOLPHE

Il m'est dans la pensée,
960 Venu tout maintenant une affaire pressée.

HORACE

Mais ne sauriez-vous point, comme on la tient de près,
Qui dans cette maison pourrait avoir accès ?

J'en use sans scrupule ; et ce n'est pas merveille
965 Qu'on se puisse, entre amis, servir à la pareille [164].
Je n'ai plus là-dedans que gens pour m'observer ;
Et servante et valet, que je viens de trouver,
N'ont jamais, de quelque air que je m'y sois pu prendre,
Adouci leur rudesse à me vouloir entendre.
970 J'avais pour de tels coups certaine vieille en main,
D'un génie, à vrai dire, au-dessus de l'humain :
Elle m'a dans l'abord servi de bonne sorte ;
Mais depuis quatre jours la pauvre femme est morte.
Ne me pourriez-vous point ouvrir quelque moyen ?

ARNOLPHE

975 Non, vraiment ; et sans moi vous en trouverez bien.

HORACE

Adieu donc. Vous voyez ce que je vous confie.

SCÈNE V

ARNOLPHE

Comme il faut devant lui que je me mortifie [165] !
Quelle peine à cacher mon déplaisir cuisant !
Quoi ? pour une innocente un esprit si présent !
980 Elle a feint d'être telle à mes yeux, la traîtresse,
Ou le diable à son âme a soufflé cette adresse.
Enfin me voilà mort par ce funeste écrit.
Je vois qu'il a, le traître, empaumé [166] son esprit,
Qu'à ma suppression [167] il s'est ancré chez elle ;
985 Et c'est mon désespoir et ma peine mortelle.
Je souffre doublement dans le vol de son cœur,
Et l'amour y pâtit aussi bien que l'honneur,
J'enrage de trouver cette place usurpée,
Et j'enrage de voir ma prudence trompée.
990 Je sais que, pour punir son amour libertin,

Je n'ai qu'à laisser faire à son mauvais destin,
Que je serai vengé d'elle par elle-même ;
Mais il est bien fâcheux de perdre ce qu'on aime.
Ciel ! puisque pour un choix j'ai tant philosophé,
995 Faut-il de ses appas m'être si fort coiffé !
Elle n'a ni parents, ni support[168], ni richesse ;
Elle trahit mes soins, mes bontés, ma tendresse :
Et cependant je l'aime, après ce lâche tour,
Jusqu'à ne me pouvoir passer de cet amour.
1000 Sot, n'as-tu point de honte ? Ah ! je crève, j'enrage,
Et je souffletterais mille fois mon visage.
Je veux entrer un peu, mais seulement pour voir
Quelle est sa contenance après un trait si noir.
Ciel, faites que mon front soit exempt de disgrâce ;
1005 Ou bien, s'il est écrit qu'il faille que j'y passe,
Donnez-moi tout au moins, pour de tels accidents,
La constance qu'on voit à de certaines gens !

ACTE IV

SCÈNE PREMIÈRE

ARNOLPHE

J'ai peine, je l'avoue, à demeurer en place,
Et de mille soucis mon esprit s'embarrasse,
1010 Pour pouvoir mettre un ordre et dedans et dehors
Qui du godelureau rompe tous les efforts.
De quel œil la traîtresse a soutenu ma vue !
De tout ce qu'elle a fait elle n'est point émue ;
Et bien qu'elle me mette à deux doigts du trépas,
1015 On dirait, à la voir, qu'elle n'y touche pas.
Plus en la regardant je la voyais tranquille,
Plus je sentais en moi s'échauffer une bile ;

Et ces bouillants transports dont s'enflammait mon cœur
Y semblaient redoubler mon amoureuse ardeur ;
J'étais aigri, fâché, désespéré contre elle :
Et cependant jamais je ne la vis si belle,
Jamais ses yeux aux miens n'ont paru si perçants,
Jamais je n'eus pour eux des désirs si pressants ;
Et je sens là-dedans qu'il faudra que je crève
Si de mon triste sort la disgrâce s'achève.
Quoi ? j'aurai dirigé son éducation
Avec tant de tendresse et de précaution,
Je l'aurai fait passer chez moi dès son enfance,
Et j'en aurai chéri la plus tendre espérance,
Mon cœur aura bâti sur ses attraits naissants
Et cru la mitonner pour moi durant treize ans,
Afin qu'un jeune fou dont elle s'amourache
Me la vienne enlever jusque sur la moustache [169],
Lorsqu'elle est avec moi mariée à demi !
Non, parbleu ! non, parbleu ! Petit sot, mon ami,
Vous aurez beau tourner : ou j'y perdrai mes peines,
Ou je rendrai, ma foi, vos espérances vaines,
Et de moi tout à fait vous ne vous rirez point.

SCÈNE II

LE NOTAIRE, ARNOLPHE

LE NOTAIRE

Ah ! le voilà ! Bonjour. Me voici tout à point
Pour dresser le contrat que vous souhaitez faire.

ARNOLPHE, *sans le voir.*

Comment faire ?

LE NOTAIRE

Il le faut dans la forme ordinaire.

ARNOLPHE, *sans le voir*.

À mes précautions je veux songer de près.

LE NOTAIRE

Je ne passerai rien contre vos intérêts.

ARNOLPHE, *sans le voir*.

Il se faut garantir de toutes les surprises.

LE NOTAIRE

1045 Suffit qu'entre mes mains vos affaires soient mises.
Il ne vous faudra point, de peur d'être déçu,
Quittancer [170] le contrat que vous n'ayez reçu.

ARNOLPHE, *sans le voir*.

J'ai peur, si je vais faire éclater quelque chose,
Que de cet incident par la ville on ne cause.

LE NOTAIRE

1050 Hé bien ! il est aisé d'empêcher cet éclat,
Et l'on peut en secret faire votre contrat.

ARNOLPHE, *sans le voir*.

Mais comment faudra-t-il qu'avec elle j'en sorte ?

LE NOTAIRE

Le douaire [171] se règle au bien qu'on vous apporte.

ARNOLPHE, *sans le voir*.

Je l'aime, et cet amour est mon grand embarras.

LE NOTAIRE

1055 On peut avantager une femme en ce cas.

ARNOLPHE, *sans le voir*.

Quel traitement lui faire en pareille aventure ?

LE NOTAIRE

L'ordre est que le futur doit douer la future
Du tiers du dot [172] qu'elle a ; mais cet ordre n'est rien,
Et l'on va plus avant lorsque l'on le veut bien.

ARNOLPHE, *sans le voir.*

Si...

LE NOTAIRE, *Arnolphe l'apercevant.*

1060   Pour le préciput [173], il les regarde ensemble.
Je dis que le futur peut comme bon lui semble
Douer [174] la future.

ARNOLPHE, *l'ayant aperçu.*

Euh ?

LE NOTAIRE

Il peut l'avantager
Lorsqu'il l'aime beaucoup et qu'il veut l'obliger,
Et cela par douaire, ou préfix qu'on appelle,
1065 Qui demeure perdu par le trépas d'icelle,
Ou sans retour, qui va de ladite à ses hoirs [175],
Ou coutumier, selon les différents vouloirs,
Ou par donation dans le contrat formelle,
Qu'on fait ou pure et simple, ou qu'on fait mutuelle.
1070 Pourquoi hausser le dos ? Est-ce qu'on parle en fat,
Et que l'on ne sait pas les formes d'un contrat ?
Qui me les apprendra ? Personne, je présume.
Sais-je pas qu'étant joints, on est par la Coutume
Communs en meubles, biens immeubles et conquêts [176],
1075 À moins que par un acte on y renonce exprès ?
Sais-je pas que le tiers du bien de la future
Entre en communauté pour...

ARNOLPHE

Oui, c'est chose sûre,
Vous savez tout cela ; mais qui vous en dit mot ?

LE NOTAIRE

Vous, qui me prétendez faire passer pour sot,
1080 En me haussant l'épaule et faisant la grimace.

ARNOLPHE

La peste soit fait l'homme, et sa chienne de face !
Adieu : c'est le moyen de vous faire finir.

LE NOTAIRE

Pour dresser un contrat m'a-t-on pas fait venir ?

ARNOLPHE

Oui, je vous ai mandé ; mais la chose est remise,
1085 Et l'on vous mandera quand l'heure sera prise,
Voyez quel diable d'homme avec son entretien !

LE NOTAIRE

Je pense qu'il en tient [177], et je crois penser bien.

SCÈNE III

LE NOTAIRE, ALAIN, GEORGETTE, ARNOLPHE

LE NOTAIRE

M'êtes-vous pas venu querir pour votre maître ?

ALAIN

Oui.

LE NOTAIRE

   J'ignore pour qui vous le pouvez connaître,
1090 Mais allez de ma part lui dire de ce pas
Que c'est un fou fieffé.

GEORGETTE

            Nous n'y manquerons pas.

SCÈNE IV

ALAIN, GEORGETTE, ARNOLPHE

ALAIN

Monsieur…

ARNOLPHE

Approchez-vous : vous êtes mes fidèles,
Mes bons, mes vrais amis, et j'en sais des nouvelles.

ALAIN

Le notaire…

ARNOLPHE

Laissons, c'est pour quelque autre jour.
1095 On veut à mon honneur jouer d'un mauvais tour ;
Et quel affront pour vous, mes enfants, pourrait-ce être,
Si l'on avait ôté l'honneur à votre maître !
Vous n'oseriez après paraître en nul endroit,
Et chacun, vous voyant, vous montrerait au doigt.
1100 Donc, puisque autant que moi l'affaire vous regarde,
Il faut de votre part faire une telle garde,
Que ce galant ne puisse en aucune façon…

GEORGETTE

Vous nous avez tantôt montré notre leçon.

ARNOLPHE

Mais à ses beaux discours gardez bien de vous rendre.

ALAIN

Oh ! vraiment.

GEORGETTE

1105 Nous savons comme il faut s'en défendre.

ARNOLPHE

S'il venait doucement : « Alain, mon pauvre cœur,
Par un peu de secours soulage ma langueur. »

ALAIN

Vous êtes un sot.

ARNOLPHE

À Georgette.

Bon. « Georgette, ma mignonne,
Tu me parais si douce et si bonne personne. »

GEORGETTE

Vous êtes un nigaud.

ARNOLPHE

À Alain.

1110   Bon. « Quel mal trouves-tu
Dans un dessein honnête et tout plein de vertu ? »

ALAIN

Vous êtes un fripon.

ARNOLPHE

À Georgette.

Fort bien. « Ma mort est sûre,
Si tu ne prends pitié des peines que j'endure. »

GEORGETTE

Vous êtes un benêt, un impudent.

ARNOLPHE

Fort bien.
1115 « Je ne suis pas un homme à vouloir rien pour rien ;
Je sais, quand on me sert, en garder la mémoire ;

Cependant, par avance, Alain, voilà pour boire ;
Et voilà pour t'avoir, Georgette, un cotillon :

> *Ils tendent tous deux la main et prennent l'argent.*

Ce n'est de mes bienfaits qu'un simple échantillon.
120 Toute la courtoisie enfin dont je vous presse,
C'est que je puisse voir votre belle maîtresse. »

GEORGETTE, *le poussant.*

À d'autres.

ARNOLPHE

Bon cela.

ALAIN, *le poussant.*

Hors d'ici.

ARNOLPHE

Bon.

GEORGETTE, *le poussant.*

Mais tôt [178].

ARNOLPHE

Bon. Holà ! c'est assez.

GEORGETTE

Fais-je pas comme il faut ?

ALAIN

Est-ce de la façon que vous voulez l'entendre ?

ARNOLPHE

125 Oui, fort bien, hors l'argent, qu'il ne fallait pas prendre.

GEORGETTE

Nous ne nous sommes pas souvenus de ce point.

ALAIN

Voulez-vous qu'à l'instant nous recommencions ?

ARNOLPHE

Point :

Suffit. Rentrez tous deux.

ALAIN

Vous n'avez rien qu'à dire.

ARNOLPHE

Non, vous dis-je ; rentrez, puisque je le désire.
1130 Je vous laisse l'argent. Allez : je vous rejoins.
Ayez bien l'œil à tout, et secondez mes soins.

SCÈNE V

ARNOLPHE

Je veux, pour espion qui soit d'exacte vue,
Prendre le savetier [179] du coin de notre rue.
Dans la maison toujours je prétends la tenir,
1135 Y faire bonne garde, et surtout en bannir
Vendeuses de ruban, perruquières, coiffeuses,
Faiseuses de mouchoirs, gantières, revendeuses,
Tous ces gens qui sous main travaillent chaque jour
À faire réussir les mystères d'amour.
1140 Enfin j'ai vu le monde et j'en sais les finesses.
Il faudra que mon homme ait de grandes adresses
Si message ou poulet [180] de sa part peut entrer.

SCÈNE VI

HORACE, ARNOLPHE

HORACE

La place m'est heureuse à vous y rencontrer
Je viens de l'échapper bien belle, je vous jure.
145 Au sortir d'avec vous, sans prévoir l'aventure,
Seule dans son balcon j'ai vu paraître Agnès,
Qui des arbres prochains prenait un peu le frais.
Après m'avoir fait signe, elle a su faire en sorte,
Descendant au jardin, de m'en ouvrir la porte ;
150 Mais à peine tous deux dans sa chambre étions-nous,
Qu'elle a sur les degrés entendu son jaloux ;
Et tout ce qu'elle a pu dans un tel accessoire [181],
C'est de me renfermer dans une grande armoire.
Il est entré d'abord [182] : je ne le voyais pas,
155 Mais je l'oyais marcher, sans rien dire, à grands pas,
Poussant de temps en temps des soupirs pitoyables,
Et donnant quelquefois de grands coups sur les tables,
Frappant un petit chien qui pour lui s'émouvait [183],
Et jetant brusquement les hardes qu'il trouvait ;
160 Il a même cassé, d'une main mutinée,
Des vases dont la belle ornait sa cheminée ;
Et sans doute il faut bien qu'à ce becque cornu [184]
Du trait qu'elle a joué quelque jour soit venu.
Enfin, après cent tours, ayant de la manière
165 Sur ce qui n'en peut mais déchargé sa colère,
Mon jaloux inquiet, sans dire son ennui,
Est sorti de la chambre, et moi de mon étui.
Nous n'avons point voulu, de peur du personnage,
Risquer à nous tenir ensemble davantage :
170 C'était trop hasarder ; mais je dois, cette nuit,
Dans sa chambre un peu tard m'introduire sans bruit.
En toussant par trois fois je me ferai connaître ;

Et je dois au signal voir ouvrir la fenêtre,
Dont, avec une échelle, et secondé d'Agnès,
1175 Mon amour tâchera de me gagner l'accès.
Comme à mon seul ami, je veux bien vous l'apprendre :
L'allégresse du cœur s'augmente à la répandre ;
Et goûtât-on cent fois un bonheur tout parfait[185],
On n'en est pas content, si quelqu'un ne le sait.
1180 Vous prendrez part, je pense, à l'heur de mes affaires.
Adieu. Je vais songer aux choses nécessaires.

SCÈNE VII

ARNOLPHE

Quoi ? l'astre qui s'obstine à me désespérer
Ne me donnera pas le temps de respirer ?
Coup sur coup je verrai, par leur intelligence,
1185 De mes soins vigilants confondre la prudence ?
Et je serai la dupe, en ma maturité,
D'une jeune innocente et d'un jeune éventé ?
En sage philosophe on m'a vu, vingt années,
Contempler des maris les tristes destinées,
1190 Et m'instruire avec soin de tous les accidents
Qui font dans le malheur tomber les plus prudents ;
Des disgrâces d'autrui profitant dans mon âme,
J'ai cherché les moyens, voulant prendre une femme,
De pouvoir garantir mon front de tous affronts,
1195 Et le tirer de pair[186] d'avec les autres fronts.
Pour ce noble dessein, j'ai cru mettre en pratique
Tout ce que peut trouver l'humaine politique ;
Et comme si du sort il était arrêté
Que nul homme ici-bas n'en serait exempt,
1200 Après l'expérience et toutes les lumières
Que j'ai pu m'acquérir sur de telles matières,
Après vingt ans et plus de méditation

Pour me conduire en tout avec précaution,
De tant d'autres maris j'aurais quitté la trace
1205 Pour me trouver après dans la même disgrâce ?
Ah ! bourreau de destin, vous en aurez menti.
De l'objet qu'on poursuit je suis encor nanti ;
Si son cœur m'est volé par ce blondin funeste,
J'empêcherai du moins qu'on s'empare du reste,
1210 Et cette nuit, qu'on prend pour le galant exploit,
Ne se passera pas si doucement qu'on croit.
Ce m'est quelque plaisir, parmi tant de tristesse,
Que l'on me donne avis du piège qu'on me dresse,
Et que cet étourdi, qui veut m'être fatal,
1215 Fasse son confident de son propre rival.

SCÈNE VIII

CHRYSALDE, ARNOLPHE

CHRYSALDE

Hé bien ! souperons-nous avant la promenade ?

ARNOLPHE

Non, je jeûne ce soir.

CHRYSALDE

D'où vient cette boutade [187] ?

ARNOLPHE

De grâce, excusez-moi : j'ai quelque autre embarras.

CHRYSALDE

Votre hymen résolu ne se fera-t-il pas ?

ARNOLPHE

1220 C'est trop s'inquiéter des affaires des autres.

CHRYSALDE

Oh! oh! si brusquement! Quels chagrins sont les vôtres?
Serait-il point, compère, à votre passion
Arrivé quelque peu de tribulation?
Je le jurerais presque à voir votre visage.

ARNOLPHE

1225 Quoi qu'il m'arrive, au moins aurai-je l'avantage
De ne pas ressembler à de certaines gens
Qui souffrent doucement l'approche des galants.

CHRYSALDE

C'est un étrange fait, qu'avec tant de lumières,
Vous vous effarouchiez toujours sur ces matières,
1230 Qu'en cela vous mettiez le souverain bonheur,
Et ne conceviez point au monde d'autre honneur.
Être avare, brutal, fourbe, méchant et lâche,
N'est rien, à votre avis, auprès de cette tâche;
Et, de quelque façon qu'on puisse avoir vécu,
1235 On est homme d'honneur quand on n'est point cocu.
À le bien prendre au fond, pourquoi voulez-vous croire
Que de ce cas fortuit dépende notre gloire,
Et qu'une âme bien née ait à se reprocher
L'injustice d'un mal qu'on ne peut empêcher?
1240 Pourquoi voulez-vous, dis-je, en prenant une femme,
Qu'on soit digne, à son choix, de louange ou de blâme,
Et qu'on s'aille former un monstre plein d'effroi
De l'affront que nous fait son manquement de foi?
Mettez-vous dans l'esprit qu'on peut du cocuage
1245 Se faire en galant homme une plus douce image,
Que des coups du hasard aucun n'étant garant,
Cet accident de soi doit être indifférent,
Et qu'enfin tout le mal, quoi que le monde glose,
N'est que dans la façon de recevoir la chose;
1250 Car, pour se bien conduire en ces difficultés,
Il y faut, comme en tout, fuir les extrémités,

N'imiter pas ces gens un peu trop débonnaires
Qui tirent vanité de ces sortes d'affaires,
De leurs femmes toujours vont citant les galants,
1255 En font partout l'éloge, et prônent leurs talents,
Témoignent avec eux d'étroites sympathies,
Sont de tous leurs cadeaux [188], de toutes leurs parties,
Et font qu'avec raison les gens sont étonnés
De voir leur hardiesse à montrer là leur nez.
1260 Ce procédé, sans doute, est tout à fait blâmable ;
Mais l'autre extrémité n'est pas moins condamnable.
Si je n'approuve pas ces amis des galants,
Je ne suis pas aussi pour ces gens turbulents
Dont l'imprudent chagrin, qui tempête et qui gronde,
1265 Attire au bruit qu'il fait les yeux de tout le monde,
Et qui, par cet éclat, semblent ne pas vouloir
Qu'aucun puisse ignorer ce qu'ils peuvent avoir [189].
Entre ces deux partis il en est un honnête,
Où dans l'occasion l'homme prudent s'arrête ;
1270 Et quand on le sait prendre, on n'a point à rougir
Du pis dont une femme avec nous puisse agir.
Quoi qu'on en puisse dire enfin, le cocuage
Sous des traits moins affreux aisément s'envisage ;
Et, comme je vous dis, toute l'habileté
1275 Ne va qu'à le savoir tourner du bon côté [190].

ARNOLPHE

Après ce beau discours, toute la confrérie [191]
Doit un remercîment à Votre Seigneurie ;
Et quiconque voudra vous entendre parler
Montrera de la joie à s'y voir enrôler.

CHRYSALDE

1280 Je ne dis pas cela, car c'est ce que je blâme ;
Mais, comme c'est le sort qui nous donne une femme,
Je dis que l'on doit faire ainsi qu'au jeu de dés,
Où, s'il ne vous vient pas ce que vous demandez,

Il faut jouer d'adresse, et d'une âme réduite[192]
1285 Corriger le hasard par la bonne conduite.

ARNOLPHE

C'est-à-dire dormir et manger toujours bien,
Et se persuader que tout cela n'est rien.

CHRYSALDE

Vous pensez vous moquer ; mais, à ne vous rien feindre,
Dans le monde je vois cent choses plus à craindre
1290 Et dont je me ferais un bien plus grand malheur
Que de cet accident qui vous fait tant de peur.
Pensez-vous qu'à choisir de deux choses prescrites,
Je n'aimasse pas mieux être ce que vous dites,
Que de me voir mari de ces femmes de bien,
1295 Dont la mauvaise humeur fait un procès sur rien,
Ces dragons de vertu, ces honnêtes diablesses[193],
Se retranchant toujours sur leurs sages prouesses.
Qui, pour un petit tort qu'elles ne nous font pas,
Prennent droit de traiter les gens de haut en bas,
1300 Et veulent, sur le pied de[194] nous être fidèles,
Que nous soyons tenus à tout endurer d'elles ?
Encore un coup, compère, apprenez qu'en effet
Le cocuage n'est que ce que l'on le fait,
Qu'on peut le souhaiter pour de certaines causes,
1305 Et qu'il a ses plaisirs comme les autres choses.

ARNOLPHE

Si vous êtes d'humeur à vous en contenter,
Quant à moi, ce n'est pas la mienne d'en tâter ;
Et plutôt que subir une telle aventure...

CHRYSALDE

Mon Dieu ! ne jurez point, de peur d'être parjure.
1310 Si le sort l'a réglé, vos soins sont superflus,
Et l'on ne prendra pas votre avis là-dessus.

ARNOLPHE

Moi, je serais cocu ?

CHRYSALDE

Vous voilà bien malade !
Mille gens le sont bien, sans vous faire bravade,
Qui de mine, de cœur, de biens et de maison,
1315 Ne feraient avec vous nulle comparaison.

ARNOLPHE

Et moi, je n'en voudrais avec eux faire aucune.
Mais cette raillerie, en un mot, m'importune :
Brisons là, s'il vous plaît.

CHRYSALDE

Vous êtes en courroux.
Nous en saurons la cause. Adieu. Souvenez-vous,
1320 Quoi que sur ce sujet votre honneur vous inspire,
Que c'est être à demi ce que l'on vient de dire,
Que de vouloir jurer qu'on ne le sera pas.

ARNOLPHE

Moi, je le jure encore, et je vais de ce pas
Contre cet accident trouver un bon remède.

SCÈNE IX

ALAIN, GEORGETTE, ARNOLPHE

ARNOLPHE

1325 Mes amis, c'est ici que j'implore votre aide.
Je suis édifié de votre affection ;
Mais il faut qu'elle éclate en cette occasion ;
Et si vous m'y servez selon ma confiance,
Vous êtes assurés de votre récompense.
1330 L'homme que vous savez (n'en faites point de bruit)

Veut, comme je l'ai su, m'attraper cette nuit,
Dans la chambre d'Agnès entrer par escalade ;
Mais il lui faut nous trois dresser une embuscade.
Je veux que vous preniez chacun un bon bâton,
1335 Et, quand il sera près du dernier échelon
(Car dans le temps qu'il faut j'ouvrirai la fenêtre),
Que tous deux, à l'envi, vous me chargiez ce traître,
Mais d'un air dont son dos garde le souvenir,
Et qui lui puisse apprendre à n'y plus revenir :
1340 Sans me nommer pourtant en aucune manière,
Ni faire aucun semblant que je serai derrière.
Aurez-vous bien l'esprit de servir mon courroux ?

ALAIN

S'il ne tient qu'à frapper, mon Dieu[195] ! tout est à nous :
Vous verrez, quand je bats, si j'y vais de main morte.

GEORGETTE

1345 La mienne, quoique aux yeux elle semble moins forte[196],
N'en quitte pas sa part à le bien étriller.

ARNOLPHE

Rentrez donc ; et surtout gardez de babiller.
Voilà pour le prochain une leçon utile ;
Et si tous les maris qui sont en cette ville
1350 De leurs femmes ainsi recevaient le galant,
Le nombre des cocus ne serait pas si grand.

ACTE V

SCÈNE PREMIÈRE

ALAIN, GEORGETTE, ARNOLPHE

ARNOLPHE

Traîtres, qu'avez-vous fait par cette violence ?

ALAIN

Nous vous avons rendu, Monsieur, obéissance.

ARNOLPHE

De cette excuse en vain vous voulez vous armer :
355 L'ordre était de le battre, et non de l'assommer ;
Et c'était sur le dos, et non pas sur la tête,
Que j'avais commandé qu'on fît choir la tempête.
Ciel ! dans quel accident me jette ici le sort !
Et que puis-je résoudre à voir cet homme mort ?
360 Rentrez dans la maison, et gardez de rien dire
De cet ordre innocent que j'ai pu vous prescrire.
Le jour s'en va paraître, et je vais consulter [197]
Comment dans ce malheur je me dois comporter.
Hélas ! que deviendrai-je ? et que dira le père,
365 Lorsque inopinément il saura cette affaire ?

SCÈNE II

HORACE, ARNOLPHE

HORACE

Il faut que j'aille un peu reconnaître qui c'est.

ARNOLPHE

Eût-on jamais prévu... Qui va là, s'il vous plaît ?

HORACE

C'est vous, Seigneur Arnolphe ?

ARNOLPHE

                    Oui. Mais vous ?...

HORACE

                              C'est Horace.
Je m'en allais chez vous, vous prier d'une grâce.
Vous sortez bien matin !

ARNOLPHE, *bas.*

1370   Quelle confusion !
     Est-ce un enchantement ? est-ce une illusion ?

HORACE

    J'étais, à dire vrai, dans une grande peine,
Et je bénis du Ciel la bonté souveraine
Qui fait qu'à point nommé je vous rencontre ainsi.
1375 Je viens vous avertir que tout a réussi,
Et même beaucoup plus que je n'eusse osé dire,
Et par un incident qui devait tout détruire.
Je ne sais point par où l'on a pu soupçonner
Cette assignation qu'on [198] m'avait su donner ;
1380 Mais, étant sur le point d'atteindre à la fenêtre,
J'ai, contre mon espoir, vu quelques gens paraître,
Qui, sur moi brusquement levant chacun le bras,
M'ont fait manquer le pied et tomber jusqu'en bas.
Et ma chute, aux dépens de quelque meurtrissure,
1385 De vingt coups de bâton m'a sauvé l'aventure.
Ces gens-là, dont était, je pense, mon jaloux,
Ont imputé ma chute à l'effort de leurs coups ;
Et, comme la douleur, un assez long espace,
M'a fait sans remuer demeurer sur la place,
1390 Ils ont cru tout de bon qu'ils m'avaient assommé,
Et chacun d'eux s'en est aussitôt alarmé.
J'entendais tout leur bruit dans le profond silence ;
L'un l'autre ils s'accusaient de cette violence ;
Et sans lumière aucune, en querellant le sort,
1395 Sont venus doucement tâter si j'étais mort :
Je vous laisse à penser si, dans la nuit obscure,
J'ai d'un vrai trépassé su tenir la figure.
Ils se sont retirés avec beaucoup d'effroi ;
Et comme je songeais à me retirer, moi,
1400 De cette feinte mort la jeune Agnès émue
Avec empressement est devers moi venue ;
Car les discours qu'entre eux ces gens avaient tenus

Jusques à son oreille étaient d'abord venus,
Et pendant tout ce trouble étant moins observée,
1405 Du logis aisément elle s'était sauvée ;
Mais me trouvant sans mal, elle a fait éclater
Un transport difficile à bien représenter.
Que vous dirai-je ? Enfin cette aimable personne
A suivi les conseils que son amour lui donne,
1410 N'a plus voulu songer à retourner chez soi,
Et de tout son destin s'est commise à ma foi.
Considérez un peu, par ce trait d'innocence,
Où l'expose d'un fou la haute impertinence [199],
415 Et quels fâcheux périls elle pourrait courir,
Si j'étais maintenant homme à la moins chérir.
Mais d'un trop pur amour mon âme est embrasée ;
J'aimerais mieux mourir que l'avoir abusée ;
Je lui vois des appas dignes d'un autre sort,
Et rien ne m'en saurait séparer que la mort.
420 Je prévois là-dessus l'emportement d'un père ;
Mais nous prendrons le temps d'apaiser sa colère.
À des charmes si doux je me laisse emporter,
Et dans la vie enfin il se faut contenter.
Ce que je veux de vous, sous un secret fidèle,
425 C'est que je puisse mettre en vos mains cette belle,
Que dans votre maison, en faveur de mes feux,
Vous lui donniez retraite au moins un jour ou deux.
Outre qu'aux yeux du monde il faut cacher sa fuite,
Et qu'on en pourra faire une exacte [200] poursuite,
430 Vous savez qu'une fille aussi de sa façon
Donne avec un jeune homme un étrange soupçon ;
Et comme c'est à vous, sûr de votre prudence,
Que j'ai fait de mes feux entière confidence,
C'est à vous seul aussi, comme ami généreux,
435 Que je puis confier ce dépôt amoureux.

ARNOLPHE

Je suis, n'en doutez point, tout à votre service.

HORACE

Vous voulez bien me rendre un si charmant office ?

ARNOLPHE

Très volontiers, vous dis-je ; et je me sens ravir
De cette occasion que j'ai de vous servir,
1440 Je rends grâces au Ciel de ce qu'il me l'envoie,
Et n'ai jamais rien fait avec si grande joie.

HORACE

Que je suis redevable à toutes vos bontés !
J'avais de votre part craint des difficultés ;
Mais vous êtes du monde, et dans votre sagesse
1445 Vous savez excuser le feu de la jeunesse.
Un de mes gens la garde au coin de ce détour.

ARNOLPHE

Mais comment ferons-nous ? car il fait un peu jour ;
Si je la prends ici, l'on me verra peut-être ;
Et s'il faut que chez moi vous veniez à paraître,
1450 Des valets causeront. Pour jouer au plus sûr,
Il faut me l'amener dans un lieu plus obscur.
Mon allée[201] est commode, et je l'y vais attendre.

HORACE

Ce sont précautions qu'il est fort bon de prendre.
Pour moi, je ne ferai que vous la mettre en main,
1455 Et chez moi, sans éclat, je retourne soudain.

ARNOLPHE, *seul.*

Ah ! fortune, ce trait d'aventure propice
Répare tous les maux que m'a faits ton caprice[202] !

SCÈNE III

AGNÈS, HORACE, ARNOLPHE

HORACE

Ne soyez point en peine où je vais vous mener :
C'est un logement sûr que je vous fais donner.
460 Vous loger avec moi, ce serait tout détruire :
Entrez dans cette porte et laissez-vous conduire.

> *Arnolphe lui prend la main sans qu'elle le reconnaisse.*

AGNÈS

Pourquoi me quittez-vous ?

HORACE

Chère Agnès, il le faut.

AGNÈS

Songez donc, je vous prie, à revenir bientôt.

HORACE

J'en suis assez pressé par ma flamme amoureuse.

AGNÈS

465 Quand je ne vous vois point, je ne suis point joyeuse.

HORACE

Hors de votre présence, on me voit triste aussi.

AGNÈS

Hélas ! s'il était vrai, vous resteriez ici.

HORACE

Quoi ? vous pourriez douter de mon amour extrême !

AGNÈS

Non, vous ne m'aimez pas autant que je vous aime.

Arnolphe la tire.

Ah ! l'on me tire trop.

HORACE

1470   C'est qu'il est dangereux,
Chère Agnès, qu'en ce lieu nous soyons vus tous deux ;
Et le parfait ami de qui la main vous presse
Suit le zèle prudent qui pour nous l'intéresse.

AGNÈS

Mais suivre un inconnu que...

HORACE

            N'appréhendez rien :
1475 Entre de telles mains vous ne serez que bien.

AGNÈS

Je me trouverais mieux entre celles d'Horace.
Et j'aurais[203]...

À Arnolphe qui la tire encore.

            Attendez.

HORACE

            Adieu : le jour me chasse.

AGNÈS

Quand vous verrai-je donc ?

HORACE

            Bientôt. Assurément.

AGNÈS

Que je vais m'ennuyer jusques à ce moment !

HORACE

1480 Grâce au Ciel, mon bonheur n'est plus en concurrence[204],
Et je puis maintenant dormir en assurance.

SCÈNE IV

ARNOLPHE, AGNÈS

ARNOLPHE, *le nez dans son manteau.*

Venez, ce n'est pas là que je vous logerai,
Et votre gîte ailleurs est par moi préparé :
Je prétends en lieu sûr mettre votre personne.
Me connaissez-vous ?

AGNÈS, *le reconnaissant.*

Hay !

ARNOLPHE

1485   Mon visage, friponne,
Dans cette occasion rend vos sens effrayés,
Et c'est à contrecœur qu'ici vous me voyez.
Je trouble en ses projets l'amour qui vous possède.

Agnès regarde si elle ne verra point Horace.

N'appelez point des yeux le galant à votre aide :
1490 Il est trop éloigné pour vous donner secours.
Ah ! ah ! si jeune encor, vous jouez de ces tours !
Votre simplicité, qui semble sans pareille,
Demande si l'on fait les enfants par l'oreille ;
Et vous savez donner des rendez-vous la nuit,
1495 Et pour suivre un galant vous évader sans bruit !
Tudieu ! comme avec lui votre langue cajole[205] !
Il faut qu'on vous ait mise à quelque bonne école.
Qui diantre tout d'un coup vous en a tant appris ?
Vous ne craignez donc plus de trouver des esprits ?
1500 Et ce galant, la nuit, vous a donc enhardie ?

Ah! coquine, en venir à cette perfidie?
Malgré tous mes bienfaits former un tel dessein!
Petit serpent que j'ai réchauffé dans mon sein,
Et qui, dès qu'il se sent, par une humeur ingrate,
1505 Cherche à faire du mal à celui qui le flatte!

AGNÈS

Pourquoi me criez-vous?

ARNOLPHE

J'ai grand tort en effet!

AGNÈS

Je n'entends point de mal dans tout ce que j'ai fait.

ARNOLPHE

Suivre un galant n'est pas une action infâme?

AGNÈS

C'est un homme qui dit qu'il me veut pour sa femme;
1510 J'ai suivi vos leçons, et vous m'avez prêché
Qu'il se faut marier pour ôter le péché.

ARNOLPHE

Oui. Mais pour femme, moi je prétendais vous prendre;
Et je vous l'avais fait, me semble, assez entendre.

AGNÈS

Oui. Mais, à vous parler franchement entre nous,
1515 Il est plus pour cela selon mon goût que vous.
Chez vous le mariage est fâcheux et pénible,
Et vos discours en font une image terrible;
Mais, las! il le fait, lui, si rempli de plaisirs,
Que de se marier il donne des désirs.

ARNOLPHE

Ah! c'est que vous l'aimez, traîtresse!

AGNÈS

520   Oui, je l'aime.

ARNOLPHE

Et vous avez le front de le dire à moi-même !

AGNÈS

Et pourquoi, s'il est vrai, ne le dirais-je pas ?

ARNOLPHE

Le deviez-vous aimer, impertinente ?

AGNÈS

                               Hélas !
Est-ce que j'en puis mais ? Lui seul en est la cause ;
525 Et je n'y songeais pas lorsque se fit la chose.

ARNOLPHE

Mais il fallait chasser cet amoureux désir.

AGNÈS

Le moyen de chasser ce qui fait du plaisir ?

ARNOLPHE

Et ne saviez-vous pas que c'était me déplaire ?

AGNÈS

Moi ? point du tout. Quel mal cela vous peut-il faire ?

ARNOLPHE

530 Il est vrai, j'ai sujet d'en être réjoui.
Vous ne m'aimez donc pas, à ce compte ?

AGNÈS

                               Vous ?

ARNOLPHE

Oui.

AGNÈS

Hélas ! non.

ARNOLPHE

Comment, non !

AGNÈS

Voulez-vous que je mente ?

ARNOLPHE

Pourquoi ne m'aimer pas, Madame l'impudente ?

AGNÈS

Mon Dieu, ce n'est pas moi que vous devez blâmer :
1535 Que ne vous êtes-vous, comme lui, fait aimer ?
Je ne vous en ai pas empêché, que je pense.

ARNOLPHE

Je me suis efforcé de toute ma puissance ;
Mais les soins que j'ai pris, je les ai perdus tous.

AGNÈS

Vraiment, il en sait donc là-dessus plus que vous ;
1540 Car à se faire aimer il n'a point eu de peine.

ARNOLPHE

Voyez comme raisonne et répond la vilaine [206] !
Peste ! une précieuse en dirait-elle plus ?
Ah ! je l'ai mal connue ; ou, ma foi ! là-dessus
Une sotte en sait plus que le plus habile homme.
1545 Puisqu'en raisonnement votre esprit se consomme [207],
La belle raisonneuse, est-ce qu'un si long temps
Je vous aurai pour lui nourrie à mes dépens ?

AGNÈS

Non. Il vous rendra tout jusques au dernier double[208].

ARNOLPHE

Elle a de certains mots où mon dépit redouble.
1550 Me rendra-t-il, coquine, avec tout son pouvoir,
Les obligations que vous pouvez m'avoir ?

AGNÈS

Je ne vous en ai pas d'aussi grandes qu'on pense.

ARNOLPHE

N'est-ce rien que les soins d'élever votre enfance ?

AGNÈS

Vous avez là-dedans bien opéré vraiment,
1555 Et m'avez fait en tout instruire joliment !
Croit-on que je me flatte, et qu'enfin, dans ma tête,
Je ne juge pas bien que je suis une bête ?
Moi-même, j'en ai honte ; et, dans l'âge où je suis,
Je ne veux plus passer pour sotte, si je puis.

ARNOLPHE

1560 Vous fuyez l'ignorance, et voulez, quoi qu'il coûte,
Apprendre du blondin quelque chose ?

AGNÈS

                              Sans doute.
C'est de lui que je sais ce que je puis savoir :
Et beaucoup plus qu'à vous je pense lui devoir.

ARNOLPHE

Je ne sais qui me tient qu'avec une gourmade
1565 Ma main de ce discours ne venge la bravade.
J'enrage quand je vois sa piquante froideur,
Et quelques coups de poing satisferaient mon cœur.

AGNÈS

Hélas! vous le pouvez, si cela peut vous plaire.

ARNOLPHE

Ce mot, et ce regard désarme ma colère,
1570 Et produit un retour de tendresse de cœur,
Qui de son action m'efface la noirceur.
Chose étrange d'aimer, et que pour ces traîtresses
Les hommes soient sujets à de telles faiblesses!
Tout le monde connaît leur imperfection :
1575 Ce n'est qu'extravagance et qu'indiscrétion ;
Leur esprit est méchant, et leur âme fragile ;
Il n'est rien de plus faible et de plus imbécile[209],
Rien de plus infidèle : et malgré tout cela,
Dans le monde on fait tout pour ces animaux-là.
1580 Hé bien! faisons la paix. Va, petite traîtresse,
Je te pardonne tout et te rends ma tendresse.
Considère par-là l'amour que j'ai pour toi,
Et me voyant si bon, en revanche aime-moi.

AGNÈS

Du meilleur de mon cœur je voudrais vous complaire :
1585 Que me coûterait-il, si je le pouvais faire ?

ARNOLPHE

Mon pauvre petit bec, tu le peux, si tu veux.

Il fait un soupir.

Écoute seulement ce soupir amoureux,
Vois ce regard mourant, contemple ma personne,
Et quitte ce morveux et l'amour qu'il te donne.
1590 C'est quelque sort qu'il faut qu'il ait jeté sur toi,
Et tu seras cent fois plus heureuse avec moi.
Ta forte passion est d'être brave et leste[210] :
Tu le seras toujours, va, je te le proteste,
Sans cesse, nuit et jour, je te caresserai,

1595 Je te bouchonnerai, baiserai, mangerai ;
Tout comme tu voudras, tu pourras te conduire :
Je ne m'explique point, et cela, c'est tout dire.

À part.

Jusqu'où la passion peut-elle faire aller !
Enfin à mon amour rien ne peut s'égaler :
1600 Quelle preuve veux-tu que je t'en donne, ingrate ?
Me veux-tu voir pleurer ? Veux-tu que je me batte ?
Veux-tu que je m'arrache un côté de cheveux ?
Veux-tu que je me tue ? Oui, dis si tu le veux :
Je suis tout prêt, cruelle, à te prouver ma flamme.

ANGÈS

1605 Tenez, tous vos discours ne me touchent point l'âme :
Horace avec deux mots en ferait plus que vous.

ARNOLPHE

Ah ! c'est trop me braver, trop pousser mon courroux.
Je suivrai mon dessein, bête trop indocile.
Et vous dénicherez à l'instant de la ville.
1610 Vous rebutez mes vœux et me mettez à bout ;
Mais un cul de convent [211] me vengera de tout.

SCÈNE V

ALAIN, ARNOLPHE

ALAIN

Je ne sais ce que c'est, Monsieur, mais il me semble
Qu'Agnès et le corps mort s'en sont allés ensemble.

ARNOLPHE

La voici. Dans ma chambre allez me la nicher :
1615 Ce ne sera pas là qu'il la viendra chercher ;
Et puis, c'est seulement pour une demi-heure :

Je vais, pour lui donner une sûre demeure,
Trouver une voiture. Enfermez-vous des mieux,
Et surtout gardez-vous de la quitter des yeux.
1620 Peut-être que son âme, étant dépaysée,
Pourra de cet amour être désabusée.

SCÈNE VI

ARNOLPHE, HORACE

HORACE

Ah ! je viens vous trouver, accablé de douleur.
Le Ciel, Seigneur Arnolphe, a conclu[212] mon malheur ;
Et par un trait fatal d'une injustice extrême,
1625 On me veut arracher de la beauté que j'aime.
Pour arriver ici mon père a pris le frais[213] ;
J'ai trouvé qu'il mettait pied à terre ici près ;
Et la cause, en un mot, d'une telle venue,
Qui, comme je disais, ne m'était pas connue,
1630 C'est qu'il m'a marié sans m'en récrire[214] rien,
Et qu'il vient en ces lieux célébrer ce lien.
Jugez, en prenant part à mon inquiétude,
S'il pouvait m'arriver un contretemps plus rude.
Cet Enrique, dont hier je m'informais à vous,
1635 Cause tout le malheur dont je ressens les coups ;
Il vient avec mon père achever ma ruine,
Et c'est sa fille unique à qui l'on me destine.
J'ai, dès leurs premiers mots, pensé m'évanouir ;
Et d'abord, sans vouloir plus longtemps les ouïr,
1640 Mon père ayant parlé de vous rendre visite,
L'esprit plein de frayeur je l'ai devancé vite.
De grâce, gardez-vous de lui rien découvrir
De mon engagement qui le pourrait aigrir ;
Et tâchez, comme en vous il prend grande créance,
1645 De le dissuader de cette autre alliance.

ARNOLPHE

Oui-da.

HORACE

Conseillez-lui de différer un peu,
Et rendez, en ami, ce service à mon feu.

ARNOLPHE

Je n'y manquerai pas.

HORACE

C'est en vous que j'espère.

ARNOLPHE

Fort bien.

HORACE

Et je vous tiens mon véritable père.
1650 Dites-lui que mon âge... Ah ! je le vois venir :
Écoutez les raisons que je vous puis fournir.

Ils demeurent en un coin du théâtre.

SCÈNE VII

ENRIQUE, ORONTE, CHRYSALDE,
HORACE, ARNOLPHE

ENRIQUE, *à Chrysalde.*

Aussitôt qu'à mes yeux je vous ai vu paraître,
Quand on ne m'eût rien dit, j'aurais su vous connaître.
Je vous vois tous les traits de cette aimable sœur
1655 Dont l'hymen autrefois m'avait fait possesseur ;
Et je serais heureux si la Parque cruelle
M'eût laissé ramener cette épouse fidèle,
Pour jouir avec moi des sensibles douceurs

De revoir tous les siens après nos longs malheurs.
1660 Mais puisque du destin la fatale puissance
Nous prive pour jamais de sa chère présence,
Tâchons de nous résoudre, et de nous contenter
Du seul fruit amoureux qui m'en est pu rester.
Il vous touche de près ; et, sans votre suffrage,
1665 J'aurais tort de vouloir disposer de ce gage.
Le choix du fils d'Oronte est glorieux de soi ;
Mais il faut que ce choix vous plaise comme à moi.

CHRYSALDE

C'est de mon jugement avoir mauvaise estime
Que douter si j'approuve un choix si légitime.

ARNOLPHE, *à Horace.*

1670 Oui, je vais vous servir de la bonne façon.

HORACE

Gardez, encor un coup...

ARNOLPHE

                    N'ayez aucun soupçon.

ORONTE, *à Arnolphe.*

Ah ! que cette embrassade est pleine de tendresse :

ARNOLPHE

Que je sens à vous voir une grande allégresse !

ORONTE

Je suis ici venu...

ARNOLPHE

                    Sans m'en faire récit
Je sais ce qui vous mène.

ORONTE

675   On vous l'a déjà dit.

ARNOLPHE

Oui.

ORONTE

Tant mieux.

ARNOLPHE

Votre fils à cet hymen résiste,
Et son cœur prévenu n'y voit rien que de triste :
Il m'a même prié de vous en détourner ;
Et moi, tout le conseil que je vous puis donner,
680 C'est de ne pas souffrir que ce nœud se diffère,
Et de faire valoir l'autorité de père.
Il faut avec vigueur ranger[215] les jeunes gens,
Et nous faisons contre[216] eux à leur être indulgents.

HORACE

Ah ! traître !

CHRYSALDE

Si son cœur a quelque répugnance,
685 Je tiens qu'on ne doit pas lui faire violence.
Mon frère, que je crois, sera de mon avis.

ARNOLPHE

Quoi ? se laissera-t-il gouverner par son fils ?
Est-ce que vous voulez qu'un père ait la mollesse
De ne savoir pas faire obéir la jeunesse ?
690 Il serait beau vraiment qu'on le vît aujourd'hui
Prendre loi de qui doit la recevoir de lui !
Non, non : c'est mon intime, et sa gloire est la mienne :
Sa parole est donnée, il faut qu'il la maintienne,

Qu'il fasse voir ici de fermes sentiments,
1695 Et force de son fils tous les attachements.

ORONTE

C'est parler comme il faut, et, dans cette alliance,
C'est moi qui vous réponds de son obéissance.

CHRYSALDE, *à Arnolphe.*

Je suis surpris, pour moi, du grand empressement
Que vous me faites[217] voir pour cet engagement,
1700 Et ne puis deviner quel motif vous inspire...

ARNOLPHE

Je sais ce que je fais, et dis ce qu'il faut dire.

ORONTE

Oui, oui, Seigneur Arnolphe, il est...

CHRYSALDE

                 Ce nom l'aigrit ;
C'est Monsieur de la Souche, on vous l'a déjà dit.

ARNOLPHE

Il n'importe.

HORACE

       Qu'entends-je !

ARNOLPHE, *se retournant vers Horace.*

               Oui, c'est là le mystère,
1705 Et vous pouvez juger ce que je devais faire.

HORACE

En quel trouble...

SCÈNE VIII

GEORGETTE, ENRIQUE, ORONTE,
CHRYSALDE, HORACE, ARNOLPHE

GEORGETTE

Monsieur, si vous n'êtes auprès,
Nous aurons de la peine à retenir Agnès ;
Elle veut à tous coups s'échapper, et peut-être
Qu'elle se pourrait bien jeter par la fenêtre.

ARNOLPHE

710 Faites-la-moi venir ; aussi bien de ce pas
Prétends-je l'emmener ; ne vous en fâchez pas.
Un bonheur continu rendrait l'homme superbe ;
Et chacun a son tour, comme dit le proverbe.

HORACE

Quels maux peuvent, ô Ciel ! égaler mes ennuis !
715 Et s'est-on jamais vu dans l'abîme où je suis !

ARNOLPHE, *à Oronte.*

Pressez vite le jour de la cérémonie :
J'y prends part, et déjà moi-même je m'en prie [218].

ORONTE

C'est bien notre dessein.

SCÈNE IX

AGNÈS, ALAIN, GEORGETTE, ORONTE,
ENRIQUE, ARNOLPHE, HORACE, CHRYSALDE.

ARNOLPHE

Venez, belle, venez,
Qu'on ne saurait tenir, et qui vous mutinez.

1720 Voici votre galant, à qui, pour récompense,
Vous pouvez faire une humble et douce révérence.
Adieu. L'événement trompe un peu vos souhaits ;
Mais tous les amoureux ne sont pas satisfaits.

AGNÈS

Me laissez-vous, Horace, emmener de la sorte ?

HORACE

1725 Je ne sais où j'en suis, tant ma douleur est forte.

ARNOLPHE

Allons, causeuse, allons.

AGNÈS

Je veux rester ici.

ORONTE

Dites-nous ce que c'est que ce mystère-ci.
Nous nous regardons tous, sans le pouvoir comprendre.

ARNOLPHE

Avec plus de loisir je pourrai vous l'apprendre.
Jusqu'au revoir.

ORONTE

1730   Où donc prétendez-vous aller ?
Vous ne nous parlez point comme il nous faut parler.

ARNOLPHE

Je vous ai conseillé, malgré tout son murmure,
D'achever l'hyménée.

ORONTE

                Oui. Mais pour le conclure,
Si l'on vous a dit tout, ne vous a-t-on pas dit

735 Que vous avez chez vous celle dont il s'agit,
La fille qu'autrefois de l'aimable Angélique,
Sous des liens secrets, eut le seigneur Enrique?
Sur quoi votre discours était-il donc fondé?

CHRYSALDE

Je m'étonnais aussi de voir son procédé.

ARNOLPHE

Quoi?...

CHRYSALDE

740   D'un hymen secret ma sœur eut une fille,
Dont on cacha le sort à toute la famille.

ORONTE

Et qui sous de feints noms, pour ne rien découvrir,
Par son époux aux champs fut donnée à nourrir.

CHRYSALDE

Et dans ce temps, le sort, lui déclarant la guerre,
745 L'obligea de sortir de sa natale terre.

ORONTE

Et d'aller essuyer mille périls divers
Dans ces lieux séparés de nous par tant de mers.

CHRYSALDE

Où ses soins ont gagné ce que dans sa patrie
Avaient pu lui ravir l'imposture et l'envie.

ORONTE

750 Et de retour en France, il a cherché d'abord,
Celle à qui de sa fille il confia le sort.

CHRYSALDE

Et cette paysanne a dit avec franchise
Qu'en vos mains à quatre ans elle l'avait remise.

ORONTE

Et qu'elle l'avait fait sur [219] votre charité,
1755 Par un accablement d'extrême pauvreté.

CHRYSALDE

Et lui, plein de transport et l'allégresse en l'âme,
A fait jusqu'en ces lieux conduire cette femme.

ORONTE

Et vous allez enfin la voir venir ici,
Pour rendre aux yeux de tous ce mystère éclairci.

CHRYSALDE

1760 Je devine à peu près quel est votre supplice ;
Mais le sort en cela ne vous est que propice :
Si n'être point cocu vous semble un si grand bien,
Ne vous point marier en est le vrai moyen.

ARNOLPHE, *s'en allant tout transporté,*
et ne pouvant parler.

Oh [220] !

ORONTE

D'où vient qu'il s'enfuit sans rien dire ?

HORACE

Ah ! mon père,
1765 Vous saurez pleinement ce surprenant mystère.
Le hasard en ces lieux avait exécuté
Ce que votre sagesse avait prémédité :
J'étais par les doux nœuds d'une ardeur mutuelle
Engagé de parole avecque cette belle ;

1770 Et c'est elle, en un mot, que vous venez chercher,
Et pour qui mon refus a pensé vous fâcher.

ENRIQUE

Je n'en ai point douté d'abord que je l'ai vue,
Et mon âme depuis n'a cessé d'être émue.
Ah ! ma fille, je cède à des transports si doux.

CHRYSALDE

1775 J'en ferais de bon cœur, mon frère, autant que vous,
Mais ces lieux et cela ne s'accommodent guère.
Allons dans la maison débrouiller ces mystères,
Payer à notre ami ces soins officieux [221],
Et rendre grâce au Ciel qui fait tout pour le mieux.

REMERCIEMENT
AU ROI

À PARIS

Chez Guillaume de Luynes, au bout de
la Galerie des Merciers, à la Justice.

et

Gabriel Quinet, dans la Galerie des
Prisonniers à Saint Radhaël.

M. DC. LXIII

REMERCIEMENT AU ROI

Votre paresse enfin me scandalise,
Ma Muse obéissez-moi :
Il faut ce matin, sans remise,
Aller au lever du Roi :
5 Vous savez bien pourquoi,
Et ce vous est une honte
De n'avoir pas été plus prompte
À le remercier de ces fameux bienfaits :
Mais il vaut mieux tard que jamais.
10 Faites donc votre conte [222]
D'aller au Louvre accomplir mes souhaits.

Gardez-vous bien d'être en Muse bâtie :
Un air de Muse est choquant dans ces lieux ;
On y veut des objets à réjouir les yeux ;
15 Vous en devez être avertie ;
Et vous ferez votre cour beaucoup mieux,
Lorsqu'en marquis [223] vous serez travestie.
Vous savez ce qu'il faut pour paraître marquis.
N'oubliez rien de l'air ni des habits ;
20 Arborez un chapeau chargé de trente plumes
  Sur une perruque de prix ;
Que le rabat soit des plus grands volumes,
  Et le pourpoint des plus petits ;
  Mais surtout je vous recommande

25 Le manteau, d'un ruban sur le dos retroussé :
        La galanterie en est grande,
Et parmi les marquis de la plus haute bande
          C'est pour être placé.
        Avec vos brillantes hardes
30   Et votre ajustement,
Faites tout le trajet de la salle des gardes[224] ;
        Et vous peignant galamment,
Portez de tous côtés vos regards brusquement,
        Et, ceux que vous pourrez connaître,
35   Ne manquez pas, d'un haut ton,
        De les saluer par leur nom,
        De quelque rang qu'ils puissent être.
        Cette familiarité
Donne à quiconque en use un air de qualité.

40   Grattez du peigne à la porte
        De la chambre du Roi[225].
        Ou si, comme je prévois,
        La presse s'y trouve forte,
Montrez de loin votre chapeau,
45   Ou montez sur quelque chose
Pour faire voir votre museau,
Et criez sans aucune pause,
D'un ton rien moins que naturel :
« Monsieur l'huissier, pour le marquis un tel. »
50 Jetez-vous dans la foule, et tranchez du notable.
Coudoyez un chacun ; point du tout de quartier,
        Pressez, poussez, faites le diable
        Pour vous mettre le premier ;
        Et quand même l'huissier,
55   À vos désirs inexorable,
Vous trouverait en face un marquis repoussable[226],
        Ne démordez point pour cela,
        Tenez toujours ferme là :
À déboucher la porte il irait trop du vôtre[227] ;

60   Faites qu'aucun n'y puisse pénétrer,
Et qu'on soit obligé de vous laisser entrer,
        Pour faire entrer quelque autre.

Quand vous serez entré, ne vous relâchez pas :
Pour assiéger la chaise [228], il faut d'autres combats ;
65   Tâchez d'en être des plus proches,
    En y gagnant le terrain pas à pas ;
Et si des assiégeants le prévenant amas
      En bouche toutes les approches,
      Prenez le parti doucement
70   D'attendre le Prince au passage :
      Il connaîtra votre visage
      Malgré votre déguisement ;
      Et lors, sans tarder davantage,
      Faites-lui votre compliment.
75   Vous pourriez aisément l'étendre,
Et parler des transports qu'en vous font éclater
Les surprenants bienfaits que, sans les mériter,
Sa libérale main sur vous daigne répandre,
Et des nouveaux efforts où s'en va vous porter
80 L'excès de cet honneur où vous n'osiez prétendre,
      Lui dire comme vos désirs
Sont, après ses bontés qui n'ont point de pareilles,
D'employer à sa gloire, ainsi qu'à ses plaisirs,
      Tout votre art et toutes vos veilles,
85   Et là-dessus lui promettre merveilles :
      Sur ce chapitre on n'est jamais à sec ;
      Les Muses sont de grandes prometteuses !
      Et comme vos sœurs les causeuses,
Vous ne manqueriez [229] pas, sans doute, par le bec.
90   Mais les grands princes n'aiment guère
      Que les compliments qui sont courts ;
Et le nôtre surtout a bien d'autres affaires
      Que d'écouter tous vos discours.
La louange et l'encens n'est pas ce qui le touche ;

95   Dès que vous ouvrirez la bouche
        Pour lui parler de grâce et de bienfait,
Il comprendra d'abord ce que vous voudrez dire,
        Et se mettant doucement à sourire
D'un air qui sur les cœurs fait un charmant effet,
100   Il passera comme un trait,
        Et cela vous doit suffire :
        Voilà votre compliment fait.

LA
CRITIQUE
DE
L'ÉCOLE
DES FEMMES

COMÉDIE
Par J.-B. P. MOLIÈRE.

À PARIS
Chez Estienne Loyson, au Palais,
dans la Galerie des Prisonniers,
au nom de Jésus.

M. DC. LXIII
AVEC PRIVILÈGE DU ROI

LA

CRITIQUE

DE

L'ÉCOLE

DES FEMMES

COMÉDIE

représentée pour la première fois
à Paris, sur le Théâtre du Palais-Royal,
le vendredi 1er juin 1663,
par la Troupe de Monsieur,
Frère Unique du Roi.

À LA REINE MÈRE [230]

Madame,

Je sais bien que Votre Majesté n'a que faire de toutes nos dédicaces, et que ces prétendus devoirs, dont on lui dit élégamment qu'on s'acquitte envers Elle, sont des hommages, à dire vrai, dont Elle nous dispenserait très volontiers. Mais je ne laisse pas d'avoir l'audace de lui dédier *La Critique de l'École des femmes;* et je n'ai pu refuser cette petite occasion de pouvoir témoigner ma joie à Votre Majesté sur cette heureuse convalescence, qui redonne à nos vœux la plus grande et la meilleure princesse du monde, et nous promet en Elle de longues années d'une santé vigoureuse. Comme chacun regarde les choses du côté de ce qui le touche, je me réjouis, dans cette allégresse générale, de pouvoir encore obtenir l'honneur de divertir Votre Majesté; Elle, Madame, qui prouve si bien que la véritable dévotion n'est point contraire aux honnêtes divertissements; qui, de ses hautes pensées et de ses importantes occupations, descend si humainement dans le plaisir de nos spectacles et ne dédaigne pas de rire de cette même bouche dont Elle prie si bien Dieu [231]. Je flatte, dis-je, mon esprit de l'espérance de cette gloire;

j'en attends le moment avec toutes les impatiences du monde ; et quand je jouirai de ce bonheur, ce sera la plus grande joie que puisse recevoir,

Madame,

De Votre Majesté,

Le très humble, très obéissant
et très fidèle serviteur et sujet,

J.-B. P. MOLIÈRE.

LA CRITIQUE
DE L'ÉCOLE DES FEMMES

Comédie

LES PERSONNAGES[232]

URANIE.
ÉLISE.
CLIMÈNE.
GALOPIN, laquais.
LE MARQUIS.
DORANTE ou LE CHEVALIER.
LYSIDAS, poète.

SCÈNE PREMIÈRE

URANIE, ÉLISE

URANIE : Quoi? Cousine, personne ne t'est venu rendre visite?

ÉLISE : Personne du monde.

URANIE : Vraiment, voilà qui m'étonne, que nous ayons été seules l'une et l'autre tout aujourd'hui.

ÉLISE : Cela m'étonne aussi, car ce n'est guère notre coutume; et votre maison, Dieu merci, est le refuge ordinaire de tous les fainéants de la cour.

URANIE : L'après-dînée[233], à dire vrai, m'a semblé fort longue.

ÉLISE : Et moi, je l'ai trouvée fort courte.

URANIE : C'est que les beaux esprits, Cousine, aiment la solitude.

ÉLISE : Ah ! très humble servante au bel esprit[234] ; vous savez que ce n'est pas là que je vise.

URANIE : Pour moi, j'aime la compagnie, je l'avoue.

ÉLISE : Je l'aime aussi, mais je l'aime choisie ; et la quantité des sottes visites qu'il vous faut essuyer parmi les autres est cause bien souvent que je prends plaisir d'être seule.

URANIE : La délicatesse est trop grande, de ne pouvoir souffrir que des gens triés.

ÉLISE : Et la complaisance est trop générale, de souffrir indifféremment toutes sortes de personnes.

URANIE : Je goûte ceux qui sont raisonnables, et me divertis des extravagants.

ÉLISE : Ma foi, les extravagants ne vont guère loin sans vous ennuyer, et la plupart de ces gens-là ne sont plus plaisants dès la seconde visite. Mais à propos d'extravagants, ne voulez-vous pas me défaire de votre marquis incommode ? Pensez-vous me le laisser toujours sur les bras, et que je puisse durer[235] à ses turlupinades[236] perpétuelles ?

URANIE : Ce langage est à la mode, et l'on le tourne en plaisanterie à la cour.

ÉLISE : Tant pis pour ceux qui le font, et qui se tuent tout le jour à parler ce jargon obscur. La belle chose de faire entrer aux conversations du Louvre de vieilles équivoques ramassées parmi les boues des halles et de la place Maubert[237] ! La jolie façon de plaisanter pour des courtisans ! et qu'un homme montre d'esprit lorsqu'il vient vous dire : « Madame, vous êtes dans la place Royale[238], et tout le monde vous voit de trois lieues de Paris, car chacun vous voit de bon œil », à cause que Boneuil[239] est un village à trois lieues d'ici ! Cela n'est-il pas bien galant et bien spirituel ? Et ceux qui trouvent ces belles rencontres[240], n'ont-ils pas lieu de s'en glorifier ?

URANIE : On ne dit pas cela aussi comme une chose spirituelle ; et la plupart de ceux qui affectent ce langage savent bien eux-mêmes qu'il est ridicule.

ÉLISE : Tant pis encore, de prendre peine à dire des sottises, et d'être mauvais plaisants de dessein formé. Je les en tiens moins excusables ; et si j'en étais juge, je sais bien à quoi je condamnerais tous ces messieurs les turlupins.

URANIE : Laissons cette matière qui t'échauffe un peu trop, et disons que Dorante vient bien tard, à mon avis, pour le souper que nous devons faire ensemble.

ÉLISE : Peut-être l'a-t-il oublié, et que...

SCÈNE II

GALOPIN, URANIE, ÉLISE

GALOPIN : Voilà Climène, Madame, qui vient ici pour vous voir.

URANIE : Eh, mon Dieu ! quelle visite !

ÉLISE : Vous vous plaigniez d'être seule aussi : le Ciel vous en punit.

URANIE : Vite, qu'on aille dire que je n'y suis pas.

GALOPIN : On a déjà dit que vous y étiez.

URANIE : Et qui est le sot qui l'a dit ?

GALOPIN : Moi, Madame.

URANIE : Diantre soit le petit vilain ! Je vous apprendrai bien à faire vos réponses de vous-même.

GALOPIN : Je vais lui dire, Madame, que vous voulez être sortie.

URANIE : Arrêtez, animal, et la laissez monter, puisque la sottise est faite.

GALOPIN : Elle parle encore à un homme dans la rue.

URANIE : Ah ! Cousine, que cette visite m'embarrasse à l'heure qu'il est !

ÉLISE : Il est vrai que la dame est un peu embarrassante de son naturel ; j'ai toujours eu pour elle une furieuse aversion ; et, n'en déplaise à sa qualité, c'est la plus sotte bête qui se soit jamais mêlée de raisonner.

URANIE : L'épithète est un peu forte.

ÉLISE : Allez, allez, elle mérite bien cela, et quelque chose de plus, si on lui faisait justice. Est-ce qu'il y a une personne qui soit plus véritablement qu'elle ce qu'on appelle précieuse, à prendre le mot dans sa plus mauvaise signification [241] ?

URANIE : Elle se défend bien de ce nom pourtant.

ÉLISE : Il est vrai : elle se défend du nom, mais non pas de la chose ; car enfin elle l'est depuis les pieds jusqu'à la tête, et la plus grande façonnière [242] du monde. Il semble que tout son corps soit démonté, et que les mouvements de ses hanches, de ses épaules et de sa tête n'aillent que par ressorts. Elle affecte toujours un ton de voix languissant et niais, fait la moue pour montrer une petite bouche, et roule les yeux pour les faire paraître grands.

URANIE : Doucement donc : si elle venait à entendre...

ÉLISE : Point, point, elle ne monte pas encore. Je me souviens toujours du soir qu'elle eut envie de voir Damon [243], sur la réputation qu'on lui donne, et les choses que le public a vues de lui. Vous connaissez l'homme, et sa naturelle paresse à soutenir la conversation. Elle l'avait invité à souper comme bel esprit, et jamais il ne parut si sot, parmi une demi-douzaine de gens à qui elle avait fait fête de lui, et qui le regardaient avec de grands yeux, comme une personne qui ne devait pas être faite comme les autres. Ils pensaient tous qu'il était là pour défrayer [244] la compagnie de bons mots, que chaque parole qui sortait de sa bouche devait être extraordinaire, qu'il devait faire des *Impromptus* [245] sur tout ce qu'on disait, et ne demander à boire qu'avec une pointe. Mais il les trompa fort par son silence ; et la dame fut aussi mal satisfaite de lui que je le fus d'elle.

URANIE : Tais-toi. Je vais la recevoir à la porte de la chambre.

ÉLISE : Encore un mot. Je voudrais bien la voir mariée avec le marquis dont nous avons parlé : le bel assemblage que ce serait d'une précieuse et d'un turlupin !

URANIE : Veux-tu te taire ? la voici.

SCÈNE III

CLIMÈNE, URANIE, ÉLISE, GALOPIN

URANIE : Vraiment, c'est bien tard que...

CLIMÈNE : Eh ! de grâce, ma chère, faites-moi vite donner un siège.

URANIE : Un fauteuil promptement.

CLIMÈNE : Ah ! mon Dieu !

URANIE : Qu'est-ce donc ?

CLIMÈNE : Je n'en puis plus.

URANIE : Qu'avez-vous ?

CLIMÈNE : Le cœur me manque.

URANIE : Sont-ce vapeurs qui vous ont prise ?

CLIMÈNE : Non.

URANIE : Voulez-vous que l'on vous délace ?

CLIMÈNE : Mon Dieu non. Ah !

URANIE : Quel est donc votre mal ? et depuis quand vous a-t-il pris ?

CLIMÈNE : Il y a plus de trois heures, et je l'ai rapporté du Palais-Royal [246].

URANIE : Comment ?

CLIMÈNE : Je viens de voir, pour mes péchés, cette méchante rapsodie [247] de *L'École des femmes*. Je suis encore en défaillance du mal de cœur que cela m'a donné, et je pense que je n'en reviendrai de plus de quinze jours.

ÉLISE : Voyez un peu comme les maladies arrivent sans qu'on y songe.

URANIE : Je ne sais pas de quel tempérament nous sommes, ma cousine et moi ; mais nous fûmes avant-hier à la même pièce, et nous en revînmes toutes deux saines et gaillardes.

CLIMÈNE : Quoi ? vous l'avez vue ?

URANIE : Oui ; et écoutée d'un bout à l'autre.

CLIMÈNE : Et vous n'en avez pas été jusques aux convulsions, ma chère ?

URANIE : Je ne suis pas si délicate, Dieu merci ; et je trouve, pour moi, que cette comédie serait plutôt capable de guérir les gens que de les rendre malades.

CLIMÈNE : Ah mon Dieu ! que dites-vous là ? Cette proposition peut-elle être avancée par une personne qui ait du revenu en sens commun[248] ? Peut-on impunément, comme vous faites, rompre en visière[249] à la raison ? Et dans le vrai de la chose, est-il un esprit si affamé de plaisanterie, qu'il puisse tâter des fadaises dont cette comédie est assaisonnée ? Pour moi, je vous avoue que je n'ai pas trouvé le moindre grain de sel dans tout cela. *Les enfants par l'oreille* m'ont paru d'un goût détestable ; la *tarte à la crème* m'a affadi le cœur ; et j'ai pensé vomir au *potage*[250].

ÉLISE : Mon Dieu ! que tout cela est dit élégamment ! J'aurais cru que cette pièce était bonne ; mais Madame a une éloquence si persuasive, elle tourne les choses d'une manière si agréable, qu'il faut être de son sentiment, malgré qu'on en ait.

URANIE : Pour moi, je n'ai pas tant de complaisance ; et, pour dire ma pensée, je tiens cette comédie une des plus plaisantes que l'auteur ait produites.

CLIMÈNE : Ah ! vous me faites pitié, de parler ainsi ; et je ne saurais vous souffrir cette obscurité de discernement. Peut-on, ayant de la vertu, trouver de l'agrément dans une pièce qui tient sans cesse la pudeur en alarme, et salit à tous moments l'imagination ?

ÉLISE : Les jolies façons de parler que voilà ! Que vous êtes, Madame, une rude joueuse en critique, et que je plains le pauvre Molière de vous avoir pour ennemie !

CLIMÈNE : Croyez-moi, ma chère, corrigez de bonne foi votre jugement ; et pour votre honneur, n'allez point dire par le monde que cette comédie vous ait plu.

URANIE : Moi, je ne sais pas ce que vous y avez trouvé qui blesse la pudeur.

CLIMÈNE : Hélas ! tout ; et je mets en fait qu'une honnête femme ne la saurait voir sans confusion, tant j'y ai découvert d'ordures et de saletés.

URANIE : Il faut donc que pour les ordures vous ayez des lumières que les autres n'ont pas ; car, pour moi, je n'y en ai point vu.

CLIMÈNE : C'est que vous ne voulez pas y en avoir vu, assurément ; car enfin toutes ces ordures, Dieu merci, y sont à visage découvert. Elles n'ont pas la moindre enveloppe qui les couvre, et les yeux les plus hardis sont effrayés de leur nudité.

ÉLISE : Ah !

CLIMÈNE : Hay, hay, hay.

URANIE : Mais encore, s'il vous plaît, marquez-moi une de ces ordures que vous dites.

CLIMÈNE : Hélas ! est-il nécessaire de vous les marquer ?

URANIE : Oui. Je vous demande seulement un endroit qui vous ait fort choquée.

CLIMÈNE : En faut-il d'autre que la scène de cette Agnès, lorsqu'elle dit ce que l'on lui a pris[251] ?

URANIE : Eh bien ! que trouvez-vous là de sale ?

CLIMÈNE : Ah !

URANIE : De grâce ?

CLIMÈNE : Fi !

URANIE : Mais encore ?

CLIMÈNE : Je n'ai rien à vous dire.

URANIE : Pour moi, je n'y entends point de mal.

CLIMÈNE : Tant pis pour vous.

URANIE : Tant mieux plutôt, ce me semble. Je regarde les choses du côté qu'on me les montre, et ne les tourne point pour y chercher ce qu'il ne faut pas voir.

CLIMÈNE : L'honnêteté d'une femme...

URANIE : L'honnêteté d'une femme n'est pas dans les grimaces. Il sied mal de vouloir être plus sage que celles qui sont sages. L'affectation en cette matière est pire qu'en toute autre ; et je ne vois rien de si ridicule que cette délicatesse d'honneur qui prend tout en mauvaise part, donne un sens criminel aux plus innocentes paroles, et s'offense de l'ombre des choses. Croyez-moi, celles qui font tant de façons n'en sont pas estimées plus femmes de bien. Au contraire, leur sévérité mystérieuse[252] et leurs grimaces affectées irritent la censure de tout le monde contre les actions de leur vie. On est ravi de découvrir ce qu'il y peut avoir à redire ; et, pour tomber dans l'exemple, il y avait l'autre jour des femmes à cette comédie, vis-à-vis de la loge où nous étions, qui par les mines qu'elles affectèrent durant toute la pièce, leurs détournements de tête, et leurs cachements de visage, firent dire de tous côtés cent sottises de leur conduite, que l'on n'aurait pas dites sans cela ; et quelqu'un même des laquais cria tout haut qu'elles étaient plus chastes des oreilles que de tout le reste du corps.

CLIMÈNE : Enfin il faut être aveugle dans cette pièce, et ne pas faire semblant d'y voir les choses.

URANIE : Il ne faut pas y vouloir voir ce qui n'y est pas.

CLIMÈNE : Ah ! je soutiens, encore un coup, que les saletés y crèvent les yeux.

URANIE : Et moi, je ne demeure pas d'accord de cela.

CLIMÈNE : Quoi ? la pudeur n'est pas visiblement blessée par ce que dit Agnès dans l'endroit dont nous parlons ?

URANIE : Non, vraiment. Elle ne dit pas un mot qui de soi ne soit fort honnête ; et si vous voulez entendre dessous quelque autre chose, c'est vous qui faites l'ordure, et non pas elle, puisqu'elle parle seulement d'un ruban qu'on lui a pris.

CLIMÈNE : Ah ! ruban tant qu'il vous plaira ; mais ce *le,* où elle s'arrête, n'est pas mis pour des prunes. Il vient sur ce *le* d'étranges pensées. Ce *le* scandalise furieusement ; et, quoi que vous puissiez dire, vous ne sauriez défendre l'insolence de ce *le.*

ÉLISE : Il est vrai, ma cousine, je suis pour Madame contre ce *le.* Ce *le* est insolent au dernier point, et vous avez tort de défendre ce *le.*

CLIMÈNE : Il a une obscénité qui n'est pas supportable.

ÉLISE : Comment dites-vous ce mot-là, Madame ?

CLIMÈNE : Obscénité, Madame.

ÉLISE : Ah ! mon Dieu ! obscénité. Je ne sais ce que ce mot veut dire ; mais je le trouve le plus joli du monde[253].

CLIMÈNE : Enfin, vous voyez comme votre sang[254] prend mon parti.

URANIE : Eh mon Dieu ! c'est une causeuse qui ne dit pas ce qu'elle pense. Ne vous y fiez pas beaucoup, si vous m'en voulez croire.

ÉLISE : Ah ! que vous êtes méchante, de me vouloir rendre suspecte à Madame ! Voyez un peu où j'en serais, si elle allait croire ce que vous dites. Serais-je si malheureuse, Madame, que vous eussiez de moi cette pensée ?

CLIMÈNE : Non, non. Je ne m'arrête pas à ses paroles, et je vous crois plus sincère qu'elle ne dit.

ÉLISE : Ah ! que vous avez bien raison, Madame, et que vous me rendrez justice, quand vous croirez que je vous trouve la plus engageante[255] personne du monde, que j'entre dans tous vos sentiments et suis charmée de toutes les expressions qui sortent de votre bouche !

CLIMÈNE : Hélas ! je parle sans affectation.

ÉLISE : On le voit bien, Madame, et que tout est naturel en vous. Vos paroles, le ton de votre voix, vos regards, vos pas, votre action et votre ajustement, ont je ne sais quel air de qualité, qui enchante les gens. Je vous étudie des yeux et des oreilles ; et je suis si remplie de vous, que je tâche d'être votre singe, et de vous contrefaire en tout.

CLIMÈNE : Vous vous moquez de moi, Madame.

ÉLISE : Pardonnez-moi, Madame. Qui voudrait se moquer de vous ?

CLIMÈNE : Je ne suis pas un bon modèle, Madame.

ÉLISE : Oh ! que si, Madame !

CLIMÈNE : Vous me flattez, Madame.

ÉLISE : Point du tout, Madame.

CLIMÈNE : Épargnez-moi, s'il vous plaît, Madame.

ÉLISE : Je vous épargne aussi, Madame, et je ne dis pas la moitié de ce que je pense, Madame.

CLIMÈNE : Ah mon Dieu ! brisons là, de grâce. Vous me jetteriez dans une confusion épouvantable. *(À Uranie.)* Enfin, nous voilà deux contre vous, et l'opiniâtreté sied si mal aux personnes spirituelles...

SCÈNE IV

LE MARQUIS, CLIMÈNE, GALOPIN, URANIE, ÉLISE

GALOPIN : Arrêtez, s'il vous plaît, Monsieur.

LE MARQUIS : Tu ne me connais pas, sans doute ?

GALOPIN : Si fait, je vous connais ; mais vous n'entrerez pas.

LE MARQUIS : Ah ! que de bruit, petit laquais !

GALOPIN : Cela n'est pas bien de vouloir entrer malgré les gens.

LE MARQUIS : Je veux voir ta maîtresse.

GALOPIN : Elle n'y est pas, vous dis-je.

LE MARQUIS : La voilà dans la chambre.

GALOPIN : Il est vrai, la voilà ; mais elle n'y est pas.

URANIE : Qu'est-ce donc qu'il y a là ?

LE MARQUIS : C'est votre laquais, Madame, qui fait le sot.

GALOPIN : Je lui dis que vous n'y êtes pas, Madame, et il ne veut pas laisser d'entrer.

URANIE : Et pourquoi dire à Monsieur que je n'y suis pas ?

GALOPIN : Vous me grondâtes, l'autre jour, de lui avoir dit que vous y étiez.

URANIE : Voyez cet insolent ! Je vous prie, Monsieur, de ne pas croire ce qu'il dit. C'est un petit écervelé, qui vous a pris pour un autre.

LE MARQUIS : Je l'ai bien vu, Madame ; et, sans votre respect, je lui aurais appris à connaître les gens de qualité.

ÉLISE : Ma cousine vous est fort obligée de cette déférence.

URANIE : Un siège donc, impertinent.

GALOPIN : N'en voilà-t-il pas un ?

URANIE : Approchez-le.

> *Le petit laquais pousse le siège rudement.*

LE MARQUIS : Votre petit laquais, Madame, a du mépris pour ma personne.

ÉLISE : Il aurait tort, sans doute.

LE MARQUIS : C'est peut-être que je paye l'intérêt de[256] ma mauvaise mine : hay, hay, hay, hay.

ÉLISE : L'âge le rendra plus éclairé en honnêtes gens.

LE MARQUIS : Sur quoi en étiez-vous, Mesdames, lorsque je vous ai interrompues ?

URANIE : Sur la comédie de *L'École des femmes*.

LE MARQUIS : Je ne fais que d'en sortir.

CLIMÈNE : Eh bien ! Monsieur, comment la trouvez-vous, s'il vous plaît ?

LE MARQUIS : Tout à fait impertinente[257].

CLIMÈNE : Ah ! que j'en suis ravie !

LE MARQUIS : C'est la plus méchante chose du monde. Comment, diable ! à peine ai-je pu trouver place[258] ; j'ai pensé être étouffé à la porte, et jamais on ne m'a tant marché sur les pieds. Voyez comme mes canons et mes rubans[259] en sont ajustés, de grâce.

ÉLISE : Il est vrai que cela crie vengeance contre *L'École des femmes,* et que vous la condamnez avec justice.

LE MARQUIS : Il ne s'est jamais fait, je pense, une si méchante comédie.

URANIE : Ah! voici Dorante que nous attendions.

SCÈNE V

DORANTE, LE MARQUIS, CLIMÈNE,
ÉLISE, URANIE

DORANTE : Ne bougez, de grâce, et n'interrompez point votre discours. Vous êtes là sur une matière qui, depuis quatre jours, fait presque l'entretien de toutes les maisons de Paris, et jamais on n'a rien vu de si plaisant que la diversité des jugements qui se font là-dessus. Car enfin j'ai ouï condamner cette comédie à certaines gens, par les mêmes choses que j'ai vu d'autres estimer le plus.

URANIE : Voilà Monsieur le Marquis qui en dit force mal.

LE MARQUIS : Il est vrai, je la trouve détestable; morbleu! détestable du dernier détestable; ce qu'on appelle détestable.

DORANTE : Et moi, mon cher Marquis, je trouve le jugement détestable.

LE MARQUIS : Quoi? Chevalier, est-ce que tu prétends soutenir cette pièce?

DORANTE : Oui, je prétends la soutenir.

LE MARQUIS : Parbleu! je la garantis détestable.

DORANTE : La caution n'est pas bourgeoise[260]. Mais, Marquis, par quelle raison, de grâce, cette comédie est-elle ce que tu dis?

LE MARQUIS : Pourquoi elle est détestable?

DORANTE : Oui.

LE MARQUIS : Elle est détestable, parce qu'elle est détestable.

DORANTE : Après cela, il n'y aura plus rien à dire : voilà son procès fait. Mais encore instruis-nous, et nous dis les défauts qui y sont.

LE MARQUIS : Que sais-je, moi ? je ne me suis pas seulement donné la peine de l'écouter. Mais enfin je sais bien que je n'ai jamais rien vu de si méchant. Dieu me damne ; et Dorilas, contre [261] qui j'étais, a été de mon avis.

DORANTE : L'autorité est belle, et te voilà bien appuyé.

LE MARQUIS : Il ne faut que voir les continuels éclats de rire que le parterre y fait. Je ne veux point d'autre chose pour témoigner qu'elle ne vaut rien.

DORANTE : Tu es donc, Marquis, de ces messieurs du bel air, qui ne veulent pas que le parterre ait du sens commun, et qui seraient fâchés d'avoir ri avec lui, fût-ce de la meilleure chose du monde ? Je vis l'autre jour sur le théâtre [262] un de nos amis, qui se rendit ridicule par là. Il écouta toute la pièce avec un sérieux le plus sombre du monde ; et tout ce qui égayait les autres ridait son front. À tous les éclats de rire, il haussait les épaules, et regardait le parterre en pitié ; et quelquefois aussi le regardant avec dépit, il lui disait tout haut : « Ris donc, parterre, ris donc. » Ce fut une seconde comédie, que le chagrin de notre ami. Il la donna en galant homme à toute l'assemblée, et chacun demeura d'accord qu'on ne pouvait pas mieux jouer qu'il fit. Apprends, Marquis, je te prie, et les autres aussi, que le bon sens n'a point de place déterminée à la comédie ; que la différence du demi-louis d'or et de la pièce de quinze sols [263] ne fait rien du tout au bon goût ; que debout et assis, on peut donner un mauvais jugement ; et qu'enfin, à le prendre en général, je me fierais assez à l'approbation du parterre, par la raison qu'entre ceux qui le composent, il y en a plusieurs qui sont capables de juger d'une pièce selon les règles, et que les autres en jugent par la bonne façon d'en juger, qui est de se laisser prendre aux choses, et de n'avoir ni prévention aveugle, ni complaisance affectée, ni délicatesse ridicule.

LE MARQUIS : Te voilà donc, Chevalier, le défenseur du parterre ? Parbleu ! je m'en réjouis, et je ne manquerai pas de l'avertir que tu es de ses amis. Hay, hay, hay, hay, hay, hay.

DORANTE : Ris tant que tu voudras. Je suis pour le bon sens, et ne saurais souffrir les ébullitions de cerveau de nos marquis de Mascarille. J'enrage de voir de ces gens qui se traduisent en ridicules, malgré leur qualité ; de ces gens qui décident toujours et parlent hardiment de toutes choses, sans s'y connaître ; qui dans une comédie se récrieront aux méchants endroits, et ne branleront pas à ceux qui sont bons ; qui voyant un tableau, ou écoutant un concert de musique, blâment de même et louent tout à contresens, prennent par où ils peuvent les termes de l'art qu'ils attrapent, et ne manquent jamais de les estropier, et de les mettre hors de place. Eh, morbleu ! Messieurs, taisez-vous, quand Dieu ne vous a pas donné la connaissance d'une chose ; n'apprêtez point à rire à ceux qui vous entendent parler, et songez qu'en ne disant mot, on croira peut-être que vous êtes d'habiles gens.

LE MARQUIS : Parbleu ! Chevalier, tu le prends là...

DORANTE : Mon Dieu, Marquis, ce n'est pas à toi que je parle. C'est à une douzaine de messieurs qui déshonorent les gens de cour par leurs manières extravagantes, et font croire parmi le peuple que nous nous ressemblons tous. Pour moi, je m'en veux justifier le plus qu'il me sera possible ; et je les dauberai tant en toutes rencontres, qu'à la fin ils se rendront sages.

LE MARQUIS : Dis-moi un peu, Chevalier, crois-tu que Lysandre ait de l'esprit ?

DORANTE : Oui sans doute, et beaucoup.

URANIE : C'est une chose qu'on ne peut pas nier.

LE MARQUIS : Demandez-lui ce qui lui semble de *L'École*

des femmes : vous verrez qu'il vous dira qu'elle ne lui plaît pas.

DORANTE : Eh ! mon Dieu ! il y en a beaucoup que le trop d'esprit gâte, qui voient mal les choses à force de lumière, et même qui seraient bien fâchés d'être de l'avis des autres, pour avoir la gloire de décider.

URANIE : Il est vrai. Notre ami est de ces gens-là, sans doute. Il veut être le premier de son opinion, et qu'on attende par respect son jugement. Toute approbation qui marche avant la sienne est un attentat sur ses lumières, dont il se venge hautement en prenant le contraire parti. Il veut qu'on le consulte sur toutes les affaires d'esprit ; et je suis sûre que, si l'auteur lui eût montré sa comédie avant que de la faire voir au public, il l'eût trouvée la plus belle du monde [264].

LE MARQUIS : Et que direz-vous de la marquise Araminte, qui la publie partout pour épouvantable, et dit qu'elle n'a pu jamais souffrir les ordures dont elle est pleine ?

DORANTE : Je dirai que cela est digne du caractère qu'elle a pris ; et qu'il y a des personnes qui se rendent ridicules, pour vouloir avoir trop d'honneur. Bien qu'elle ait de l'esprit, elle a suivi le mauvais exemple de celles qui, étant sur le retour de l'âge, veulent remplacer de quelque chose ce qu'elles voient qu'elles perdent, et prétendent que les grimaces d'une pruderie scrupuleuse leur tiendront lieu de jeunesse et de beauté. Celle-ci pousse l'affaire plus avant qu'aucune, et l'habileté de son scrupule découvre des saletés où jamais personne n'en avait vu. On tient qu'il va, ce scrupule, jusques à défigurer notre langue, et qu'il n'y a point presque de mots dont la sévérité de cette dame ne veuille retrancher ou la tête ou la queue, pour les syllabes déshonnêtes qu'elle y trouve [265].

URANIE : Vous êtes bien fou, Chevalier.

LE MARQUIS : Enfin, Chevalier, tu crois défendre ta comédie en faisant la satire de ceux qui la condamnent.

DORANTE : Non pas ; mais je tiens que cette dame se scandalise à tort...

ÉLISE : Tout beau, Monsieur le Chevalier, il pourrait y en avoir d'autres qu'elle qui seraient dans les mêmes sentiments.

DORANTE : Je sais bien que ce n'est pas vous, au moins ; et que lorsque vous avez vu cette représentation...

ÉLISE : Il est vrai ; mais j'ai changé d'avis ; et Madame sait appuyer le sien par des raisons si convaincantes qu'elle m'a entraînée de son côté.

DORANTE : Ah ! Madame, je vous demande pardon : et, si vous le voulez, je me dédirai, pour l'amour de vous, de tout ce que j'ai dit.

CLIMÈNE : Je ne veux pas que ce soit pour l'amour de moi, mais pour l'amour de la raison ; car enfin cette pièce, à le bien prendre, est tout à fait indéfendable, et je ne conçois pas...

URANIE : Ah ! voici l'auteur, Monsieur Lysidas [266]. Il vient tout à propos pour cette matière. Monsieur Lysidas, prenez un siège vous-même, et vous mettez là.

SCÈNE VI

LYSIDAS, DORANTE, LE MARQUIS,
ÉLISE, URANIE, CLIMÈNE

LYSIDAS : Madame, je viens un peu tard ; mais il m'a fallu lire ma pièce chez Madame la Marquise, dont je vous avais parlé ; et les louanges qui lui ont été données m'ont retenu une heure plus que je ne croyais.

ÉLISE : C'est un grand charme que les louanges pour arrêter un auteur.

URANIE : Asseyez-vous donc, Monsieur Lysidas ; nous lirons votre pièce après souper.

LYSIDAS : Tous ceux qui étaient là doivent venir à sa

première représentation, et m'ont promis de faire leur devoir comme il faut.

URANIE : Je le crois. Mais, encore une fois, asseyez-vous, s'il vous plaît. Nous sommes ici sur une matière que je serai bien aise que nous poussions.

LYSIDAS : Je pense, Madame, que vous retiendrez aussi une loge pour ce jour-là.

URANIE : Nous verrons. Poursuivons, de grâce, notre discours.

LYSIDAS : Je vous donne avis, Madame, qu'elles sont presque toutes retenues.

URANIE : Voilà qui est bien. Enfin, j'avais besoin de vous, lorsque vous êtes venu, et tout le monde était ici contre moi.

ÉLISE : Il s'est mis d'abord de votre côté ; mais maintenant qu'il sait que Madame est à la tête du parti contraire, je pense que vous n'avez qu'à chercher un autre secours.

CLIMÈNE : Non, non, je ne voudrais pas qu'il fît mal sa cour auprès de Madame votre cousine, et je permets à son esprit d'être du parti de son cœur.

DORANTE : Avec cette permission, Madame, je prendrai la hardiesse de me défendre.

URANIE : Mais auparavant sachons un peu les sentiments de Monsieur Lysidas.

LYSIDAS : Sur quoi, Madame ?

URANIE : Sur le sujet de *L'École des femmes*.

LYSIDAS : Ha, ha.

DORANTE : Que vous en semble ?

LYSIDAS : Je n'ai rien à dire là-dessus ; et vous savez qu'entre nous autres auteurs, nous devons parler des ouvrages les uns des autres avec beaucoup de circonspection.

DORANTE : Mais encore, entre nous, que pensez-vous de cette comédie ?

LYSIDAS : Moi, Monsieur ?

URANIE : De bonne foi, dites-nous votre avis.

LYSIDAS : Je la trouve fort belle.

DORANTE : Assurément ?

LYSIDAS : Assurément. Pourquoi non ? N'est-elle pas en effet la plus belle du monde ?

DORANTE : Hom, hom, vous êtes un méchant diable, Monsieur Lysidas : vous ne dites pas ce que vous pensez.

LYSIDAS : Pardonnez-moi.

DORANTE : Mon Dieu ! je vous connais. Ne dissimulons point.

LYSIDAS : Moi, Monsieur ?

DORANTE : Je vois bien que le bien que vous dites de cette pièce n'est que par honnêteté [267] et que, dans le fond du cœur, vous êtes de l'avis de beaucoup de gens qui la trouvent mauvaise.

LYSIDAS : Hay, hay, hay.

DORANTE : Avouez, ma foi, que c'est une méchante chose que cette comédie.

LYSIDAS : Il est vrai qu'elle n'est pas approuvée par les connaisseurs.

LE MARQUIS : Ma foi, Chevalier, tu en tiens [268], et te voilà payé de ta raillerie. Ah, ah, ah, ah, ah !

DORANTE : Pousse, mon cher Marquis, pousse [269].

LE MARQUIS : Tu vois que nous avons les savants de notre côté.

DORANTE : Il est vrai, le jugement de Monsieur Lysidas est quelque chose de considérable. Mais Monsieur Lysidas veut bien que je ne me rende pas pour cela ; et puisque j'ai bien l'audace de me défendre contre les sentiments de Madame, il ne trouvera pas mauvais que je combatte les siens.

ÉLISE : Quoi ? vous voyez contre vous Madame, Monsieur le Marquis et Monsieur Lysidas, et vous osez résister encore ? Fi ! que cela est de mauvaise grâce !

CLIMÈNE : Voilà qui me confond, pour moi, que des personnes raisonnables se puissent mettre en tête de donner protection aux sottises de cette pièce.

LE MARQUIS : Dieu me damne, Madame, elle est misérable depuis le commencement jusqu'à la fin.

DORANTE : Cela est bientôt dit, Marquis. Il n'est rien plus aisé que de trancher ainsi ; et je ne vois aucune chose qui puisse être à couvert de la souveraineté de tes décisions.

LE MARQUIS : Parbleu ! tous les autres comédiens[270] qui étaient là pour la voir en ont dit tous les maux du monde.

DORANTE : Ah ! je ne dis plus mot : tu as raison, Marquis. Puisque les autres comédiens en disent du mal, il faut les en croire assurément. Ce sont tous gens éclairés et qui parlent sans intérêt. Il n'y a plus rien à dire, je me rends.

CLIMÈNE : Rendez-vous, ou ne vous rendez pas, je sais fort bien que vous ne me persuaderez point de souffrir les immodesties de cette pièce, non plus que les satires désobligeantes qu'on y voit contre les femmes.

URANIE : Pour moi, je me garderai bien de m'en offenser et de prendre rien sur mon compte de tout ce qui s'y dit. Ces sortes de satires tombent directement sur les mœurs, et ne frappent les personnes que par réflexion. N'allons point nous appliquer nous-mêmes les traits d'une censure générale ; et profitons de la leçon, si nous pouvons, sans faire semblant qu'on parle à nous. Toutes les peintures ridicules qu'on expose sur les théâtres doivent être regardées sans chagrin de tout le monde. Ce sont miroirs publics, où il ne faut jamais témoigner qu'on se voie ; et c'est se taxer hautement d'un défaut, que se scandaliser qu'on le reprenne.

CLIMÈNE : Pour moi, je ne parle pas de ces choses par la part que j'y puisse avoir, et je pense que je vis d'un air dans le monde à ne pas craindre d'être cherchée dans les peintures qu'on fait là des femmes qui se gouvernent mal.

ÉLISE : Assurément, Madame, on ne vous y cherchera point. Votre conduite est assez connue, et ce sont de ces sortes de choses qui ne sont contestées de personne.

URANIE : Aussi, Madame, n'ai-je rien dit qui aille à vous ; et mes paroles, comme les satires de la comédie, demeurent dans la thèse générale.

CLIMÈNE : Je n'en doute pas, Madame. Mais enfin passons sur ce chapitre. Je ne sais pas de quelle façon vous recevez les injures qu'on dit à notre sexe dans un certain endroit de la pièce ; et pour moi, je vous avoue que je suis dans une colère épouvantable, de voir que cet auteur impertinent nous appelle *des animaux*[271].

URANIE : Ne voyez-vous pas que c'est un ridicule qu'il fait parler ?

DORANTE : Et puis, Madame, ne savez-vous pas que les injures des amants n'offensent jamais ? qu'il est des amours emportés aussi bien que des douceureux[272] ? et qu'en de pareilles occasions les paroles les plus étranges, et quelque chose de pis encore, se prennent bien souvent pour des marques d'affection par celles mêmes qui les reçoivent ?

ÉLISE : Dites tout ce que vous voudrez, je ne saurais digérer cela, non plus que le *potage* et la *tarte à la crème*, dont Madame a parlé tantôt.

LE MARQUIS : Ah ! ma foi, oui, *tarte à la crème !* voilà ce que j'avais remarqué tantôt ; *tarte à la crème !* Que je vous suis obligé, Madame, de m'avoir fait souvenir de *tarte à la crème !* Y a-t-il assez de pommes[273] en Normandie pour *tarte à la crème ? Tarte à la crème,* morbleu ! *tarte à la crème !*

DORANTE : Eh bien ! que veux-tu dire : *tarte à la crème ?*

LE MARQUIS : Parbleu ! *tarte à la crème,* Chevalier.

DORANTE : Mais encore ?

LE MARQUIS : *Tarte à la crème !*

DORANTE : Dis-nous un peu tes raisons.

LE MARQUIS : *Tarte à la crème !*

URANIE : Mais il faut expliquer sa pensée, ce me semble.

LE MARQUIS : *Tarte à la crème,* Madame !

URANIE : Que trouvez-vous là à redire ?

LE MARQUIS : Moi, rien. *Tarte à la crème*[274] !

URANIE : Ah ! je le quitte[275] !

ÉLISE : Monsieur le Marquis s'y prend bien, et vous bourre[276] de la belle manière. Mais je voudrais bien que Monsieur Lysidas voulût les achever et leur donner quelques petits coups de sa façon.

LYSIDAS : Ce n'est pas ma coutume de rien blâmer, et je suis assez indulgent pour les ouvrages des autres. Mais, enfin, sans choquer l'amitié que Monsieur le Chevalier témoigne pour l'auteur, on m'avouera que ces sortes de comédies ne sont pas proprement des comédies[277], et qu'il y a une grande différence de toutes ces bagatelles[278] à la beauté des pièces sérieuses. Cependant tout le monde donne là-dedans aujourd'hui : on ne court plus qu'à cela, et l'on voit une solitude effroyable aux grands ouvrages, lorsque des sottises ont tout Paris. Je vous avoue que le cœur m'en saigne quelquefois, et cela est honteux pour la France.

CLIMÈNE : Il est vrai que le goût des gens est étrangement gâté là-dessus, et que le siècle s'encanaille furieusement.

ÉLISE : Celui-là est joli encore, *s'encanaille*[279] ! Est-ce vous qui l'avez inventé, Madame ?

CLIMÈNE : Hé !

ÉLISE : Je m'en suis bien doutée.

DORANTE : Vous croyez donc, Monsieur Lysidas, que tout l'esprit et toute la beauté sont dans les poèmes sérieux, et que les pièces comiques sont des niaiseries qui ne méritent aucune louange ?

URANIE : Ce n'est pas mon sentiment, pour moi. La tragédie, sans doute, est quelque chose de beau quand elle est bien touchée[280] ; mais la comédie a ses charmes, et je tiens que l'une n'est pas moins difficile à faire que l'autre.

DORANTE : Assurément, Madame ; et quand, pour la difficulté, vous mettriez un *plus* du côté de la comédie, peut-être que vous ne vous abuseriez pas. Car enfin, je trouve qu'il est bien plus aisé de se guinder sur de grands sentiments, de braver en vers la Fortune, accuser les Destins, et dire des injures aux Dieux, que d'entrer comme il faut dans le ridicule des hommes, et de rendre agréablement sur le théâtre des défauts de tout le monde. Lorsque vous peignez des héros, vous faites ce que vous voulez. Ce sont des portraits à plaisir, où l'on ne cherche point de ressemblance ; et vous n'avez qu'à suivre les traits d'une imagination qui se donne l'essor, et qui souvent laisse le vrai pour attraper le merveilleux [281]. Mais lorsque vous peignez les hommes, il faut peindre d'après nature. On veut que ces portraits ressemblent ; et vous n'avez rien fait, si vous n'y faites reconnaître les gens de votre siècle. En un mot, dans les pièces sérieuses, il suffit, pour n'être point blâmé, de dire des choses qui soient de bon sens et bien écrites ; mais ce n'est pas assez dans les autres, il y faut plaisanter ; et c'est une étrange entreprise que celle de faire rire les honnêtes gens.

CLIMÈNE : Je crois être du nombre des honnêtes gens ; et cependant je n'ai pas trouvé le mot pour rire dans tout ce que j'ai vu.

LE MARQUIS : Ma foi, ni moi non plus.

DORANTE : Pour toi, Marquis, je ne m'en étonne pas : c'est que tu n'y as point trouvé de turlupinades.

LYSIDAS : Ma foi, Monsieur, ce qu'on y rencontre ne vaut guère mieux, et toutes les plaisanteries y sont assez froides à mon avis.

DORANTE : La cour n'a pas trouvé cela.

LYSIDAS : Ah ! Monsieur, la cour !

DORANTE : Achevez, Monsieur Lysidas. Je vois bien que vous voulez dire que la cour ne se connaît pas à ces choses ; et c'est le refuge ordinaire de vous autres, Messieurs les auteurs, dans le mauvais succès de vos ouvrages, que d'accuser l'injustice du siècle et le peu de lumière des courtisans. Sachez, s'il vous plaît, Monsieur Lysidas, que les courtisans ont d'aussi bons yeux que d'autres ; qu'on peut être habile avec un point de Venise et des plumes, aussi bien qu'avec une perruque courte et un petit rabat uni[282] ; que la grande épreuve de toutes vos comédies, c'est le jugement de la cour ; que c'est son goût qu'il faut étudier pour trouver l'art de réussir ; qu'il n'y a point de lieu où les décisions soient si justes ; et sans mettre en ligne de compte tous les gens savants qui y sont, que, du simple bon sens naturel et du commerce de tout le beau monde, on s'y fait une manière d'esprit, qui sans comparaison juge plus finement des choses que tout le savoir enrouillé des pédants.

URANIE : Il est vrai que, pour peu qu'on y demeure, il vous passe là tous les jours assez de choses devant les yeux pour acquérir quelque habitude de les connaître, et surtout pour ce qui est de la bonne et mauvaise plaisanterie.

DORANTE : La cour a quelques ridicules, j'en demeure d'accord, et je suis, comme on voit, le premier à les fronder. Mais, ma foi, il y en a un grand nombre parmi les beaux esprits de profession ; et si l'on joue quelques marquis, je trouve qu'il y a bien plus de quoi jouer les auteurs, et que ce serait une chose plaisante à mettre sur le théâtre que leurs grimaces savantes et leurs raffinements ridicules, leur vicieuse coutume d'assassiner les gens de leurs ouvrages, leur friandise de louanges, leurs ménagements de pensées, leur trafic de réputation, et leurs ligues offensives et défensives, aussi bien que leurs guerres d'esprit, et leurs combats de prose et de vers[283].

LYSIDAS : Molière est bien heureux, Monsieur, d'avoir un protecteur aussi chaud que vous. Mais enfin, pour venir au fait, il est question de savoir si sa pièce est bonne, et je m'offre d'y montrer partout cent défauts visibles.

URANIE : C'est une étrange chose de vous autres Messieurs les poètes, que vous condamniez toujours les pièces où tout le monde court, et ne disiez jamais du bien que de celles où personne ne va. Vous montrez pour les unes une haine invincible, et pour les autres une tendresse qui n'est pas concevable.

DORANTE : C'est qu'il est généreux de se ranger du côté des affligés.

URANIE : Mais, de grâce, Monsieur Lysidas, faites-nous voir ces défauts dont je ne me suis point aperçue.

LYSIDAS : Ceux qui possèdent Aristote et Horace voient d'abord, Madame, que cette comédie pèche contre toutes les règles de l'art.

URANIE : Je vous avoue que je n'ai aucune habitude avec ces messieurs-là, et que je ne sais point les règles de l'art.

DORANTE : Vous êtes de plaisantes gens avec vos règles, dont vous embarrassez les ignorants et nous étourdissez tous les jours. Il semble, à vous ouïr parler, que ces règles de l'art soient les plus grands mystères du monde ; et cependant ce ne sont que quelques observations aisées, que le bon sens a faites sur ce qui peut ôter le plaisir que l'on prend à ces sortes de poèmes ; et le même bon sens qui a fait autrefois ces observations les fait aisément tous les jours sans le secours d'Horace et d'Aristote. Je voudrais bien savoir si la grande règle de toutes les règles n'est pas de plaire, et si une pièce de théâtre qui a attrapé son but n'a pas suivi un bon chemin. Veut-on que tout un public s'abuse sur ces sortes de choses, et que chacun n'y soit pas juge du plaisir qu'il y prend ?

URANIE : J'ai remarqué une chose de ces messieurs-là : c'est que ceux qui parlent le plus des règles, et qui les savent mieux que les autres, font des comédies que personne ne trouve belles[284].

DORANTE : Et c'est ce qui marque, Madame, comme on doit s'arrêter peu à leurs disputes embarrassées. Car enfin, si les pièces qui sont selon les règles ne plaisent pas et que celles qui plaisent ne soient pas selon les règles, il faudrait de nécessité que les règles eussent été mal faites. Moquons-nous donc de cette chicane où ils veulent assujettir le goût du public, et ne consultons dans une comédie que l'effet qu'elle fait sur nous. Laissons-nous aller de bonne foi aux choses qui nous prennent par les entrailles, et ne cherchons point de raisonnements pour nous empêcher d'avoir du plaisir.

URANIE : Pour moi, quand je vois une comédie, je regarde seulement si les choses me touchent ; et, lorsque je m'y suis bien divertie, je ne vais point demander si j'ai eu tort, et si les règles d'Aristote me défendaient de rire.

DORANTE : C'est justement comme un homme qui aurait trouvé une sauce excellente, et qui voudrait examiner si elle est bonne sur les préceptes du *Cuisinier français*[285].

URANIE : Il est vrai ; et j'admire les raffinements de certaines gens sur des choses que nous devons sentir par nous-mêmes.

DORANTE : Vous avez raison, Madame, de les trouver étranges, tous ces raffinements mystérieux. Car enfin, s'ils ont lieu, nous voilà réduits à ne nous plus croire ; nos propres sens seront esclaves en toutes choses ; et, jusques au manger et au boire, nous n'oserons plus trouver rien de bon, sans le congé[286] de Messieurs les experts.

LYSIDAS : Enfin, Monsieur, toute votre raison, c'est que *L'École des femmes* a plu ; et vous ne vous souciez point qu'elle ne soit pas dans les règles, pourvu...

DORANTE : Tout beau, Monsieur Lysidas, je ne vous accorde pas cela. Je dis bien que le grand art est de plaire, et que cette comédie ayant plu à ceux pour qui elle est faite, je trouve que c'est assez pour elle et qu'elle doit peu se soucier du reste. Mais, avec cela, je soutiens qu'elle ne pèche contre aucune des règles dont vous parlez. Je les ai lues, Dieu merci, autant qu'un autre ; et je ferais voir aisément que peut-être n'avons-nous point de pièce au théâtre plus régulière que celle-là.

ÉLISE : Courage, Monsieur Lysidas ! nous sommes perdus si vous reculez.

LYSIDAS : Quoi ? Monsieur, la protase, l'épitase, et la péripétie ?...

DORANTE : Ah ! Monsieur Lysidas, vous nous assommez avec vos grands mots. Ne paraissez point si savant, de grâce. Humanisez votre discours, et parlez pour être entendu. Pensez-vous qu'un nom grec donne plus de poids à vos raisons ? Et ne trouveriez-vous pas qu'il fût aussi beau de dire l'exposition du sujet, que la protase, le nœud, que l'épitase, et le dénouement, que la péripétie ?

LYSIDAS : Ce sont termes de l'art dont il est permis de se servir. Mais, puisque ces mots blessent vos oreilles, je m'expliquerai d'une autre façon, et je vous prie de répondre positivement à trois ou quatre choses que je vais dire. Peut-on souffrir une pièce qui pèche contre le nom propre des pièces de théâtre ? Car enfin, le nom de poème dramatique vient d'un mot grec qui signifie agir, pour montrer que la nature de ce poème consiste dans l'action ; et dans cette cette comédie-ci, il ne se passe point d'actions, et tout consiste en des récits que vient faire ou Agnès ou Horace.

LE MARQUIS : Ah ! ah ! Chevalier !

CLIMÈNE : Voilà qui est spirituellement remarqué, et c'est prendre le fin des choses.

LYSIDAS : Est-il rien de si peu spirituel, ou, pour mieux dire, rien de si bas, que quelques mots où tout le monde rit, et surtout celui des *enfants par l'oreille ?*

CLIMÈNE : Fort bien.

ÉLISE : Ah !

LYSIDAS : La scène du valet et de la servante au-dedans de la maison, n'est-elle pas d'une longueur ennuyeuse, et tout à fait impertinente ?

LE MARQUIS : Cela est vrai.

CLIMÈNE : Assurément.

ÉLISE : Il a raison.

LYSIDAS : Arnolphe ne donne-t-il pas trop librement son argent à Horace ? Et puisque c'est le personnage ridicule de la pièce, fallait-il lui faire faire l'action d'un honnête homme ?

LE MARQUIS : Bon. La remarque est encore bonne.

CLIMÈNE : Admirable.

ÉLISE : Merveilleuse.

LYSIDAS : Le sermon et les *Maximes* ne sont-elles pas des choses ridicules, et qui choquent même le respect que l'on doit à nos mystères [287] ?

LE MARQUIS : C'est bien dit.

CLIMÈNE : Voilà parlé comme il faut.

ÉLISE : Il ne se peut rien de mieux.

LYSIDAS : Et ce Monsieur de La Souche enfin, qu'on nous fait un homme d'esprit, et qui paraît si sérieux en tant d'endroits, ne descend-il point dans quelque chose de trop comique et de trop outré au cinquième acte, lorsqu'il explique à Agnès la violence de son amour, avec ces roulements d'yeux extravagants, ces soupirs ridicules, et ces larmes niaises qui font rire tout le monde [288] ?

LE MARQUIS : Morbleu ! merveille !

CLIMÈNE : Miracle !

ÉLISE : Vivat ! Monsieur Lysidas.

LYSIDAS : Je laisse cent mille autres choses, de peur d'être ennuyeux.

LE MARQUIS : Parbleu ! Chevalier, te voilà mal ajusté [289].

DORANTE : Il faut voir.

LE MARQUIS : Tu as trouvé ton homme, ma foi !

DORANTE : Peut-être.

LE MARQUIS : Réponds, réponds, réponds, réponds.

DORANTE : Volontiers. Il...

LE MARQUIS : Réponds donc, je te prie.

DORANTE : Laisse-moi donc faire. Si...

LE MARQUIS : Parbleu ! je te défie de répondre.

DORANTE : Oui, si tu parles toujours.

CLIMÈNE : De grâce, écoutons ses raisons.

DORANTE : Premièrement, il n'est pas vrai de dire que toute la pièce n'est qu'en récits. On y voit beaucoup d'actions qui se passent sur la scène, et les récits eux-mêmes y sont des actions, suivant la constitution du sujet ;

d'autant qu'ils sont tous faits innocemment, ces récits, à la personne intéressée, qui par-là entre, à tous coups, dans une confusion à réjouir les spectateurs, et prend, à chaque nouvelle, toutes les mesures qu'il peut pour se parer du malheur qu'il craint.

URANIE : Pour moi, je trouve que la beauté du sujet de *L'École des femmes* consiste dans cette confidence perpétuelle ; et ce qui me paraît assez plaisant, c'est qu'un homme qui a de l'esprit, et qui est averti de tout par une innocente qui est sa maîtresse, et par un étourdi qui est son rival, ne puisse avec cela éviter ce qui lui arrive.

LE MARQUIS : Bagatelle, bagatelle.

CLIMÈNE : Faible réponse.

ÉLISE : Mauvaises raisons.

DORANTE : Pour ce qui est des *enfants par l'oreille,* ils ne sont plaisants que par réflexion[290] à Arnolphe ; et l'auteur n'a pas mis cela pour être de soi un bon mot, mais seulement pour une chose qui caractérise l'homme, et peint d'autant mieux son extravagance, puisqu'il rapporte une sottise triviale qu'a dite Agnès comme la chose la plus belle du monde, et qui lui donne une joie inconcevable.

LE MARQUIS : C'est mal répondre.

CLIMÈNE : Cela ne satisfait point.

ÉLISE : C'est ne rien dire.

DORANTE : Quant à l'argent qu'il donne librement, outre que la lettre de son meilleur ami lui est une caution suffisante, il n'est pas incompatible qu'une personne soit ridicule en de certaines choses et honnête homme en d'autres. Et pour la scène d'Alain et de Georgette dans le logis, que quelques-uns ont trouvée longue et froide, il est certain qu'elle n'est pas sans raison, et de même qu'Arnolphe se trouve attrapé, pendant son voyage, par la pure innocence de sa maîtresse, il demeure, au retour, longtemps à sa porte par l'innocence de ses valets, afin qu'il soit partout puni par les choses qu'il a cru faire la sûreté de ses précautions.

LE MARQUIS : Voilà des raisons qui ne valent rien.

CLIMÈNE : Tout cela ne fait que blanchir[291].

ÉLISE : Cela fait pitié.

DORANTE : Pour le discours moral que vous appelez un sermon, il est certain que de vrais dévots qui l'ont ouï n'ont pas trouvé qu'il choquât ce que vous dites ; et sans doute que ces paroles d'*enfer* et de *chaudières bouillantes*[292] sont assez justifiées par l'extravagance d'Arnolphe et par l'innocence de celle à qui il parle. Et quant au transport amoureux du cinquième acte, qu'on accuse d'être trop outré et trop comique, je voudrais bien savoir si ce n'est pas faire la satire des amants, et si les honnêtes gens même et les plus sérieux, en de pareilles occasions, ne font pas des choses… ?

LE MARQUIS : Ma foi, Chevalier, tu ferais mieux de te taire.

DORANTE : Fort bien. Mais enfin si nous nous regardions nous-mêmes, quand nous sommes bien amoureux… ?

LE MARQUIS : Je ne veux pas seulement t'écouter.

DORANTE : Écoute-moi, si tu veux. Est-ce que dans la violence de la passion… ?

LE MARQUIS : La, la, la, la, lare, la, la, la, la, la, la. *(Il chante.)*

DORANTE : Quoi… ?

LE MARQUIS : La, la, la, la, lare, la, la, la, la, la, la.

DORANTE : Je ne sais pas si…

LE MARQUIS : La, la, la, la, lare, la, la, la, la, la, la, la.

URANIE : Il me semble que…

LE MARQUIS : La, la, la, lare, la, la, la, la, la, la, la, la, la, la.

URANIE : Il se passe des choses assez plaisantes dans notre dispute. Je trouve qu'on en pourrait bien faire une petite comédie, et que cela ne serait pas trop mal à la queue de *L'École des femmes*.

DORANTE : Vous avez raison.

LE MARQUIS : Parbleu ! Chevalier, tu jouerais là-dedans un rôle qui ne te serait pas avantageux.

DORANTE : Il est vrai, Marquis.

CLIMÈNE : Pour moi, je souhaiterais que cela se fît, pourvu qu'on traitât l'affaire comme elle s'est passée.

ÉLISE : Et moi, je fournirais de bon cœur mon personnage.

LYSIDAS : Je ne refuserais pas le mien, que je pense.

URANIE : Puisque chacun en serait content, Chevalier, faites un mémoire de tout, et le donnez à Molière, que vous connaissez, pour le mettre en comédie.

CLIMÈNE : Il n'aurait garde, sans doute, et ce ne serait pas des vers à sa louange.

URANIE : Point, point ; je connais son humeur : il ne se soucie pas qu'on fronde ses pièces, pourvu qu'il y vienne du monde.

DORANTE : Oui. Mais quel dénouement pourrait-il trouver à ceci ? car il ne saurait y avoir ni mariage ni reconnaissance ; et je ne sais point par où l'on pourrait faire finir la dispute.

URANIE : Il faudrait rêver quelque incident pour cela.

SCÈNE VII ET DERNIÈRE

GALOPIN, LYSIDAS, DORANTE, LE MARQUIS, CLIMÈNE, ÉLISE, URANIE

GALOPIN : Madame, on a servi sur table.

DORANTE : Ah ! voilà justement ce qu'il faut pour le dénouement que nous cherchions, et l'on ne peut rien trouver de plus naturel. On disputera fort et ferme de part et d'autre, comme nous avons fait, sans que personne se rende ; un petit laquais viendra dire qu'on a servi ; on se lèvera, et chacun ira souper.

URANIE : La comédie ne peut pas mieux finir, et nous ferons bien d'en demeurer là.

L'IMPROMPTU
DE VERSAILLES

COMÉDIE
par J.-B. P. Molière,

représentée la première fois à Versailles
pour le Roi le quatorzième octobre 1663 [293]
et donnée depuis au Public dans la
Salle du Palais-Royal, le quatrième novembre
de la même année 1663
par la Troupe de Monsieur,
Frère Unique du Roi.

L'IMPROMPTU DE VERSAILLES

NOMS DES ACTEURS

MOLIÈRE, marquis ridicule.
BRÉCOURT, homme de qualité.
DE LA GRANGE, marquis ridicule.
DU CROISY, poète.
LA THORILLIÈRE, marquis fâcheux,
BÉJART, homme qui fait le nécessaire.
MADEMOISELLE DU PARC, marquise façonnière.
MADEMOISELLE BÉJART, prude.
MADEMOISELLE DE BRIE, sage coquette.
MADEMOISELLE MOLIÈRE, satirique spirituelle.
MADEMOISELLE DU CROISY, peste doucereuse.
MADEMOISELLE HERVÉ, servante précieuse.

La scène est à Versailles dans la salle de la Comédie [294]

SCÈNE PREMIÈRE

MOLIÈRE, BRÉCOURT, LA GRANGE,
DU CROISY, MADEMOISELLE DU PARC,
MADEMOISELLE BÉJART, MADEMOISELLE DE BRIE,
MADEMOISELLE MOLIÈRE,
MADEMOISELLE DU CROISY, MADEMOISELLE HERVÉ

MOLIÈRE : Allons donc, Messieurs et Mesdames [295], vous moquez-vous avec votre longueur, et ne voulez-vous pas

tous venir ici ? La peste soit des gens ! Holà ho ! Monsieur
de Brécourt !

BRÉCOURT : Quoi ?

MOLIÈRE : Monsieur de la Grange !

LA GRANGE : Qu'est-ce ?

MOLIÈRE : Monsieur du Croisy !

DU CROISY : Plaît-il ?

MOLIÈRE : Mademoiselle Du Parc !

MADEMOISELLE DU PARC : Hé bien ?

MOLIÈRE : Mademoiselle Béjart !

MADEMOISELLE BÉJART : Qu'y a-t-il ?

MOLIÈRE : Mademoiselle de Brie !

MADEMOISELLE DE BRIE : Que veut-on ?

MOLIÈRE : Mademoiselle du Croisy !

MADEMOISELLE DU CROISY : Qu'est-ce que c'est ?

MOLIÈRE : Mademoiselle Hervé !

MADEMOISELLE HERVÉ : On y va.

MOLIÈRE : Je crois que je deviendrai fou avec tous ces
gens-ci. Eh têtebleu ! Messieurs, me voulez-vous faire
enrager aujourd'hui ?

BRÉCOURT : Que voulez-vous qu'on fasse ? Nous ne
savons pas nos rôles ; et c'est nous faire enrager vous-
même, que de nous obliger à jouer de la sorte.

MOLIÈRE : Ah ! les étranges animaux à conduire que des
comédiens !

MADEMOISELLE BÉJART : Eh bien, nous voilà. Que prétendez-vous faire ?

MADEMOISELLE DU PARC : Quelle est votre pensée ?

MADEMOISELLE DE BRIE : De quoi est-il question ?

MOLIÈRE : De grâce, mettons-nous ici ; et puisque nous
voilà tous habillés, et que le Roi ne doit venir de deux
heures, employons ce temps à répéter notre affaire et voir
la manière dont il faut jouer les choses.

LA GRANGE : Le moyen de jouer ce qu'on ne sait pas ?

MADEMOISELLE DU PARC : Pour moi, je vous déclare que
je ne me souviens pas d'un mot de mon personnage.

MADEMOISELLE DE BRIE : Je sais bien qu'il me faudra souffler le mien d'un bout à l'autre.

MADEMOISELLE BÉJART : Et moi, je me prépare fort à tenir mon rôle à la main.

MADEMOISELLE MOLIÈRE : Et moi aussi.

MADEMOISELLE HERVÉ : Pour moi, je n'ai pas grand-chose à dire.

MADEMOISELLE DU CROISY : Ni moi non plus ; mais avec cela je ne répondrais pas de ne point manquer [296].

DU CROISY : J'en voudrais être quitte pour dix pistoles.

BRÉCOURT : Et moi, pour vingt bons coups de fouet, je vous assure.

MOLIÈRE : Vous voilà tous bien malades, d'avoir un méchant rôle à jouer, et que feriez-vous donc si vous étiez en ma place ?

MADEMOISELLE BÉJART : Qui, vous ? Vous n'êtes pas à plaindre ; car, ayant fait la pièce, vous n'avez pas peur d'y manquer.

MOLIÈRE : Et n'ai-je à craindre que le manquement de mémoire ? Ne comptez-vous pour rien l'inquiétude d'un succès qui ne regarde que moi seul ? Et pensez-vous que ce soit une petite affaire que d'exposer quelque chose de comique devant une assemblée comme celle-ci, que d'entreprendre de faire rire des personnes qui nous impriment le respect et ne rient que quand ils veulent ? Est-il auteur qui ne doive trembler lorsqu'il en vient à cette épreuve ? Et n'est-ce pas à moi de dire que je voudrais en être quitte pour toutes les choses du monde ?

MADEMOISELLE BÉJART : Si cela vous faisait trembler, vous prendriez mieux vos précautions et n'auriez pas entrepris en huit jours ce que vous avez fait.

MOLIÈRE : Le moyen de m'en défendre, quand un roi me l'a commandé ?

MADEMOISELLE BÉJART : Le moyen ? Une respectueuse excuse fondée sur l'impossibilité de la chose, dans le peu de temps qu'on vous donne ; et tout autre, en votre place, ménagerait mieux sa réputation et se serait bien gardé de se commettre [297] comme vous faites. Où en serez-vous, je vous prie, si l'affaire réussit mal ? et quel avantage pensez-vous qu'en prendront tous vos ennemis ?

MADEMOISELLE DE BRIE : En effet ; il fallait s'excuser avec respect envers le Roi, ou demander du temps davantage.

MOLIÈRE : Mon Dieu, Mademoiselle, les rois n'aiment rien tant qu'une prompte obéissance, et ne se plaisent point du tout à trouver des obstacles. Les choses ne sont bonnes que dans le temps qu'ils les souhaitent ; et leur en vouloir reculer le divertissement est en ôter pour eux toute la grâce. Ils veulent des plaisirs qui ne se fassent point attendre ; et les moins préparés leur sont toujours les plus agréables. Nous ne devons jamais nous regarder dans ce qu'ils désirent de nous : nous ne sommes que pour leur plaire ; et lorsqu'ils nous ordonnent quelque chose, c'est à nous à profiter vite de l'envie où ils sont. Il vaut mieux s'acquitter mal de ce qu'ils nous demandent que de ne s'en acquitter pas assez tôt ; et si l'on a la honte de n'avoir pas bien réussi, on a toujours la gloire d'avoir obéi vite à leurs commandements. Mais songeons à répéter, s'il vous plaît.

MADEMOISELLE BÉJART : Comment prétendez-vous que nous fassions, si nous ne savons pas nos rôles ?

MOLIÈRE : Vous les saurez, vous dis-je ; et quand même vous ne les sauriez pas tout à fait, pouvez-vous pas y suppléer de votre esprit, puisque c'est de la prose, et que vous savez votre sujet ?

MADEMOISELLE BÉJART : Je suis votre servante : la prose est pis encor que les vers.

MADEMOISELLE MOLIÈRE : Voulez-vous que je vous dise ? vous deviez faire une comédie où vous auriez joué tout seul.

MOLIÈRE : Taisez-vous, ma femme, vous êtes une bête.

MADEMOISELLE MOLIÈRE : Grand merci, Monsieur mon

mari. Voilà ce que c'est : le mariage change bien les gens, et vous ne m'auriez pas dit cela il y a dix-huit mois[298].

MOLIÈRE : Taisez-vous, je vous prie.

MADEMOISELLE MOLIÈRE : C'est une chose étrange qu'une petite cérémonie soit capable de nous ôter toutes nos belles qualités, et qu'un mari et un galant regardent la même personne avec des yeux si différents.

MOLIÈRE : Que de discours !

MADEMOISELLE MOLIÈRE : Ma foi, si je faisais une comédie, je la ferais sur ce sujet. Je justifierais les femmes de bien des choses dont on les accuse ; et je ferais craindre aux maris la différence qu'il y a de leurs manières brusques aux civilités des galants.

MOLIÈRE : Ahy ! laissons cela. Il n'est pas question de causer maintenant : nous avons autre chose à faire.

MADEMOISELLE BÉJART : Mais puisqu'on vous a commandé de travailler sur le sujet de la critique qu'on a faite contre vous[299], que n'avez-vous fait cette comédie des comédiens, dont vous nous avez parlé il y a long-temps[300] ? C'était une affaire toute trouvée et qui venait fort bien à la chose, et d'autant mieux qu'ayant entrepris de vous peindre, ils vous ouvraient l'occasion de les peindre aussi, et que cela aurait pu s'appeler leur portrait, à bien plus juste titre que tout ce qu'ils ont fait ne peut être appelé le vôtre. Car vouloir contrefaire un comédien dans un rôle comique, ce n'est pas le peindre lui-même, c'est peindre d'après lui les personnages qu'il représente et se servir des mêmes traits et des mêmes couleurs qu'il est obligé d'employer aux différents tableaux des caractères ridicules qu'il imite d'après nature ; mais contrefaire un comédien dans des rôles sérieux, c'est le peindre par des défauts qui sont entièrement de lui, puisque ces sortes de personnages ne veulent ni les gestes, ni les tons de voix ridicules dans lesquels on le reconnaît[301].

MOLIÈRE : Il est vrai ; mais j'ai mes raisons pour ne le pas faire, et je n'ai pas cru, entre nous, que la chose en valût la peine ; et puis il fallait plus de temps pour exécuter cette idée. Comme leurs jours de comédies[302] sont les mêmes que les nôtres, à peine ai-je été les voir que trois ou quatre fois depuis que nous sommes à Paris ; je n'ai attrapé de leur manière de réciter que ce qui m'a d'abord sauté aux yeux, et j'aurais eu besoin de les étudier davantage pour faire des portraits bien ressemblants.

MADEMOISELLE DU PARC : Pour moi, j'en ai reconnu quelques-uns dans votre bouche.

MADEMOISELLE DE BRIE : Je n'ai jamais ouï parler de cela.

MOLIÈRE : C'est une idée qui m'avait passé une fois par la tête, et que j'ai laissée là comme une bagatelle, une badinerie, qui peut-être n'aurait point fait rire.

MADEMOISELLE DE BRIE : Dites-la-moi un peu, puisque vous l'avez dite aux autres.

MOLIÈRE : Nous n'avons pas le temps maintenant.

MADEMOISELLE DE BRIE : Seulement deux mots.

MOLIÈRE : J'avais songé une comédie où il y aurait eu un poète, que j'aurais représenté moi-même, qui serait venu pour offrir une pièce à une troupe de comédiens nouvellement arrivés de la campagne[303]. « Avez-vous, aurait-il dit, des acteurs et des actrices qui soient capables de bien faire valoir un ouvrage ? Car ma pièce est une pièce... — Eh ! Monsieur, auraient répondu les comédiens, nous avons des hommes et des femmes qui ont été trouvés raisonnables partout où nous avons passé. — Et qui fait les rois parmi vous ? — Voilà un acteur qui s'en démêle parfois. — Qui ? Ce jeune homme bien fait[304] ? Vous moquez-vous ? Il faut un roi qui soit gros et gras comme quatre, un roi, morbleu ! qui soit entripaillé comme il faut, un roi d'une vaste circonférence, et qui puisse remplir un trône de la belle manière[305]. La belle chose qu'un roi d'une taille galante ! Voilà déjà un grand défaut ; mais que je l'entende un peu réciter une douzaine de vers. » Là-dessus le comédien aurait récité, par exemple, quelques vers du roi de *Nicomède* [306] :

> Te le dirai-je, Araspe ? il m'a trop bien servi ;
> Augmentant mon pouvoir...

le plus naturellement qu'il lui aurait été possible. Et le poète : « Comment ? vous appelez cela réciter ? C'est se railler ! il faut dire les choses avec emphase. Écoutez-moi.

> *Imitant Montfleury, excellent acteur de l'Hôtel de Bourgogne.*

> Te le dirai-je, Araspe ?... etc.

Voyez-vous cette posture ? Remarquez bien cela. Là, appuyer comme il faut le dernier vers. Voilà ce qui attire l'approbation et fait faire le brouhaha [307]. — Mais, Monsieur, aurait répondu le comédien, il me semble qu'un roi qui s'entretient tout seul avec son capitaine des gardes parle un peu plus humainement, et ne prend guère ce ton de démoniaque. — Vous ne savez ce que c'est. Allez-vous-en réciter comme vous faites, vous verrez si vous ferez faire aucun ah ! Voyons un peu une scène d'amant et d'amante. » Là-dessus une comédienne et un comédien auraient fait une scène ensemble, qui est celle de Camille et de Curiace [308],

> Iras-tu, ma chère âme, et ce funeste honneur
> Te plaît-il aux dépens de tout notre bonheur ?
> — Hélas ! je vois trop bien..., etc.

tout de même que l'autre, et le plus naturellement qu'ils auraient pu. Et le poète aussitôt : « Vous vous moquez, vous ne faites rien qui vaille, et voici comme il faut réciter cela.

> *Imitant Mlle Beauchâteau, comédienne de l'Hôtel de Bourgogne* [309].

> Iras-tu, ma chère âme..., etc.
> Non, je te connais mieux..., etc.

Voyez-vous comme cela est naturel et passionné ? Admirez ce visage riant qu'elle conserve dans les plus grandes afflictions. » Enfin, voilà l'idée ; et il aurait parcouru de même tous les acteurs et toutes les actrices.

MADEMOISELLE DE BRIE : Je trouve cette idée assez plaisante, et j'en ai reconnu là dès le premier vers. Continuez, je vous prie.

MOLIÈRE : *imitant Beauchâteau, aussi comédien, dans les stances du* Cid [310] :

> Percé jusques au fond du cœur..., etc.

Et celui-ci, le reconnaîtrez-vous bien dans Pompée de *Sertorius* [311] ?

> *Imitant Hauteroche, aussi comédien* [312].
>
> L'inimitié qui règne entre les deux partis,
> N'y rend pas de l'honneur..., etc.

MADEMOISELLE DE BRIE : Je le reconnais un peu, je pense.

MOLIÈRE : Et celui-ci ?

> *Imitant de Villiers, aussi comédien* [313].
> Seigneur, Polybe est mort..., etc.

MADEMOISELLE DE BRIE : Oui, je sais qui c'est ; mais il y en a quelques-uns d'entre eux, je crois, que vous auriez peine à contrefaire.

MOLIÈRE : Mon Dieu, il n'y en a point qu'on ne pût attraper par quelque endroit, si je les avais bien étudiés [314]. Mais vous me faites perdre un temps qui nous est cher. Songeons à nous, de grâce, et ne nous amusons point davantage à discourir. *(Parlant à de la Grange.)* Vous, prenez garde à bien représenter avec moi votre rôle de marquis.

MADEMOISELLE MOLIÈRE : Toujours des marquis !

MOLIÈRE : Oui, toujours des marquis. Que diable voulez-vous qu'on prenne pour un caractère agréable de théâtre ? Le marquis aujourd'hui est le plaisant de la comédie ; et comme dans toutes les comédies anciennes on voit toujours un valet bouffon qui fait rire les auditeurs, de même, dans toutes nos pièces de maintenant, il faut toujours un marquis ridicule qui divertisse la compagnie [315].

MADEMOISELLE BÉJART : Il est vrai, on ne s'en saurait passer.

MOLIÈRE : Pour vous, Mademoiselle...

MADEMOISELLE DU PARC : Mon Dieu, pour moi, je m'acquitterai fort mal de mon personnage, et je ne sais pas pourquoi vous m'avez donné ce rôle de façonnière.

MOLIÈRE : Mon Dieu, Mademoiselle, voilà comme vous disiez lorsque l'on vous donna celui de *La Critique de l'École des femmes* [316] ; cependant vous vous en êtes acquittée à merveille, et tout le monde est demeuré d'accord qu'on ne peut pas mieux faire que vous avez fait. Croyez-moi, celui-ci sera de même ; et vous le jouerez mieux que vous ne pensez.

MADEMOISELLE DU PARC : Comment cela se pourrait-il faire ? car il n'y a point de personne au monde qui soit moins façonnière que moi.

MOLIÈRE : Cela est vrai ; et c'est en quoi vous faites mieux voir que vous êtes excellente comédienne, de bien représenter un personnage qui est si contraire à votre humeur. Tâchez donc de bien prendre, tous, le caractère de vos rôles, et de vous figurer que vous êtes ce que vous représentez.

(À du Croisy [317].*)* Vous faites le poète, vous, et vous devez vous remplir de ce personnage, marquer cet air pédant qui se conserve parmi le commerce du beau monde, ce ton de voix sentencieux, et cette exactitude de prononciation qui appuie sur toutes les syllabes, et ne laisse échapper aucune lettre de la plus sévère orthographe.

(À Brécourt [318].*)* Pour vous, vous faites un honnête homme de cour, comme vous avez déjà fait dans *La Critique de l'École des femmes*, c'est-à-dire que vous devez

prendre un air posé, un ton de voix naturel, et gesticuler le moins qu'il vous sera possible.

(*À de la Grange.*) Pour vous, je n'ai rien à vous dire[319].

(*À Mademoiselle Béjart*[320].) Vous, vous représentez une de ces femmes qui, pourvu qu'elles ne fassent point l'amour, croient que tout le reste leur est permis, de ces femmes qui se retranchent toujours fièrement sur leur pruderie, regardent un chacun de haut en bas, et veulent que toutes les plus belles qualités que possèdent les autres ne soient rien en comparaison d'un misérable honneur dont personne ne se soucie. Ayez toujours ce caractère devant les yeux, pour en bien faire les grimaces.

(*À Mademoiselle de Brie*[321].) Pour vous, vous faites une de ces femmes qui pensent être les plus vertueuses personnes du monde pourvu qu'elles sauvent les apparences, de ces femmes qui croient que le péché n'est que dans le scandale, qui veulent conduire doucement les affaires qu'elles ont sur le pied[322] d'attachement honnête, et appellent amis ce que les autres nomment galants. Entrez bien dans ce caractère.

(*À Mademoiselle Molière.*) Vous, vous faites le même personnage que dans *La Critique*[323], et je n'ai rien à vous dire, non plus qu'à Mademoiselle Du Parc.

(*À Mademoiselle du Croisy*[324].) Pour vous, vous représentez une de ces personnes qui prêtent doucement des charités à tout le monde, de ces femmes qui donnent toujours le petit coup de langue en passant, et seraient bien fâchées d'avoir souffert qu'on eût dit du bien du prochain. Je crois que vous ne vous acquitterez pas mal de ce rôle.

(*À Mademoiselle Hervé*[325].) Et pour vous, vous êtes la soubrette de la Précieuse, qui se mêle de temps en temps dans la conversation, et attrape, comme elle peut, tous les termes de sa maîtresse. Je vous dis tous vos caractères, afin que vous vous les imprimiez fortement dans l'esprit. Commençons maintenant à répéter, et voyons comme cela

ira. Ah ! voici justement un fâcheux ! Il ne nous fallait plus
que cela.

SCÈNE II

LA THORILLIÈRE [326], MOLIÈRE, ETC.

LA THORILLIÈRE : Bonjour, Monsieur Molière.

MOLIÈRE : Monsieur, votre serviteur. La peste soit de
l'homme !

LA THORILLIÈRE : Comment vous en va ?

MOLIÈRE : Fort bien, pour vous servir. Mesdemoiselles,
ne...

LA THORILLIÈRE : Je viens d'un lieu où j'ai bien dit du
bien de vous.

MOLIÈRE : Je vous suis obligé. Que le diable t'emporte !
Ayez un peu soin...

LA THORILLIÈRE : Vous jouez une pièce nouvelle aujour-
d'hui ?

MOLIÈRE : Oui, Monsieur. N'oubliez pas...

LA THORILLIÈRE : C'est le Roi qui vous la fait faire ?

MOLIÈRE : Oui, Monsieur. De grâce, songez...

LA THORILLIÈRE : Comment l'appelez-vous ?

MOLIÈRE : Oui, Monsieur.

LA THORILLIÈRE : Je vous demande comment vous la
nommez.

MOLIÈRE : Ah ! ma foi, je ne sais. Il faut, s'il vous
plaît, que vous...

LA THORILLIÈRE : Comment serez-vous habillés ?

MOLIÈRE : Comme vous voyez. Je vous prie...

LA THORILLIÈRE : Quand commencerez-vous ?

MOLIÈRE : Quand le Roi sera venu. Au diantre le
questionnaire [327] !

LA THORILLIÈRE : Quand croyez-vous qu'il vienne ?

MOLIÈRE : La peste m'étouffe, Monsieur, si je le sais.

LA THORILLIÈRE : Savez-vous point ?...

MOLIÈRE : Tenez, Monsieur, je suis le plus ignorant homme du monde ; je ne sais rien de tout ce que vous pourrez me demander, je vous jure. J'enrage ! Ce bourreau vient, avec un air tranquille, vous faire des questions, et ne se soucie pas qu'on ait en tête d'autres affaires.

LA THORILLIÈRE : Mesdemoiselles, votre serviteur.

MOLIÈRE : Ah ! bon, le voilà d'un autre côté.

LA THORILLIÈRE, à *Mademoiselle du Croisy* : Vous voilà belle comme un petit ange. Jouez-vous toutes deux aujourd'hui ? *(En regardant Mademoiselle Hervé.)*

MADEMOISELLE DU CROISY : Oui, Monsieur.

LA THORILLIÈRE : Sans vous, la comédie ne vaudrait pas grand-chose [328].

MOLIÈRE : Vous ne voulez pas faire en aller cet homme-là ?

MADEMOISELLE DE BRIE : Monsieur, nous avons ici quelque chose à répéter ensemble.

LA THORILLIÈRE : Ah ! parbleu ! je ne veux pas vous empêcher : vous n'avez qu'à poursuivre.

MADEMOISELLE DE BRIE : Mais...

LA THORILLIÈRE : Non, non, je serais fâché d'incommoder personne. Faites librement ce que vous avez à faire.

MADEMOISELLE DE BRIE : Oui, mais...

LA THORILLIÈRE : Je suis homme sans cérémonie, vous dis-je, et vous pouvez répéter ce qui vous plaira.

MOLIÈRE : Monsieur, ces demoiselles ont peine à vous dire qu'elles souhaiteraient fort que personne ne fût ici pendant cette répétition.

LA THORILLIÈRE : Pourquoi ? il n'y a point de danger pour moi.

MOLIÈRE : Monsieur, c'est une coutume qu'elles observent, et vous aurez plus de plaisir quand les choses vous surprendront.

LA THORILLIÈRE : Je m'en vais donc dire que vous êtes prêts.

MOLIÈRE : Point du tout, Monsieur ; ne vous hâtez pas,
de grâce.

SCÈNE III

MOLIÈRE, LA GRANGE, ETC.

MOLIÈRE : Ah ! que le monde est plein d'impertinents !
Or sus, commençons. Figurez-vous donc premièrement
que la scène est dans l'antichambre du Roi ; car c'est un
lieu où il se passe tous les jours des choses assez plaisantes.
Il est aisé de faire venir là toutes les personnes qu'on veut,
et on peut trouver des raisons même pour y autoriser la
venue des femmes que j'introduis. La comédie s'ouvre par
deux marquis qui se rencontrent.

Souvenez-vous bien, vous, de venir, comme je vous ai
dit, là, avec cet air qu'on nomme le bel air [329], peignant
votre perruque et grondant une petite chanson entre vos
dents. La, la, la, la, la, la. Rangez-vous donc, vous autres,
car il faut du terrain à deux marquis ; et ils ne sont pas gens
à tenir leur personne dans un petit espace. Allons, parlez.

LA GRANGE : « Bonjour, Marquis. »

MOLIÈRE : Mon Dieu, ce n'est point là le ton d'un
marquis ; il faut le prendre un peu plus haut ; et la plupart
de ces messieurs affectent une manière de parler particulière, pour se distinguer du commun : « Bonjour, Marquis. » Recommencez donc.

LA GRANGE : « Bonjour, Marquis.

MOLIÈRE : « Ah ! Marquis, ton serviteur.

LA GRANGE : « Que fais-tu là ?

MOLIÈRE : « Parbleu ! tu vois : j'attends que tous ces
messieurs aient débouché la porte, pour présenter là mon
visage.

LA GRANGE : « Têtebleu ! quelle foule ! Je n'ai garde de
m'y aller frotter, et j'aime mieux entrer des derniers.

MOLIÈRE : « Il y a là vingt gens qui sont fort assurés de n'entrer point, et qui ne laissent pas de se presser et d'occuper toutes les avenues[330] de la porte.

LA GRANGE : « Crions nos deux noms à l'huissier, afin qu'il nous appelle.

MOLIÈRE : « Cela est bon pour toi ; mais pour moi, je ne veux pas être joué par Molière.

LA GRANGE : « Je pense pourtant, Marquis, que c'est toi qu'il joue dans *La Critique*.

MOLIÈRE : « Moi ? Je suis ton valet : c'est toi-même en propre personne.

LA GRANGE : « Ah ! ma foi, tu es bon de m'appliquer ton personnage.

MOLIÈRE : « Parbleu ! je te trouve plaisant de me donner ce qui t'appartient.

LA GRANGE : « Ha, ha, ha, cela est drôle.

MOLIÈRE : « Ha, ha, ha, cela est bouffon.

LA GRANGE : « Quoi ! tu veux soutenir que ce n'est pas toi qu'on joue dans le marquis de *La Critique* ?

MOLIÈRE : « Il est vrai, c'est moi. *Détestable, morbleu ! détestable ! tarte à la crème !* C'est moi, c'est moi, assurément, c'est moi.

LA GRANGE : « Oui, parbleu ! c'est toi ; tu n'as que faire de railler ; et si tu veux, nous gagerons, et verrons qui a raison des deux.

MOLIÈRE : « Et que veux-tu gager encore ?

LA GRANGE : « Je gage cent pistoles que c'est toi.

MOLIÈRE : « Et moi, cent pistoles que c'est toi.

LA GRANGE : « Cent pistoles comptant ?

MOLIÈRE : « Comptant : quatre-vingt-dix pistoles sur Amyntas[331] et dix pistoles comptant.

LA GRANGE : « Je le veux.

MOLIÈRE : « Cela est fait.

LA GRANGE : « Ton argent court grand risque.

MOLIÈRE : « Le tien est bien aventuré.

LA GRANGE : « À qui nous en rapporter ?

MOLIÈRE : « Voici un homme qui nous jugera. Chevalier... »

SCÈNE IV

MOLIÈRE, BRÉCOURT, LA GRANGE, ETC.

BRÉCOURT : « Quoi ? »

MOLIÈRE : Bon. Voilà l'autre qui prend le ton de marquis ! Vous ai-je pas dit que vous faites un rôle où l'on doit parler naturellement ?

BRÉCOURT : Il est vrai.

MOLIÈRE : Allons donc. « Chevalier ! »

BRÉCOURT : « Quoi ?

MOLIÈRE : « Juge-nous un peu sur une gageure que nous avons faite.

BRÉCOURT : « Et quelle ?

MOLIÈRE : « Nous disputons qui est le marquis de *La Critique* de Molière : il gage que c'est moi, et moi je gage que c'est lui.

BRÉCOURT : « Et moi, je juge que ce n'est ni l'un ni l'autre. Vous êtes fous tous deux, de vouloir vous appliquer ces sortes de choses ; et voilà de quoi j'ouïs l'autre jour se plaindre Molière, parlant à des personnes qui le chargeaient [332] de même chose que vous. Il disait que rien ne lui donnait du déplaisir comme d'être accusé de regarder quelqu'un dans les portraits qu'il fait ; que son dessein est de peindre les mœurs sans vouloir toucher aux personnes, et que tous les personnages qu'il représente sont des personnages en l'air, et des fantômes [333] proprement, qu'il habille à sa fantaisie, pour réjouir les spectateurs ; qu'il serait bien fâché d'y avoir jamais marqué [334] qui que ce soit ; et que si quelque chose était capable de le dégoûter de faire des comédies, c'était les ressemblances qu'on y voulait toujours trouver, et dont ses ennemis tâchaient malicieusement d'appuyer la pensée, pour lui rendre de mauvais offices auprès de certaines personnes à

qui il n'a jamais pensé. Et en effet je trouve qu'il a raison ; car pourquoi vouloir, je vous prie, appliquer tous
ses gestes et toutes ses paroles, et chercher à lui faire
des affaires [335] en disant hautement : " Il joue un tel ",
lorsque ce sont des choses qui peuvent convenir à cent
personnes ? Comme l'affaire de la comédie est de représenter en général tous les défauts des hommes, et principalement des hommes de notre siècle, il est impossible à
Molière de faire aucun caractère qui ne rencontre quelqu'un dans le monde ; et s'il faut qu'on l'accuse d'avoir
songé toutes les personnes où l'on peut trouver les défauts
qu'il peint, il faut sans doute qu'il ne fasse plus de
comédies.

MOLIÈRE : « Ma foi, Chevalier, tu veux justifier Molière,
et épargner notre ami que voilà.

LA GRANGE : « Point du tout. C'est toi qu'il épargne, et
nous trouverons d'autres juges.

MOLIÈRE : « Soit. Mais, dis-moi, Chevalier, crois-tu pas
que ton Molière est épuisé maintenant, et qu'il ne trouvera
plus de matière pour… ?

BRÉCOURT : « Plus de matière ? Eh ! mon pauvre Marquis, nous lui en fournirons toujours assez, et nous ne
prenons guère le chemin de nous rendre sages pour tout ce
qu'il fait et tout ce qu'il dit. »

MOLIÈRE : Attendez, il faut marquer davantage tout cet
endroit. Écoutez-le-moi dire un peu. « Et qu'il ne trouvera
plus de matière pour… — Plus de matière ? Hé ! mon
pauvre Marquis, nous lui en fournirons toujours assez, et
nous ne prenons guère le chemin de nous rendre sages
pour tout ce qu'il fait et tout ce qu'il dit. Crois-tu qu'il ait
épuisé dans ses comédies tout le ridicule des hommes ? Et,
sans sortir de la cour, n'a-t-il pas encore vingt caractères
de gens où il n'a point touché ? N'a-t-il pas, par exemple,
ceux qui se font les plus grandes amitiés du monde, et qui,
le dos tourné, font galanterie de se déchirer l'un l'autre ?
N'a-t-il pas ces adulateurs à outrance, ces flatteurs insi-

pides, qui n'assaisonnent d'aucun sel les louanges qu'ils donnent, et dont toutes les flatteries ont une douceur fade qui fait mal au cœur à ceux qui les écoutent ? N'a-t-il pas ces lâches courtisans de la faveur, ces perfides adorateurs de la fortune, qui vous encensent dans la prospérité et vous accablent dans la disgrâce ? N'a-t-il pas ceux qui sont toujours mécontents de la cour, ces suivants inutiles, ces incommodes assidus, ces gens, dis-je, qui pour services ne peuvent compter que des importunités, et qui veulent que l'on les récompense d'avoir obsédé le Prince dix ans durant ? N'a-t-il pas ceux qui caressent également tout le monde, qui promènent leurs civilités à droit[336] et à gauche, et courent à tous ceux qu'ils voient avec les mêmes embrassades et les mêmes protestations d'amitié ? " Monsieur, votre très humble serviteur. — Monsieur, je suis tout à votre service. — Tenez-moi des vôtres, mon cher. — Faites état de moi, Monsieur, comme du plus chaud de vos amis. — Monsieur, je suis ravi de vous embrasser. — Ah ! Monsieur, je ne vous voyais pas ! Faites-moi la grâce de m'employer. Soyez persuadé que je suis entièrement à vous. Vous êtes l'homme du monde que je révère le plus. Il n'y a personne que j'honore à l'égal de vous. Je vous conjure de le croire. Je vous supplie de n'en point douter. — Serviteur. — Très humble valet. " Va, va, Marquis, Molière aura toujours plus de sujets qu'il n'en voudra ; et tout ce qu'il a touché jusqu'ici n'est rien que bagatelle au prix de ce qui reste. » Voilà à peu près comme cela doit être joué.

BRÉCOURT : C'est assez.

MOLIÈRE : Poursuivez.

BRÉCOURT : « Voici Climène et Élise. »

MOLIÈRE : Là-dessus vous arrivez toutes deux. (*À Mademoiselle Du Parc.*) Prenez bien garde, vous, à vous déhancher comme il faut, et à faire bien des façons. Cela vous contraindra un peu ; mais qu'y faire ? Il faut parfois se faire violence[337].

MADEMOISELLE MOLIÈRE : « Certes, Madame, je vous ai reconnue de loin, et j'ai bien vu à votre air que ce ne pouvait être une autre que vous.

MADEMOISELLE DU PARC : « Vous voyez : je viens attendre ici la sortie d'un homme avec qui j'ai une affaire à démêler.

MADEMOISELLE MOLIÈRE : « Et moi de même. »

MOLIÈRE : Mesdames, voilà des coffres qui vous serviront de fauteuils.

MADEMOISELLE DU PARC : « Allons, Madame, prenez place, s'il vous plaît.

MADEMOISELLE MOLIÈRE : « Après vous, Madame. »

MOLIÈRE : Bon. Après ces petites cérémonies muettes, chacun prendra place et parlera assis, hors les marquis, qui tantôt se lèveront et tantôt s'assoiront, suivant leur inquiétude naturelle [338]. « Parbleu ! Chevalier, tu devrais faire prendre médecine à tes canons.

BRÉCOURT : « Comment ?

MOLIÈRE : « Ils se portent fort mal.

BRÉCOURT : « Serviteur à la turlupinade [339] !

MADEMOISELLE MOLIÈRE : « Mon Dieu ! Madame, que je vous trouve le teint d'une blancheur éblouissante, et les lèvres d'une couleur de feu surprenant !

MADEMOISELLE DU PARC : « Ah ! que dites-vous là, Madame ? ne me regardez point, je suis du dernier laid aujourd'hui.

MADEMOISELLE MOLIÈRE : « Eh ! Madame, levez un peu votre coiffe.

MADEMOISELLE DU PARC : « Fi ! Je suis épouvantable, vous dis-je, et je me fais peur à moi-même.

MADEMOISELLE MOLIÈRE : « Vous êtes si belle !

MADEMOISELLE DU PARC : « Point, point.

MADEMOISELLE MOLIÈRE : « Montrez-vous.

MADEMOISELLE DU PARC : « Ah ! fi donc, je vous prie !

MADEMOISELLE MOLIÈRE : « De grâce.

MADEMOISELLE DU PARC : « Mon Dieu, non.

MADEMOISELLE MOLIÈRE : « Sı fait.

MADEMOISELLE DU PARC : « Vous me désespérez.

MADEMOISELLE MOLIÈRE : « Un moment.

MADEMOISELLE DU PARC : « Ahy.

MADEMOISELLE MOLIÈRE : « Résolument, vous vous montrerez. On ne peut point se passer de vous voir.

MADEMOISELLE DU PARC : « Mon Dieu, que vous êtes une étrange personne ! Vous voulez furieusement ce que vous voulez.

MADEMOISELLE MOLIÈRE : « Ah ! Madame, vous n'avez aucun désavantage à paraître au grand jour, je vous jure. Les méchantes gens qui assuraient que vous mettiez quelque chose ! Vraiment, je les démentirai bien maintenant.

MADEMOISELLE DU PARC : « Hélas ! je ne sais pas seulement ce qu'on appelle mettre quelque chose. Mais où vont ces dames ?

SCÈNE V

MADEMOISELLE DE BRIE,
MADEMOISELLE DU PARC, ETC.

MADEMOISELLE DE BRIE : « Vous voulez bien, Mesdames, que nous vous donnions, en passant, la plus agréable nouvelle du monde. Voilà Monsieur Lysidas qui vient de nous avertir qu'on a fait une pièce contre Molière, que les grands comédiens vont jouer.

MOLIÈRE : « Il est vrai, on me l'a voulu dire ; et c'est un nommé Br... Brou... Brossaut [340] qui l'a faite.

DU CROISY : « Monsieur, elle est affichée sous le nom de Boursaut ; mais, à vous dire le secret, bien des gens ont mis la main à cet ouvrage, et l'on en doit concevoir une assez haute attente. Comme tous les auteurs et tous les comédiens regardent Molière comme leur plus grand ennemi, nous nous sommes tous unis pour le desservir.

Chacun de nous a donné un coup de pinceau à son portrait ; mais nous nous sommes bien gardés d'y mettre nos noms : il lui aurait été trop glorieux de succomber, aux yeux du monde, sous les efforts de tout le Parnasse ; et pour rendre sa défaite plus ignominieuse, nous avons voulu choisir tout exprès un auteur sans réputation.

MADEMOISELLE DU PARC : « Pour moi, je vous avoue que j'en ai toutes les joies imaginables.

MOLIÈRE : « Et moi aussi. Par le sang-bleu [341] ! le railleur sera raillé ; il aura sur les doigts, ma foi !

MADEMOISELLE DU PARC : « Cela lui apprendra à vouloir satiriser tout. Comment ? cet impertinent ne veut pas que les femmes aient de l'esprit ? Il condamne toutes nos expressions élevées et prétend que nous parlions toujours terre à terre !

MADEMOISELLE DE BRIE : « Le langage n'est rien ; mais il censure tous nos attachements, quelque innocents qu'ils puissent être ; et de la façon qu'il en parle, c'est être criminelle que d'avoir du mérite.

MADEMOISELLE DU CROISY : « Cela est insupportable. Il n'y a pas une femme qui puisse plus rien faire. Que ne laisse-t-il en repos nos maris, sans leur ouvrir les yeux et leur faire prendre garde à des choses dont ils ne s'avisent pas ?

MADEMOISELLE BÉJART : « Passe pour tout cela ; mais il satirise même les femmes de bien, et ce méchant plaisant leur donne le titre d'honnêtes diablesses [342].

MADEMOISELLE MOLIÈRE : « C'est un impertinent. Il faut qu'il en ait tout le soûl.

DU CROISY : « La représentation de cette comédie, Madame, aura besoin d'être appuyée, et les comédiens de l'Hôtel...

MADEMOISELLE DU PARC : « Mon Dieu, qu'ils n'appréhendent rien. Je leur garantis le succès de leur pièce, corps pour corps.

MADEMOISELLE MOLIÈRE : « Vous avez raison, Madame.

Trop de gens sont intéressés à la trouver belle. Je vous laisse à penser si tous ceux qui se croient satirisés par Molière ne prendront pas l'occasion de se venger de lui en applaudissant à cette comédie.

BRÉCOURT : « Sans doute, et pour moi je réponds de douze marquis, de six précieuses, de vingt coquettes, et de trente cocus, qui ne manqueront pas d'y battre des mains.

MADEMOISELLE MOLIÈRE : « En effet. Pourquoi aller offenser toutes ces personnes-là, et particulièrement les cocus, qui sont les meilleurs gens du monde ?

MOLIÈRE : « Par la sang-bleu ! on m'a dit qu'on le va dauber, lui et toutes ses comédies, de la belle manière, et que les comédiens et les auteurs, depuis le cèdre jusqu'à l'hysope [343], sont diablement animés contre lui.

MADEMOISELLE MOLIÈRE : « Cela lui sied fort bien. Pourquoi fait-il de méchantes pièces que tout Paris va voir, et où il peint si bien les gens, que chacun s'y connaît ? Que ne fait-il des comédies comme celles de Monsieur Lysidas ? Il n'aurait personne contre lui, et tous les auteurs en diraient du bien. Il est vrai que de semblables comédies n'ont pas ce grand concours de monde ; mais, en revanche, elles sont toujours bien écrites, personne n'écrit contre elles, et tous ceux qui les voient meurent d'envie de les trouver belles.

DU CROISY : « Il est vrai que j'ai l'avantage de ne point faire d'ennemis, et que tous mes ouvrages ont l'approbation des savants.

MADEMOISELLE MOLIÈRE : « Vous faites bien d'être content de vous. Cela vaut mieux que tous les applaudissements du public, et que tout l'argent qu'on saurait gagner aux pièces de Molière. Que vous importe qu'il vienne du monde à vos comédies, pourvu qu'elles soient approuvées par Messieurs vos confrères ?

LA GRANGE : « Mais quand jouera-t-on *Le Portrait du peintre* [344] ?

DU CROISY : « Je ne sais ; mais je me prépare fort à

paraître des premiers sur les rangs, pour crier : " Voilà qui est beau ! "

MOLIÈRE : « Et moi de même, parbleu !

LA GRANGE : « Et moi aussi, Dieu me sauve !

MADEMOISELLE DU PARC : « Pour moi, j'y payerai de ma personne comme il faut ; et je réponds d'une bravoure [345] d'approbation, qui mettra en déroute tous les jugements ennemis. C'est bien la moindre chose que nous devions faire, que d'épauler de nos louanges le vengeur de nos intérêts.

MADEMOISELLE MOLIÈRE : « C'est fort bien dit.

MADEMOISELLE DE BRIE : « Et ce qu'il nous faut faire toutes.

MADEMOISELLE BÉJART : « Assurément.

MADEMOISELLE DU CROISY : « Sans doute.

MADEMOISELLE HERVÉ : « Point de quartier à ce contre-faiseur de gens.

MOLIÈRE : « Ma foi, Chevalier, mon ami, il faudra que ton Molière se cache.

BRÉCOURT : « Qui, lui ? Je te promets, Marquis, qu'il fait dessein d'aller, sur le théâtre, rire avec tous les autres du portrait qu'on a fait de lui [346].

MOLIÈRE : « Parbleu ! ce sera donc du bout des dents qu'il y rira.

BRÉCOURT : « Va, va, peut-être qu'il y trouvera plus de sujets de rire que tu ne penses. On m'a montré la pièce ; et comme tout ce qu'il y a d'agréable sont effectivement les idées qui ont été prises de Molière, la joie que cela pourra donner n'aura pas lieu de lui déplaire, sans doute ; car, pour l'endroit où on s'efforce de le noircir [347], je suis le plus trompé du monde, si cela est approuvé de personne ; et quant à tous les gens qu'ils ont tâché d'animer contre lui, sur ce qu'il fait, dit-on, des portraits trop ressemblants, outre que cela est de fort mauvaise grâce, je ne vois rien de plus ridicule et de plus mal repris ; et je n'avais pas cru jusqu'ici que ce fût un sujet de blâme pour un comédien que de peindre trop bien les hommes.

LA GRANGE : « Les comédiens m'ont dit qu'ils l'attendaient sur la réponse, et que...

BRÉCOURT : « Sur la réponse ? Ma foi, je le trouverais un grand fou, s'il se mettait en peine de répondre à leurs invectives. Tout le monde sait assez de quel motif elles peuvent partir ; et la meilleure réponse qu'il leur puisse faire, c'est une comédie qui réussisse comme toutes ses autres. Voilà le vrai moyen de se venger d'eux comme il faut ; et de l'humeur dont je les connais, je suis fort assuré qu'une pièce nouvelle qui leur enlèvera le monde les fâchera bien plus que toutes les satires qu'on pourrait faire de leurs personnes.

MOLIÈRE : « Mais, Chevalier... »

MADEMOISELLE BÉJART : Souffrez que j'interrompe pour un peu la répétition. Voulez-vous que je vous die ? Si j'avais été en votre place, j'aurais poussé les choses autrement. Tout le monde attend de vous une réponse vigoureuse ; et après la manière dont on m'a dit que vous étiez traité dans cette comédie, vous étiez en droit de tout dire contre les comédiens, et vous deviez n'en épargner aucun.

MOLIÈRE : J'enrage de vous ouïr parler de la sorte ; et voilà votre manie, à vous autres femmes. Vous voudriez que je prisse feu d'abord contre eux, et qu'à leur exemple j'allasse éclater promptement en invectives et en injures. Le bel honneur que j'en pourrais tirer, et le grand dépit que je leur ferais ! Ne se sont-ils pas préparés de bonne volonté à ces sortes de choses ? Et lorsqu'ils ont délibéré s'ils joueraient *Le Portrait du peintre,* sur la crainte d'une riposte, quelques-uns d'entre eux n'ont-ils pas répondu : « Qu'il nous rende toutes les injures qu'il voudra, pourvu que nous gagnions de l'argent » ? N'est-ce pas là la marque d'une âme fort sensible à la honte ? et ne me vengerais-je pas bien d'eux en leur donnant ce qu'ils veulent bien recevoir ?

MADEMOISELLE DE BRIE : Ils se sont fort plaints, toute-fois, de trois ou quatre mots que vous avez dits d'eux dans *La Critique* et dans vos *Précieuses*.

MOLIÈRE : Il est vrai, ces trois ou quatre mots sont fort offensants, et ils ont grande raison de les citer. Allez, allez, ce n'est pas cela. Le plus grand mal que je leur aie fait, c'est que j'ai eu le bonheur de plaire un peu plus qu'ils n'auraient voulu ; et tout leur procédé, depuis que nous sommes venus à Paris, a trop marqué ce qui les touche. Mais laissons-les faire tant qu'ils voudront ; toutes leurs entreprises ne doivent point m'inquiéter. Ils critiquent mes pièces ; tant mieux ; et Dieu me garde d'en faire jamais qui leur plaise ! Ce serait une mauvaise affaire pour moi.

MADEMOISELLE DE BRIE : Il n'y a pas grand plaisir pourtant à voir déchirer ses ouvrages.

MOLIÈRE : Et qu'est-ce que cela me fait ? N'ai-je pas obtenu de ma comédie tout ce que j'en voulais obtenir, puisqu'elle a eu le bonheur d'agréer aux augustes personnes à qui particulièrement je m'efforce de plaire ? N'ai-je pas lieu d'être satisfait de sa destinée, et toutes leurs censures ne viennent-elles pas trop tard ? Est-ce moi, je vous prie, que cela regarde maintenant ? et lorsqu'on attaque une pièce qui a eu du succès, n'est-ce pas attaquer plutôt le jugement de ceux qui l'ont approuvée que l'art de celui qui l'a faite ?

MADEMOISELLE DE BRIE : Ma foi, j'aurais joué ce petit Monsieur l'auteur, qui se mêle d'écrire contre des gens qui ne songent pas à lui.

MOLIÈRE : Vous êtes folle. Le beau sujet à divertir la cour que Monsieur Boursaut ! Je voudrais bien savoir de quelle façon on pourrait l'ajuster pour le rendre plaisant, et si, quand on le bernerait[348] sur un théâtre, il serait assez heureux pour faire rire le monde. Ce lui serait trop d'honneur que d'être joué devant une auguste assemblée : il ne demanderait pas mieux ; et il m'attaque de gaieté de cœur, pour se faire connaître de quelque façon que ce soit.

C'est un homme qui n'a rien à perdre, et les comédiens ne me l'ont déchaîné que pour m'engager à une sotte guerre, et me détourner, par cet artifice, des autres ouvrages que j'ai à faire ; et cependant, vous êtes assez simples pour donner toutes dans ce panneau. Mais enfin j'en ferai ma déclaration publiquement. Je ne prétends faire aucune réponse à toutes leurs critiques et leurs contre-critiques. Qu'ils disent tous les maux du monde de mes pièces, j'en suis d'accord. Qu'ils s'en saisissent après nous, qu'ils les retournent comme un habit pour les mettre sur leur théâtre, et tâchent à profiter de quelque agrément qu'on y trouve, et d'un peu de bonheur que j'ai, j'y consens : ils en ont besoin, et je serai bien aise de contribuer à les faire subsister, pourvu qu'ils se contentent de ce que je puis leur accorder avec bienséance. La courtoisie doit avoir des bornes ; et il y a des choses qui ne font rire ni les spectateurs, ni celui dont on parle. Je leur abandonne de bon cœur mes ouvrages, ma figure, mes gestes, mes paroles, mon ton de voix, et ma façon de réciter, pour en faire et dire tout ce qu'il leur plaira, s'ils en peuvent tirer quelque avantage : je ne m'oppose point à toutes ces choses, et je serai ravi que cela puisse réjouir le monde. Mais, en leur abandonnant tout cela, ils me doivent faire la grâce de me laisser le reste et de ne point toucher à des matières de la nature de celles sur lesquelles on m'a dit qu'ils m'attaquaient dans leurs comédies [349]. C'est de quoi je prierai civilement cet honnête Monsieur qui se mêle d'écrire pour eux, et voilà toute la réponse qu'ils auront de moi.

MADEMOISELLE BÉJART : Mais enfin...

MOLIÈRE : Mais enfin, vous me feriez devenir fou. Ne parlons point de cela davantage ; nous nous amusons à faire des discours, au lieu de répéter notre comédie. Où en étions-nous ? Je ne m'en souviens plus.

MADEMOISELLE DE BRIE : Vous en étiez à l'endroit...

MOLIÈRE : Mon Dieu ! j'entends du bruit : c'est le Roi

qui arrive assurément ; et je vois bien que nous n'aurons pas le temps de passer outre. Voilà ce que c'est de s'amuser. Oh bien ! faites donc pour le reste du mieux qu'il vous sera possible.

MADEMOISELLE BÉJART : Par ma foi, la frayeur me prend, et je ne saurais aller jouer mon rôle, si je ne le répète tout entier.

MOLIÈRE : Comment, vous ne sauriez aller jouer votre rôle ?

MADEMOISELLE BÉJART : Non.

MADEMOISELLE DU PARC : Ni moi le mien.

MADEMOISELLE DE BRIE : Ni moi non plus.

MADEMOISELLE MOLIÈRE : Ni moi.

MADEMOISELLE HERVÉ : Ni moi.

MADEMOISELLE DU CROISY : Ni moi.

MOLIÈRE : Que pensez-vous donc faire ? Vous moquez-vous toutes de moi ?

SCÈNE VI

BÉJART, MOLIÈRE, ETC.

BÉJART : Messieurs, je viens vous avertir que le Roi est venu, et qu'il attend que vous commenciez.

MOLIÈRE : Ah ! Monsieur, vous me voyez dans la plus grande peine du monde, je suis désespéré à l'heure que je vous parle ! Voici des femmes qui s'effrayent et qui disent qu'il leur faut répéter leurs rôles avant que d'aller commencer. Nous demandons, de grâce, encore un moment. Le Roi a de la bonté, et il sait bien que la chose a été précipitée. Eh ! de grâce, tâchez de vous remettre, prenez courage, je vous prie.

MADEMOISELLE DU PARC : Vous devez vous aller excuser.

MOLIÈRE : Comment m'excuser ?

SCÈNE VII

MOLIÈRE, MADEMOISELLE BÉJART, ETC.

UN NÉCESSAIRE[350] : Messieurs, commencez donc.
MOLIÈRE : Tout à l'heure, Monsieur. Je crois que je perdrai l'esprit de cette affaire-ci, et...

SCÈNE VIII

MOLIÈRE, MADEMOISELLE BÉJART, ETC.

AUTRE NÉCESSAIRE : Messieurs, commendez donc.
MOLIÈRE : Dans un moment, Monsieur. Et quoi donc ? voulez-vous que j'aie l'affront... ?

SCÈNE IX

MOLIÈRE, MADEMOISELLE BÉJART, ETC.

AUTRE NÉCESSAIRE : Messieurs, commencez donc.
MOLIÈRE : Oui, Monsieur, nous y allons. Eh ! que de gens se font de fête[351], et viennent dire : « Commencez donc », à qui le Roi ne l'a pas commandé !

SCÈNE X

MOLIÈRE, MADEMOISELLE BÉJART, ETC.

AUTRE NÉCESSAIRE : Messieurs, commencez donc.
MOLIÈRE : Voilà qui est fait, Monsieur. Quoi donc ? recevrai-je la confusion... ?

SCÈNE XI

BÉJART, MOLIÈRE, ETC.

MOLIÈRE : Monsieur, vous venez pour nous dire de commencer, mais...

BÉJART : Non, Messieurs, je viens pour vous dire qu'on a dit au Roi l'embarras où vous vous trouviez, et que, par une bonté toute particulière, il remet votre nouvelle comédie à une autre fois, et se contente, pour aujourd'hui, de la première que vous pourrez donner.

MOLIÈRE : Ah ! Monsieur, vous me redonnez la vie ! Le Roi nous fait la plus grande grâce du monde de nous donner du temps pour ce qu'il avait souhaité, et nous allons tous le remercier des extrêmes bontés qu'il nous fait paraître.

DOSSIER

CHRONOLOGIE

La jeunesse :

1621. *27 avril :* Mariage à Paris (Saint-Eustache) de Jean Poquelin, marchand tapissier, 24 ans, et de Marie Cressé, 19 ans.
Tous deux sont de familles de tapissiers (depuis trois
générations), vivant dans le quartier des Halles.

1622. *15 janvier :* Baptême à Saint-Eustache de Jean, qui sera
appelé Jean-Baptiste dans la famille. L'enfant a dû naître
un ou deux jours avant.

1623-28. Naissance successivement de Louis, Jean (autre fils
prénommé ainsi), Marie, Nicolas, Madeleine, frères et
sœurs de Jean-Baptiste.

1626. Mort du grand-père paternel et parrain de Jean-Baptiste.
Est-ce lui (ou le grand-père Cressé?) qui lui a fait connaî-
tre, lors de promenades dans Paris, les farceurs du Pont-
Neuf ?

1631. Jean Poquelin le père achète à son frère un office de
tapissier et valet de chambre du roi. La charge consiste à
confectionner et entretenir les meubles, garnitures et déco-
rations de la maison royale.

1632. Mort de la mère de Jean-Baptiste. L'inventaire après décès
fait apparaître un mobilier cossu et raffiné, des bijoux de
prix, une bibliothèque, le tout dénotant une femme de
goût.

1633. Remariage de Jean Poquelin le père avec une autre fille de
marchand, Catherine Fleurette, qui lui donne trois filles.

1636. Mort de la seconde épouse de Jean Poquelin. Des deux
mariages, il reste cinq enfants survivants.

1635 (?)-1640. Études de Jean-Baptiste chez les jésuites du

collège de Clermont (actuel lycée Louis-le-Grand). Il a peut-être pour condisciples Chapelle et Bernier, qui l'introduiront dans les milieux épicuriens, et notamment auprès de Gassendi, lorsque celui-ci s'installe à Paris en 1641.

1640. Études de droit à Orléans, où il obtient sa licence. Il s'inscrit au barreau comme avocat, mais n'exerce que quelques mois. C'est à ce moment-là qu'il commence à se mêler aux milieux du théâtre, fréquentant les Béjart et servant de compère à un opérateur.

1642. Depuis 1637, son père a obtenu pour lui la survivance de sa charge de tapissier du roi. Peut-être Jean-Baptiste commence-t-il à l'exercer en accompagnant le roi à Narbonne.

L'Illustre Théâtre et la troupe itinérante :

1643. *6 janvier :* Jean-Baptiste règle avec son père les questions de partage dans la succession de sa mère et renonce à la survivance de la charge de tapissier.
30 juin : Signature du contrat fondant l'Illustre Théâtre, créé autour de la famille Béjart et en particulier de Madeleine, née en 1618. La troupe s'installe au jeu de paume des Métayers, faubourg Saint-Germain.

1644. *28 juin :* Première apparition, au bas d'un acte, de la signature « Molière ». Jamais il ne s'expliquera sur le choix de ce pseudonyme. La troupe connaît de graves difficultés financières.
19 décembre : Installation au jeu de paume de la Croix-Noire. Les dettes continuent de s'accumuler.

1645. Molière, en tant que directeur responsable, est deux fois emprisonné pour dettes. Libéré, il décide de quitter Paris avec ses comédiens et rejoint en province la troupe de Dufresne. L'aventure provinciale va durer treize ans.

1645-52. Tournées, principalement dans l'ouest et le sud du pays : Nantes, Poitiers, Agen, Toulouse, Albi, Pézenas, Grenoble, Lyon...

1653. La troupe, d'abord protégée par le duc d'Epernon, est accueillie à Pézenas par le prince de Conti, frère du Grand Condé, qui lui donne sa protection et son nom : « Troupe de Mgr le prince de Conti ».

1653-57. Poursuite des tournées : Dijon, Lyon, Vienne, Grenoble, Avignon, Pézenas, Carcassonne. Création à Lyon de *L'Étourdi* en 1655 et à Béziers du *Dépit amoureux* vers la fin 1657.

1657. Le prince de Conti, qui vient de se convertir, manifeste son hostilité au théâtre en retirant sa protection à la troupe. Celle-ci poursuit néanmoins ses tournées : Lyon, Grenoble, Rouen (rencontre avec Corneille).

Les débuts parisiens :

1658. Après Rouen, la troupe décide de rentrer à Paris. Elle s'y installe en octobre et se place sous la protection de Monsieur, frère du roi.
   24 octobre : Représentation devant le roi. Molière donne *Nicomède*, de Corneille, et une farce (perdue), *le Docteur amoureux*. Le roi accorde à la troupe la salle du Petit-Bourbon, à partager en alternance avec les Italiens de Tiberio Fiurelli, dit Scaramouche. Molière y joue les lundis, mercredis, jeudis et samedis.
   2 novembre : Débuts, dans cette salle, devant le public parisien, avec *L'Étourdi*. Grand succès. Mais échec dans le répertoire tragique cornélien (*Héraclius, Rodogune, Cinna, Le Cid, Pompée*).

1659. Départ des Italiens. Molière occupe seul la salle du Petit-Bourbon et joue les jours ordinaires (mardi, vendredi et dimanche). Il engage le célèbre Jodelet, qui mourra l'année suivante, et La Grange, qui commence à tenir le registre de la troupe.
   18 novembre : *Les Précieuses ridicules.* Le succès est éclatant : la pièce, note Loret dans sa *Gazette*, a été « si fort visitée par gens de toutes qualités qu'on n'en vit jamais tant ensemble ». Première grande réussite, mais aussi première cabale, où participent les concurrents de l'Hôtel de Bourgogne.

1660. *6 avril :* Par suite de la mort de son frère, Molière retrouve sa charge de tapissier du roi.
   28 mai : *Sganarelle ou le Cocu imaginaire.* Nouveau succès. Première apparition de « Sganarelle », type que Molière va utiliser sept fois.
   11 octobre : Démolition de la salle du Petit-Bourbon, sans que la troupe en soit avertie. Le roi accorde à Molière la salle du Palais-Royal, qui nécessite de grosses réparations.

1661. *20 janvier :* Ouverture de la nouvelle salle avec *Le Dépit amoureux*.
   4 février : Première de *Dom Garcie de Navarre*. L'échec, rapide, de la pièce, tragi-comédie romanesque, détourne Molière de ce type de théâtre.

24 juin : Première de *L'École des maris*. Après des premières représentations un peu tièdes, le succès se dessine.

17 août : Grande fête donnée par Fouquet dans son château de Vaux-le-Vicomte. Molière y crée *Les Fâcheux* devant le roi. Celui-ci suggère à l'auteur d'ajouter à sa galerie de portraits celui du maniaque de la chasse Molière, très rapidement, compose la scène (II, 6), qui sera insérée dans la pièce dès la représentation suivante. *Les Fâcheux* sont joués au Palais-Royal le *4 novembre*. Molière habite alors en face de son théâtre, rue Saint-Thomas-du-Louvre. Entre 1661 et 1672, il habitera cette même rue, mais dans trois maisons successives.

Les succès et les luttes :

1662. *20 février :* Mariage de Molière avec Armande Béjart. Le contrat a été passé le *23 janvier*. La mariée a à peine vingt ans. Elle est très probablement la jeune sœur de Madeleine, mais les ennemis de Molière feront très tôt courir le bruit que Madeleine est sa mère, quand ils n'insinueront pas que Molière est son père.

8 mai : Premier séjour de la troupe à la cour, à Saint-Germain-en-Laye.

26 décembre : Création de *L'École des femmes* au Palais-Royal. Grand succès, tout Paris y court. Une « fronde » s'organise dès les premières représentations.

1663. Querelle autour de *L'École des femmes*. Molière répond à ses adversaires par *La Critique de L'École des femmes*, créée le *1ᵉʳ juin* au Palais-Royal, et par *L'Impromptu de Versailles* donné à la cour à la mi-octobre. Entre-temps, Molière touche une gratification royale de 1 000 livres, qui lui sera renouvelée tous les ans.

1664. *29 janvier :* Première du *Mariage forcé* au Louvre, dans l'appartement de la reine mère.

28 février : Baptême du premier fils de Molière, Louis, qui a pour parrain le roi et pour marraine Madame, épouse de Monsieur frère du roi. L'enfant mourra dans l'année.

Mai : Molière anime à Versailles la fête des *Plaisirs de l'Île enchantée*. Le 8, il donne *La Princesse d'Élide,* le 12 le premier *Tartuffe* en trois actes. Le parti dévot, qui avait essayé d'étouffer la pièce avant la représentation, entre en action et fait pression auprès du roi : celui-ci interdit toute représentation publique de la pièce.

20 juin : Molière crée *La Thébaïde*, première tragédie de Racine.

29 novembre : Molière joue chez la princesse Palatine une version arrangée et complétée du *Tartuffe*, en cinq actes.

1665. *15 février :* Première de *Dom Juan* au Palais-Royal. Quinze représentations seulement.

4 août : Baptême du second enfant de Molière, Esprit-Madeleine.

14 août : Pension royale. La troupe devient « Troupe du Roi ».

14 septembre : Première de *L'Amour médecin* à Versailles.

4 décembre : Molière crée l'*Alexandre* de Racine, mais la pièce est jouée quelques jours plus tard à l'Hôtel de Bourgogne. Brouille avec Racine.

1666. Molière tombe gravement malade (fluxion de poitrine ?) et doit s'arrêter. Plusieurs mois de relâche.

4 juin : Première du *Misanthrope*.

6 août : Première du *Médecin malgré lui*. La querelle sur la moralité du théâtre se développe, et Molière est parmi les principales cibles des adversaires du théâtre.

1er décembre : Départ de la troupe à la cour, à Saint-Germain-en-Laye, pour un séjour de près de trois mois. La troupe est employée dans *Le Ballet des Muses*, où Molière insère une pastorale, *Mélicerte*.

1667. *14 février :* Création, dans *Le Ballet*, du *Sicilien ou l'Amour peintre*. La troupe revient à Paris, mais des rechutes dans la maladie de Molière entraînent plusieurs interruptions. Le *16 avril*, le bruit court même que Molière est mourant.

5 août : Seule et unique représentation de *L'Imposteur*, version remaniée du *Tartuffe*. Interdiction immédiate par les autorités civiles et religieuses.

1668. *13 janvier :* Première d'*Amphitryon* au Palais-Royal.

18 juillet : Première de *George Dandin* à Versailles, au cours du *Grand divertissement* donné pour célébrer la conquête de la Franche-Comté.

9 septembre : Première de *L'Avare* au Palais-Royal.

1669. *5 février :* Le roi lève l'interdiction de représenter *Tartuffe*. La pièce atteint, dès sa première représentation, le chiffre record de 2860 livres de recette.

27 février : Mort du père de Molière.

6 octobre : La troupe à Chambord avec quinze pièces, dont une création, *Monsieur de Pourceaugnac*.

1670. *4 janvier :* Publication, sous l'anonyme, du pamphlet le plus violent jamais dirigé contre Molière, *Élomire hypocon-*

dre, somme de tous les ragots et de toutes les mesquineries engendrés par les querelles de *L'École des femmes* et du *Tartuffe.*

Les dernières années :

1670. *4 février :* Les Amants magnifiques, donnés pour le carnaval, sur une commande du roi, à Saint-Germain.
   14 octobre : Le Bourgeois gentilhomme, donné à Chambord « pour le divertissement du roi ».
1671. *17 janvier :* Première de *Psyché,* aux Tuileries, dans la grande salle des machines. Spectacle somptueux, pour lequel Molière s'est assuré le concours de Quinault pour le livret, de Lully pour la musique et de Corneille pour une bonne partie des vers. La pièce, avec ses machines, ses décors, ses musiciens, et son budget impressionnant, traduit le couronnement d'une forme de spectacle qui vise à une véritable fusion des arts : poésie, théâtre, musique, chant, danse. Molière apparaît comme le grand ordonnateur des fêtes royales.
   24 mai : Retour à la forme première du théâtre comique — la farce — avec *Les Fourberies de Scapin,* au Palais-Royal.
   2 décembre : La troupe, invitée à la cour, y crée *La Comtesse d'Escarbagnas.*
1672. *17 février :* Mort de Madeleine Béjart.
   11 mars : Première des *Femmes savantes.*
   29 mars : Lully, qui a su manœuvrer auprès du roi, obtient un privilège pour l'établissement d'une académie royale de musique, qui lui assure un monopole quasi total en matière de spectacle. Violente protestation de Molière, à la fois pour défendre sa troupe, mais aussi parce qu'il ne partage pas la conception qu'a Lully de la musique comme ossature du spectacle. Pour Molière, c'est le texte qui est premier.
   1er octobre : Baptême du troisième enfant de Molière, Pierre, qui meurt quelques jours après.
1673. *10 février :* Première du *Malade imaginaire* au Palais-Royal. Pour la partie chantée et dansée, Molière a passé outre au privilège de Lully et fait appel à un nouveau compositeur, Marc-Antoine Charpentier.
   17 février : Quatrième représentation du *Malade imaginaire.* Molière est pris d'une convulsion en prononçant le « juro » de la cérémonie finale. Il crache le sang. On le ramène chez lui, rue de Richelieu, dans la maison qu'il occupe depuis l'année précédente. Il y meurt à dix heures

du soir, sans avoir reçu les sacrements. Il faut l'intervention d'Armande auprès du roi pour que les autorités religieuses acceptent un enterrement discret : le corps est inhumé le *21 février*, de nuit, au cimetière Saint-Joseph, dans une partie réservée aux enfants mort-nés, c'est-à-dire n'étant pas de terre sainte.

9 juillet : Réunion des comédiens de Molière et de la troupe du Marais dans une nouvelle « troupe du roi ». La fusion des deux troupes sera parachevée par la création, en 1680, de la Comédie-Française.

1677. Remariage d'Armande avec le comédien Guérin d'Estriché. Armande mourra en 1700, tandis que le seul enfant survivant de Molière, sa fille Esprit-Madeleine, mourra sans enfant en 1723.

1682. Parution des *Œuvres de Monsieur de Molière,* contenant l'ensemble du théâtre, dont les sept comédies qui n'avaient pas été éditées du vivant de Molière.

BIBLIOGRAPHIE

1) Le texte :

À partir des éditions originales, publiées du vivant de Molière ;
de l'édition des *Œuvres* de 1682, qui donne le texte authentique de
certaines pièces, et surtout présente les comédies qui n'avaient
pas été imprimées du vivant de Molière ; de l'édition des *Œuvres
de Molière* en 1734, enfin, qui établit le texte de façon plus
complète, notamment en ce qui concerne le découpage et les jeux
de scène, deux grandes éditions modernes présentent la somme
de ce que l'on peut savoir aujourd'hui sur le texte et sur Molière,
et constituent les éditions de référence. Il s'agit de :

l'édition Despois-Mesnard, dans la collection des « Grands Écrivains de la France », Hachette, 1873-1900, 13 vol.
l'édition Couton : Molière, *Œuvres complètes,* Gallimard, Bibl.
de la Pléiade, 1971, 2 vol.

2) Les instruments bibliographiques :

La bibliographie concernant Molière est très importante.
Quelques ouvrages ou articles permettent de s'y retrouver :

A. Cioranescu, *Bibliographie de la littérature française du
xviiᵉ siècle,* éd. du CNRS, 1966 — Article « Molière ».
M. Descotes, *Molière et sa fortune littéraire,* Ducros, 1970.
G. Couton, « État présent des études sur Molière », *L'Informa-
tion littéraire,* janv.-fév. 1973.
J. P. Collinet, *Lectures de Molière,* A. Colin, 1974.
P. Saintonge, « Thirty years of Molière studies : a bibliography,

1942-1971 », in *Molière and the Commonwealth of Letters*, Univ. Press of Mississipi, 1975.
Œuvres et Critiques, « Visages de Molière », VI, 1, 1981.

3) Études d'ensemble :

Pour ce qui concerne la *biographie* :

G. Michaut, *La Jeunesse de Molière*
— *Les Débuts de Molière à Paris*
— *Les Luttes de Molière*, 3 vol., Hachette, 1923.
G. Mongredien, *La Vie privée de Molière*, Hachette, 1950.
M. Jurgens et E. Maxfield-Miller, *Cent ans de recherche sur Molière, sur sa famille et sur les comédiens de sa troupe*, SEVPEN, 1963.

Pour ce qui est de la *situation* de Molière dans la vie de son époque et par rapport à l'évolution générale du théâtre comique :

J. Scherer, *La Dramaturgie classique en France*, Nizet, 1950.
A. Adam, *Histoire de la littérature française au xviie siècle*, Domat, 1952, t. III.
R. Garapon, *La Fantaisie verbale et le comique dans le théâtre français du Moyen Âge à la fin du xviie siècle*, A. Colin, 1957.
P. Voltz, *La Comédie*, A. Colin, 1964.
R. Guichemerre, *La Comédie avant Molière, 1640-1660*, A. Colin, 1972.
— *La Comédie classique en France*, PUF, Que sais-je ?, 1978.

Pour ce qui concerne les *études d'ensemble* de l'œuvre :

P. Benichou, *Morales du Grand Siècle*, Gallimard, 1948.
R. Bray, *Molière homme de théâtre*, Mercure de France, 1954.
M. Descotes, *Les Grands Rôles du théâtre de Molière*, PUF, 1960.
J. Cairncross, *Molière bourgeois et libertin*, Nizet, 1963.
J. Guicharnaud, *Molière, une aventure théâtrale*, Gallimard, 1963.
C. Mauron, *Psychocritique du genre comique*, J. Corti, 1964.
M. Gutwirth, *Molière ou l'Invention comique*, Minard, 1966.
R. Jasinski, *Molière*, Hatier, 1969.
H. C. Knutson, *Molière : An archetypal approach*, Univ. of Toronto Press, 1976.
G. Defaux, *Molière ou les Métamorphoses du comique*, Lexington, French Forum, 1980.

G. Conesa, *Le Dialogue moliéresque*, PUF, 1983.

J. Truchet (sous la direction de), *Thématique de Molière*, SEDES, 1985.

Pour ce qui concerne les *documents* d'archives et l'*iconographie* :

G. Mongredien, *Recueil des textes et des documents relatifs à Molière*, éd. du CNRS, 1965, 2 vol. — Supplément dans la revue *xviiᵉ siècle*, 1973, n° 98-99.

S. Chevalley, *Album Théâtre classique*, Bibl. de la Pléiade, 1970.

— *Molière en son temps*, Minkoff, 1973.

— *Molière, sa vie, son œuvre*, F. Birr, 1984.

4) Études particulières :

Sur *L'École des maris* :

E. Martinenche, « Les Sources de *L'École des maris* », *R.H.L.F.*, 1898, p. 110-116.

D. Losse, « Multiple masks in *L'École des maris* », *Romance Notes*, 12, 1970.

J. M. Pelous, « Les Métamorphoses de Sganarelle : la permanence d'un type comique », *R.H.L.F.*, 1972, n° 5-6.

R. Mac Bride, « La Question du raisonneur dans les *Écoles* de Molière », *xviiᵉ siècle*, 1976, n° 113.

H. C. Knutson, « Comedy as a " school " : the beginnings of a title form », *Australian Journal of French Studies*, 1983, XX, 1.

Sur *L'École des femmes* :

J. Arnavon, *L'École des Femmes de Molière*, Plon, 1936.

J. D. Hubert, « *L'École des femmes*, tragédie burlesque », *Revue des sciences humaines*, 1960, n° 97.

S. Doubrovsky, « Arnolphe ou la chute du héros », *Mercure de France*, 1961, n° 343.

L. Pignault, « Le Vocabulaire d'Arnolphe dans *L'École des femmes* de Molière », *Bulletin d'information du laboratoire d'analyse lexicologique*, Besançon, 1961, n° 5.

M. Gutwirth, « Arnolphe et Horace », *L'Esprit créateur*, 1966, n° 6.

B. Magne, « *L'École des femmes* ou la conquête de la parole », *Revue des sciences humaines*, 1972, n° 145.

R. Picard, « Molière comique ou tragique ? Le cas d'Arnolphe », *R.H.L.F.*, 1972, nº 5-6.

R. Albanese Jr., « Pédagogie et didactisme dans *L'École des femmes* », *Romance Notes*, Autumn 1974.

R. Albanese Jr., *Le Dynamisme de la peur chez Molière : une analyse socioculturelle de Dom Juan, Tartuffe et l'École des femmes*, Univ. of Mississipi, Romance Monographs, 1976.

G. Conesa, « Remarques sur la structure dramatique de *L'École des femmes* », *Revue d'histoire du théâtre*, 1978, 30.

J. T. Letts, « *L'École des femmes* ou la défaite de la parole inauthentique », *Modern Language Notes*, mai 1980.

J. F. Gaines, « *L'École des femmes* : usurpation, dominance and social closure », *PFSCL*, 1982, nº 17.

M. Bourbeau-Walker, « L'Échec d'Arnolphe : loi du genre ou faille intérieure ? », *PFSCL*, 1984, nº 20.

J. Serroy, « Le Petit chat est mort », *Recherches et Travaux*, 1985, nº 28.

J. P. Collinet, « Molière et ses personnages invisibles : l'exemple de *L'École des femmes* », in *Thématique de Molière*, SEDES, 1985.

Sur *La Critique de l'École des femmes* :

J. P. Chauveau, « *La Critique de l'École des femmes* », *École*, 1964, nº 55.

G. Mongredien, *La Querelle de l'École des femmes*, comédies de Donneau de Visé, Boursault, Robinet, Montfleury, Chevalier et de la Croix, *T.F.M.*, Didier, 1971, 2 vol.

B. Ballin Golsmith, « Molière's " Défense et illustration " : *La Critique de l'École des femmes* », *French Studies*, avril 1977.

Sur *L'Impromptu de Versailles* :

R. J. Nelson, « *L'Impromptu de Versailles* reconsidered », *French Studies*, 1957, XI.

M. Fumaroli, « Microcosme comique et macrocosme solaire : Molière, Louis XIV et *L'Impromptu de Versailles* », *Revue des sciences humaines*, 1972, nº 145.

S. Chevalley, « *L'Impromptu de Versailles* : 1663-1971 », *Mélanges W. G. Moore*, Oxford, Clarendon Press, 1973.

D. L. Rubin, « The structure of *L'Impromptu de Versailles* », *Romance Notes*, 1974-75, 16.

G. Corapi, « Il teatrino di Molière. Molière o le imitazioni nell' *Impromptu de Versailles* », *Micromégas*, agosto 1980.

J. Morel, « *L'Impromptu de Versailles* ou l'illusion de l'identité », *Mélanges Couton*, P.U.L., 1981.

G. FORESTIER, *Le Théâtre dans le théâtre sur la scène française au XVIIᵉ siècle*, Droz, 1981.

F. L. LAWRENCE, « Artist, audience and structure in *L'Impromptu de Versailles* », *Œuvres et Critiques*, 1981, VI, 1.

NOTICES

De la farce à la comédie

Lorsque Molière crée *L'École des maris*, le 24 juin 1661, au théâtre du Palais-Royal, il a grand besoin d'un succès. Il lui faut, en effet, amortir les frais importants engagés dans la réfection de cette nouvelle salle, qu'il n'a inaugurée que cinq mois plus tôt avec *Le Dépit amoureux*. Or la seule création qu'il y ait jusque-là donnée, *Dom Garcie de Navarre*, le 4 février, a été un échec et la pièce n'a même pas pu tenir jusqu'à la clôture de Pâques, en avril. De plus, Molière vient de demander à ses camarades que le système égalitaire du partage des recettes soit modifié à son bénéfice et il a obtenu que deux parts lui soient versées au lieu d'une, ce qui le place, certes, en position privilégiée, mais le désigne aussi plus que jamais comme responsable de la troupe. La mention dans le registre de La Grange, pour justifier cette faveur qui lui est faite, de son éventuel mariage semble, par ailleurs, sous-entendre que le projet d'épouser Armande Béjart est dès ce moment envisagé. Autant de raisons qui poussent Molière à ne pas renouveler l'expérience malheureuse qu'il vient de faire dans la tragi-comédie, et à revenir sur le terrain, plus assuré pour lui, du théâtre comique. *L'École des maris* cherche donc à renouer avec une veine un instant abandonnée. Pour cela, la pièce s'inspire de modèles divers mais qui ont tous en commun d'appartenir à la tradition la plus authentique. Le canevas même de la comédie — deux frères qui élèvent de façon opposée deux pupilles qui leur sont confiées — vient peut-être moins des *Adelphes* de Térence, où il s'agit de l'éducation selon deux systèmes différents de deux jeunes garçons, que d'une œuvre espagnole de Mendoza, *El marido hace mujer,* que Scarron avait entrepris d'adapter et que Molière a sans doute connue par cette transposition. Il y est, en effet, pareillement question de deux héroïnes féminines, mais ici mariées, prénommées précisément Isabelle et Léonor, et soumises à deux époux dont l'un, libéral, laisse toute liberté à sa femme, alors que l'autre, autoritaire, l'enferme et la tyrannise. Un galant venant à passer, c'est celle que son mari séquestrait qui le suit. Sur ce schéma viennent se greffer nombre de situations dont Molière, là aussi, a pu sans difficulté trouver l'idée dans une tradition riche en la matière : le vieux thème de la femme maligne qui utilise un stratagème pour tromper son mari était suffisamment développé dans les farces, les contes et les fabliaux pour ne lui offrir que l'embarras du choix. L'idée d'une femme utilisant, comme messager de son amour, un intermédiaire inconscient du rôle qu'elle lui fait jouer se trouvait déjà chez Boccace, dans une nouvelle du *Décaméron* (III, 3). Elle avait été reprise avec quelques variantes dans deux pièces de Lope de Vega, *El mayor impossible* et, surtout, *La Discreta enamorada,* et même, quelques mois avant *L'École des maris,* sur une scène française, dans *La Femme industrieuse* de Dorimond. Que Molière ait donc, selon son habitude, emprunté çà et là de quoi nourrir sa propre création ne fait aucun doute et permet seulement de mesurer ce qu'il doit, et surtout ce qu'il ne doit pas, à ses modèles. Plus intéressant apparaît le fait que ces emprunts révèlent un désir, constant tout au long de l'œuvre, de ne pas se couper de ce qui est la forme primitive, brute, de la tradition comique : la farce. *L'École des maris,* en trois actes — ce qui était la règle dans la commedia dell'arte — est, d'ailleurs, donnée non comme une grande comédie, susceptible d'occuper à elle seule une représentation, mais bien comme une pièce d'appoint qui accompagne, dès sa création, une autre pièce, en l'occurrence *Le Tyran d'Égypte* de Gilbert. Molière conçoit donc sa comédie dans la ligne de *Sganarelle,* comme un divertissement sur le thème du cocuage. Tout le second acte sa pièce, qui voit Sganarelle se faire l'entremetteur malgré lui de sa rusée pupille, apparaît fondé sur ce comique de répétition qui exploite une même situation farcesque jusqu'à la trame, en la modifiant quelque peu chaque fois, mais en prenant bien soin de lui conserver toujours son caractère reconnaissable. *L'Étourdi,* au tout début de l'œuvre, était tout entier construit sur ce schéma. Procédé élémentaire du comique, que ce mécanisme répétitif : mais Molière sait bien qu'un des grands moteurs du rire réside dans l'effet attendu et que, s'il y a un art de la surprise, il y a aussi un art du « déjà vu », sur lequel repose largement le comique populaire de la farce. Les va-et-vient de Sganarelle passant d'Isabelle à Valère et de Valère à Isabelle, puis finissant, comble de sottise, par réunir les deux amants, ne sont rien d'autre qu'une variation sur une situation rebattue : « tarte à la crème », dirait le Marquis de *La Critique*. Mais le propre de la tarte à la crème est qu'on ne se lasse pas de la voir voltiger...

Farce donc, que renforce la présence d'un Sganarelle, dont le nom sent son type à l'italienne, ou d'une Isabelle et d'un Valère, dont les noms sont empruntés à la commedia dell'arte. Mais aussi, comédie d'intrigue, dont le caractère romanesque témoigne que Molière compte bien aussi faire son profit des formes nouvelles qu'a prises la comédie depuis 1630. Le troisième acte, à cet égard, semble tout droit sorti d'un de ces brillants imbroglios dont les comédies à l'espagnole se sont fait une spécialité : une jeune fille qui se fait passer pour une autre, un mariage prétendument arrangé pour l'une et conclu par l'autre, un frère qui croit tout comprendre et l'autre qui ne comprend rien, un éclaircissement final qui rétablit l'identité de chacun et consacre l'amour des jeunes amants et la défaite du barbon. Le comique repose ici sur une complication ingénieuse et sur un rythme enlevé, qui dispensent le public de trop se soucier de vraisemblance. Pourtant, le dénouement qui vient faire la clarté n'apparaît nullement comme un de ces artifices obligés qui, par une reconnaissance et un mariage, sont de règle pour débrouiller les intrigues romanesques. Voltaire en avait déjà remarqué, à raison, la qualité, le trouvant même « le meilleur de toutes les pièces de Molière » et soulignant qu' « il est vraisemblance, naturel, tiré du fond de l'intrigue ; et, ce qui vaut bien autrement, il est extrêmement comique » (Sommaire de *L'École des maris*, éd. de 1765). S'il vient à point, en effet, clore l'intrigue et donner Isabelle à Valère, ce dénouement présente surtout, à côté de cet aspect strictement structurel, une dimension morale qui montre bien que toute la comédie ne se réduit pas à ses composantes de farce et d'intrigue que Molière emprunte à la tradition. Car, dans la défaite de Sganarelle, il y a plus que la déconvenue d'un prétendant trompé ; c'est, de fait, tout un système de pensée qui se trouve mis en cause. La dernière scène répond sur ce point très exactement au premier acte, lequel est lui-même beaucoup plus qu'une simple exposition. En présentant, avec Sganarelle et Ariste, deux personnages porteurs de deux systèmes de valeurs opposés, ce sont les conceptions mêmes qu'ils défendent que Molière fait s'affronter. La comédie a ainsi un autre enjeu, qui vient doubler le comique traditionnel sur lequel elle repose : c'est la voie du théâtre à thèse que Molière emprunte ici pour la première fois, et les questions auxquelles il s'attaque n'ont rien des fantaisies qui sont le lot des simples divertissements. À travers les péripéties bouffonnes de l'action, ce qui se trouve en jeu, c'est une réflexion sur la légitimité du mariage, sur l'éducation des filles, sur la nouveauté face à la tradition, sur la jeunesse et la vieillesse. Autant de problèmes qui relèvent de la vie sociale et de la vie morale et qui, ainsi présentés, ouvrent au comique bien des horizons. La fusion d'une tradition théâtrale avec des préoccupations nouvelles donne d'emblée à *L'École des maris* son originalité.

Le titre, à cet égard, dit bien ce qu'il veut dire, porteur qu'il est d'une leçon à dispenser, d'une thèse à défendre. Molière, certes, n'en est pas tout à fait l'inventeur : Dorimond, quelques mois avant lui, a fait représenter une *École des cocus*, et nul n'a sans doute oublié le scandale qui a entouré, en 1655, la publication d'une sorte de manuel érotique, consacré à l'art d'aimer, *L'École des filles*. Mais le fait que, dès l'année suivante, dans le prolongement même de cette *École des maris,* Molière poursuive et enrichisse sa réflexion par une *École des femmes* popularise tout à fait le titre en question : comédies et romans se succèdent, qui montrent aussitôt le retentissement des deux pièces. Entre 1662 et 1666 paraissent ainsi une *École des jaloux,* de Dorimond, une *École de l'intérêt,* de Claude Le Petit, une *École des filles* de Montfleury, une *École d'amour* de Jacques Alluys. Et la mode continuera jusqu'à la fin du siècle, et même au-delà : en 1698 encore paraît sous l'anonyme une *École des maris jaloux,* et en 1705 Baron adapte les *Adelphes* de Térence dans une *École des pères*. Phénomène révélateur que cette prolifération d'*Écoles :* sous l'impulsion de Molière, c'est toute la veine comique qui se fait porteuse de leçons.

De la peinture des mœurs à l'élaboration d'une morale

Que *L'École des maris* ait pu ainsi apparaître tout à fait neuve aux yeux de ses contemporains tient d'abord au fait que ceux-ci, loin d'y trouver uniquement le monde fantaisiste de la farce et de la comédie d'intrigue, pouvaient y reconnaître comme un reflet de leurs propres préoccupations. Avant même que Molière précise, dans *La Critique de l'École des femmes,* par la bouche de Dorante, sa théorie du « peindre d'après nature », il met ici en pratique cette observation de la réalité destinée à renvoyer aux spectateurs leur image. « Vous n'avez rien fait, dira Dorante, si vous n'y faites reconnaître les gens de votre siècle. » *L'École des maris* répond à l'avance à ce souci réaliste, de façon beaucoup plus précise que *Les Précieuses ridicules,* où la satire gardait un caractère de charge caricaturale. L'importance que prend, dans le premier acte, la discussion à propos de la mode a sur ce point valeur exemplaire. Phénomène par essence transitoire, lié à un moment particulier et destiné à passer, la mode traduit mieux que toute autre attitude collective l'air du temps, la réalité précise et unique d'une époque donnée. Mais, en même temps, par son caractère cyclique et ses perpétuels renouvellements, elle apparaît comme une constante de l'esprit humain, une conduite permanente par rapport à laquelle peuvent se définir les hommes de tous les temps. L'opposition qui met, sur ce point précis, aux prises Sganarelle et Ariste est porteuse de cette double valeur d'un réalisme quasi documentaire sur la façon dont on s'habille et dont on parle en 1661, et d'une réflexion plus générale sur les comportements humains. Ce qui apparaît d'abord, en effet, c'est l'extrême précision avec laquelle Molière enracine sa pièce dans l'actualité du temps. Les « petits chapeaux » (v. 25) que Sganarelle refuse de porter sont, en 1661, le dernier chic en matière de couvre-chefs. Les « blonds cheveux, de qui la vaste enflure/Des visages humains offusque la figure » (v. 27-28) signalent l'apparition toute récente des perruques. Les mouches, rubans, canons, cotillons, souliers mignons, petits pourpoints ou grands collets dessinent les tendances principales d'une mode qui déploie ornements, parures, dentelles, et qui s'oppose en tout point au strict vêtement de serge que Sganarelle destine à Isabelle, et plus encore à la fraise qu'il s'obstine à porter, comme si l'on était encore à l'époque Henri IV ! La fantaisie et le faste traduisent bien, en effet, l'atmosphère de jeunesse et de plaisir qui marque l'avènement d'un règne nouveau ; et qu'un édit somptuaire vienne rappeler les élégants à un peu plus de modération ne peut que trouver aussitôt l'agrément du barbon :

> *Oh ! trois et quatre fois béni soit cet édit*
> *Par qui des vêtements le luxe est interdit !* (v. 533-534)

Or, glissement très significatif, cette réglementation de l'habit devrait s'accompagner, selon Sganarelle, d'une réglementation des mœurs :

> *Je voudrais bien qu'on fît de la coquetterie*
> *Comme de la guipure et de la broderie !* (v. 540-541)

C'est que, derrière son allergie à toute élégance vestimentaire, se cache une façon de penser qui va bien au-delà d'une simple récrimination contre le goût du jour. Sganarelle, à tous égards, est un traditionaliste. Pour lui, le moindre changement est fauteur de désordre. Sa référence constante est le passé, le présent étant à ses yeux suspect de tous les laxismes et de tous les renoncements. Lorsqu'il regarde autour de lui, il ne voit que la « corruption des mœurs de maintenant » (v. 266) ou les « sottises du temps » (v. 278) ; les fantaisies de la mode ne sont que l'indice d'une « jeunesse libertine » qui a tout oublié de cette « sévérité qui composait si bien l'ancienne honnêteté » (v. 271). Ce qu'il veut, c'est maintenir avec Isabelle strictement habillée, enfermée au logis, tout appliquée aux choses du ménage, un état social et moral immobile, hérité des vieux âges. Symptomatique, sur ce point, son désir de fuir la ville, symbole des temps nouveaux, pour retrouver le calme de la campagne, où les anciennes vertus restent préservées de toute agitation et de toute évolution. L'esprit conservateur de Sganarelle le rend hostile à tout ce qui est entaché de la moindre nouveauté : qu'Ariste permette à sa pupille de sortir sans surveillance, d'avoir à sa disposition serviteur et suivante personnels, de fréquenter bals et assemblées, voilà qu'il ne peut concevoir. Même si des manuels de civilité répandent l'idée que ces divertissements sont légitimes et que la vie mondaine permet aux femmes d'aujourd'hui, sans déroger aux principes de l'honnêteté, de telles libertés, Sganarelle reste intransigeant. Affaire de génération ? Pas seulement. Molière prend bien soin de montrer qu'une telle tournure d'esprit n'est pas liée à l'âge : Ariste, de vingt ans l'aîné de son frère, est, lui, parfaitement ouvert à la vie moderne et à ce qu'elle implique d'évolution dans les attitudes et dans les mœurs. Ce qui est en jeu, dans l'affrontement des deux frères, c'est une opposition plus fondamentale entre tenants de la tradition et partisans de la modernité. Dans ces premières années 1660, la question est particulièrement d'actualité, car les progrès constants de l'esprit mondain tout au long du siècle, la lutte menée par les précieuses pour faire évoluer le rôle de la femme dans la société, le nouveau goût dont témoigne la société de cour qui est en train de se mettre en place autour de Louis XIV sont autant d'indices que les choses changent. Aussi les réticences se font-elles plus fortes : derrière le ton bourru de Sganarelle, on devine la voix de ces gens qui ont nom pédants, dévots, courtisans de la vieille cour, toute une cabale guidée par des intérêts divergents mais qui partage la même prévention contre l'évolution des esprits et des mœurs. Que Molière vienne ainsi, dans une comédie, se mêler de dire qu'on peut élever les filles autrement qu'en les maintenant sévèrement dans la plus stricte dépendance ; qu'il est souhaitable, quand vient l'heure de les marier, d'écouter leurs propres désirs ; que dans le mariage il peut y avoir place pour une liberté des époux, fondée sur la confiance mutuelle ; que la vertu, enfin, se moque de la contrainte et n'a de prix que si elle est librement consenti : voilà ce que le public du temps n'est guère habitué à trouver dans une comédie, et que bien des gens sont peu disposés à entendre.

La peinture des mœurs débouche, en effet, ici sur une véritable morale dont la présence d'Ariste, le premier « raisonneur » de l'œuvre de Molière, a pu faire croire, un peu vite, qu'elle se réduisait à une recherche prudente du juste milieu. Qu'Ariste affirme sentencieusement que « toujours au plus grand nombre on doit s'accommoder » témoigne surtout de cette volonté qu'il a de ramener son frère Sganarelle à la raison commune et de lui éviter de répondre à un excès de luxe par un excès inverse d'austérité. En fait, Ariste mène une vie qui, à y bien regarder, n'est pas si neutre : lui qui a vingt ans de plus que son cadet n'est pas hostile à la mode du temps et, loin de passer pour un radoteur incommode, s'acquiert l'estime de sa jeune protégée, et même un peu plus, puisque celle-ci lui demande de l'épouser. Ce qu'Ariste a compris, et qu'il essaie en vain de faire partager à son frère, c'est que la vie sociale a une vertu formatrice, que l' « école du monde » (v. 191) est la seule qui puisse apporter à la jeunesse ce dont elle a besoin, et qu'il ne sert à rien de vouloir contraindre, par des grilles et des verrous, la tendance naturelle à la liberté. Morale délirante, au jugement de Sganarelle : « Allez, lui dit-il, vous êtes un vieux fou » (v. 230). Morale en tout cas audacieuse que celle qui fait ainsi, aussi librement et aussi ouvertement, confiance à l'homme.

Du type au personnage

L'attention portée à de tels problèmes tend à éloigner quelque peu la comédie des préoccupations habituelles que manifestent farces et comédies d'intrigue. Pourtant Molière ne renonce pas, on l'a vu, aux effets traditionnels. *L'École des maris* est conçue, d'abord, pour faire rire : le choix de Sganarelle le montre clairement. La gravure de Chauveau qui illustre l'édition originale de 1661 nous présente le bonhomme vêtu d'une manière qui répond au désir qu'il affiche de s'habiller à son goût et à son aise. Mais son costume tend surtout à lui donner une silhouette facilement reconnaissable ; il est fait pour imposer un type : bonnet-toque légèrement froncé, fraise à l'ancienne, manteau court dont les fines rayures rappellent celles d'un pourpoint à peine rebondi sur une bedaine naissante, bas qui montent haut sous le haut-de-chausses serré aux genoux, chaussures basses. Ainsi accoutré, Sganarelle semble échapper à toute caractérisation trop réaliste : il appartient au monde de la fantaisie, du geste, de la pantomime. Son costume le désigne d'avance au rire du spectateur. Rien d'étonnant, dès lors, s'il se conduit comme un pantin ; s'il frappe à la porte et, distrait, répond : « Qui va là ? » ; s'il se réjouit de sa bonne fortune au moment même où on le trompe ; s'il pense embrasser Isabelle quand c'est à Valère que celle-ci tend sa main à baiser ; s'il marie celle qu'il veut épouser à son rival sans même s'en rendre compte ! Dans toutes ces péripéties, le ton est à la farce, et Sganarelle n'est qu'un jouet dont il est entendu qu'il doit être puni par où il a péché. Comme le Barbouillé qui refuse d'ouvrir à sa femme, dans la première farce de Molière, se trouve en fin de compte fermé dehors par la maligne, lui qui rêvait de tenir enfermée Isabelle pour l'épouser à sa discrétion la retrouve dans la maison de Valère, et prête à s'unir au jeune homme. L'idée qu'il se fait, d'ailleurs, de la femme, « toujours en malice féconde », la façon qu'il a, devant ce « sexe engendré pour damner tout le monde » (v. 1107-1108), de l'envoyer au diable, dont il la dit le suppôt, sont bien dans la plus pure tradition gauloise et correspondent parfaitement à ces « maris loups-garous » chers aux contes et aux fabliaux, dont Lisette dit qu'il est le type accompli.

Pourtant, peut-être parce que autour de lui Ariste, Isabelle, Valère, Léonor posent de vraies questions et l'amènent à se définir face à une réalité qui n'est pas que de fantaisie, Sganarelle ne réagit pas seulement comme un bouffon. Confronté à un monde qui change, il en reste, certes, à son idée fixe ; mais son comportement laisse apercevoir, de façon encore ténue, quelques traits qui semblent dire que, sous ce costume de farce, il y a aussi un homme. Socialement déterminé — bourgeois, il est d'une famille aisée, et son frère avoue même quatre mille livres de rente —, il montre ce qui ressemble fort à un caractère, avec ses dominantes, mais aussi ses nuances et ses contradictions. L'esprit plein d'*a priori,* il ne s'interroge guère sur le bien-fondé des opinions qu'il professe. Ainsi, pour lui, il va de soi qu'en vieillissant on doit « changer sa manière de vivre ». Mais lorsque Ariste lui demande : « Et pourquoi la changer ? », soudain un trouble apparaît, que manifeste son hésitation : « Pourquoi ? — Oui. — Je ne sais » (v. 217). Aveu révélateur d'une pensée toute faite découvrant, l'espace d'un instant, l'inconfort du doute. De même, ce censeur sévère, cet éducateur intraitable, ce contemp-teur de la jeunesse libertine, ne peut se retenir, devant les malheurs qu'il suppose à son jeune rival, de se prendre de pitié pour lui et même de l'embrasser. Et quant à Isabelle, si le désir qu'il a de l'épouser repose moins sur un amour qu'il n'éprouve pas que sur une autosatisfaction débordante, il ressent à son contact toute une gamme de sentiments dont la vanité fait, certes, le fonds, mais qui le montrent aussi attentif, prévenant, presque tendre. Peu habitué, d'ailleurs, au langage galant, il ne sait que donner à la jeune fille du « pouponne », du « fanfan », du « mon petit nez » ou du « pauvre petit bouchon ». Ce qui le gâte, c'est son côté doctrinaire : il veut à toute force montrer qu'il a raison et n'admet pas qu'on puisse ne pas le suivre. Pas méchant, mais dangereux parce qu'intolérant, il a malgré tout une telle confiance en lui-même, il promène de telles certitudes, il est tellement convaincu de l'excellence de ses idées qu'il présente un côté lunaire, naïf, presque enfantin, qui le désigne tout naturellement à recevoir une bonne leçon. Combien plus avertie, malgré son âge, apparaît à côté de lui Isabelle ! Il faut que l'éducation qu'elle a reçue auprès de Sganarelle n'ait pas été aussi sévère que celui-ci le proclame pour qu'elle ait pu ainsi développer sa finesse d'esprit. Et si c'est sous la poussée des circonstances qu'elle passe outre à la pudeur pour déclarer son amour à Valère et lui suggérer qu'il l'enlève, elle déploie pour l'occasion de tels trésors d'inventions, utilise le double langage avec une telle maîtrise, que, face à la pâle Léonor, elle affiche un caractère dont on a le sentiment qu'il s'est forgé au contact des interdits mieux qu'il n'aurait pu le faire sous la coupe bienveillante et permissive d'un Ariste.

Tout n'est donc pas si simple que la situation pourrait le laisser croire : ces types convenus que sont le barbon ou la jeune fille réagissent à la fois comme leur emploi le réclame, mais aussi selon leur propre tempérament. À cet égard, la façon dont l'auteur prête à chacun une façon très personnelle de s'exprimer traduit que ce sont bien de vrais personnages qui occupent la scène. La souplesse des vers, dans *L'École des maris*, correspond à cette peinture nuancée des réalités et des êtres dans laquelle Molière engage la comédie. À côté de l'habit, des gestes, des contorsions, des mimiques, voici que les mots prennent de l'importance. Ariste est tout entier dans ses vers un peu sentencieux, dignes de figurer dans un recueil de maximes ; Lisette témoigne d'un franc parler imagé qui dénote une nature assurée, peu disposée à laisser les maîtres en faire à leur tête ; Ergaste, qui parle de mauvais œil, de loup-garou et d'ascendant astral, sent son bon sens populaire, mélange d'expérience et de superstition ; Isabelle manie la langue avec dextérité et fait dire aux mêmes mots des choses différentes selon qu'ils sont entendus par Valère ou par Sganarelle ; Valère, timoré, ne sait jamais trop que faire, ainsi qu'en témoigne son langage presque constamment interrogatif ; et quant à Sganarelle, son amour du passé se marque dans les mots déjà vieillis qu'il emploie, tout comme son côté bourru et suffisant apparaît dans ses reparties brusques, ses remarques goguenardes, ses soupirs béats de satisfaction. Et, à certaines intonations, aux inflexions de sa voix, on entend déjà résonner une certaine fragilité derrière le bloc des certitudes. Arnolphe n'est plus si loin.

L'ÉCOLE DES FEMMES

Tradition et nouveauté

L'École des femmes est créée, au théâtre du Palais-Royal, le 26 décembre 1662. De cette pièce qui marque véritablement la naissance de la grande comédie moliéresque, et qui impose sur la scène française une façon nouvelle de concevoir le théâtre comique, ses adversaires soulignent aussitôt, comme pour en minimiser la réussite, le manque d'originalité. Donneau de Visé, s'il admet qu'elle a « produit des effets tout nouveaux », attribue son succès à la seule curiosité mondaine : « Tout le monde l'a trouvée méchante, et tout le monde y a couru. » Mais, pour ce qui est du sujet choisi par Molière, il le rapproche de celui de *L'École des maris* pour affirmer que, dans les deux cas, il « n'est point de son invention », mais « tiré de divers endroits ». L'argument est, certes, polémique et vise à désamorcer le succès de nouveauté qu'obtient la comédie, en prétendant que tout ce qu'elle présente a déjà été dit. Donneau ira même plus loin en affirmant un peu plus tard, dans *Zélinde ou la véritable critique de l'École des femmes*, que ce qu'il y a de plus brillant dans la pièce revient non à Molière, mais aux œuvres qu'il a imitées. Derrière le trait décoché reste, toutefois, une vérité : comme toujours, Molière va chercher son bien là où il l'entend, ne se privant d'aucune source qui puisse lui être utile. Aucune des comédies de Molière ne se passe de ces apports, l'imitation faisant, dans le théâtre comique plus qu'ailleurs, partie du genre. Il existe tout un répertoire de situations, de thèmes, de personnages où Molière, comme ses confrères, ne se prive pas de puiser, l'important résidant non dans le fait qu'il ait recours aux textes de ses devanciers, mais dans le choix qu'il fait parmi eux et dans le traitement qu'il leur fait subir. Et, de fait, *L'Ecole des femmes* semble bien, à voir le nombre de sources que depuis le XVIIe siècle la critique a répertoriées, être redevable à tant de textes et d'auteurs que l'appoint particulier de tel ou tel se dissout totalement dans ce qui est, plus que jamais, la création moliéresque. On a cité Boccace, Straparole, Doña Maria de Zayas, Calderon, Lope de Vega, Dorimond, Scarron, et même Plutarque, Machiavel, Cervantès et Saint-Grégoire de Nazianze, sans compter d'autres noms de moindre renommée. Comment, dans cette avalanche de sources, rendre à César ce qui lui revient ? Peut-être en remarquant simplement que Molière, en faisant appel aux textes qu'il sollicite, intègre à sa comédie certaines traditions littéraires et théâtrales dont il entend se réclamer. Ainsi envisagées, les sources de *L'Ecole des femmes* révèlent trois composantes essentielles, sur lesquelles repose la pièce. La première de ces composantes est constituée par la tradition du conte et de la farce, sensible dans les deux références principales : Scarron et l'Italien Straparole. La nouvelle de *La Précaution inutile* que Scarron publie en 1655, en traduisant lui-même l'original espagnol de Doña Maria de Zayas, présente un gentilhomme qui élève une enfant, l'entoure de gardiens stupides, la maintient dans l'ignorance, puis l'épouse. Malgré toutes ces précautions, survient un galant qui voit la fille au balcon, entre en contact avec elle grâce à une vieille entremetteuse, et parvient à ses fins. Le conte tiré des *Facétieuses Nuits* de Straparole apporte, quant à lui, l'idée d'un jeune homme qui tombe amoureux de la femme de son professeur, sans savoir qui elle est, et qui prend le mari pour confident de ses amours et des péripéties qu'elles entraînent, lui racontant par exemple qu'il s'est retrouvé enfermé dans une armoire pour se cacher du mari jaloux. La contamination des deux contes fournit à Molière l'ossature même de sa comédie et lui apporte ces éléments connus que sont le mauvais tour, le jaloux dupé, le cocu malgré lui. Cette atmosphère de tromperie lie la comédie au registre farcesque et fait d'abord d'Arnolphe un bouffon, au même titre que son devancier Sganarelle.

À cette première composante s'ajoute, comme dans *L'École des maris*, la tradition de la comédie d'intrigue : même s'il est douteux que Molière ait connu *La Dama boba*, pièce dans laquelle Lope de Vega montre comment une jeune fille niaise se transforme sous l'effet de l'amour, bien des péripéties de *L'École des femmes* baignent dans une atmosphère romanesque qui sent la comédie à l'espagnole. Un balcon où apparaît la jeune fille et où grimpe, de nuit, un galant ; une lettre d'amour qui enveloppe un grès qu'on fait mine de lancer au jeune homme ; celui-ci, victime d'un piège que lui tend son rival et qu'on laisse pour mort ; la jeune fille qui s'enfuit et qui se retrouve confiée au jaloux, lequel se cache dans son manteau pour n'être pas reconnu ; l'arrivée à point nommé d'un père d'Amérique, permettant la reconnaissance finale et le mariage des amants : Molière, là non plus, ne cache pas ses dettes, d'autant que l'essentiel de l'intrigue repose sur le ressort romanesque le plus traditionnel, un quiproquo. Et comme s'il cherchait précisément à maintenir son public en terrain connu, Molière fait appel à une troisième composante : son propre théâtre. Ses ennemis, là aussi, ne manquent pas de le relever : *L'École des maris* et *L'École des femmes* présentent plus qu'une parenté de titre. Le point de départ est le même : Arnolphe maintient Agnès sous sa coupe comme Sganarelle le faisait d'Isabelle, et il professe sur le mariage, l'éducation des filles et les mœurs du siècle des opinions fort comparables. Le développement de l'action, avec dans les deux cas la jeune fille qui use de divers stratagèmes pour déclarer son amour, rencontrer son galant et finalement se remettre entre ses mains, n'est pas non plus sans présenter quelques rapports. Et le dénouement qui voit le barbon jaloux favoriser le mariage des deux jeunes gens sans même s'en rendre compte et découvrir, au bout du compte, qu'il a été berné, pousse jusqu'à son terme la ressemblance entre les deux pièces. Arnolphe, certes, ne s'appelle plus Sganarelle, mais il en garde l'âge, les opinions et même, sur bien des points, le caractère. Voilà donc une comédie qui semble répéter comme à plaisir des schémas éprouvés et ne pas hésiter à reprendre une pièce antérieure de l'auteur lui-même, comme si celui-ci, non content de « pille(r) dans l'italien » et de « pille(r) dans l'espagnol », comme disent ses adversaires *a*, allait jusqu'à se piller lui-même !

Et pourtant, *L'École des femmes,* malgré tous ces emprunts, ces sources, ces apports directs ou indirects, ne ressemble fondamentalement à rien de ce qui l'a précédée. La présence de la tradition comique, dans les deux formes principales qu'elle a prises jusqu'ici — farce et intrigue —, garantit à la pièce un indiscutable caractère de comédie, que vient renforcer la référence explicite à *L'École des maris*. Mais, sur cette base comique, Molière présente autre chose, que les mésaventures du bonhomme Sganarelle ne permettaient qu'à peine d'entrevoir : une peinture de la vie, et pas seulement des mœurs du temps et des préoccupations morales qu'elles engendrent, mais aussi de la vie personnelle et intime des individus. Projeter ainsi en plein jour, sur la scène publique, les ridicules et les souffrances, les pulsions et les passions ; pénétrer jusqu'à ces zones troubles de l'inavoué et de ce que l'on n'appelle pas encore l'inconscient ; faire voir l'homme à vif, à nu : voilà bien le vrai scandale. Ce faisant, Molière transgresse non seulement les lois tacites qui réservent à la comédie une fonction anodine de divertissement et de fantaisie, mais il amène le théâtre à investir ces territoires réservés que sont

---

a. Alcidor, dans *La Guerre comique* du sieur De la Croix, dispute quatrième.

le cœur et l'âme, chasse gardée des directeurs de conscience. Cette jeune fille qui enfreint allégrement, sans y voir à mal, tous les interdits, qui découvre le plaisir en se passant du péché, et qui fait la preuve de l'inanité des sermons moralisateurs dont on l'abreuve, ne peut que paraître subversive. Et ce barbon qui couvre ses propres désirs du voile social et moral de l'éducation, qui cherche à modeler son élève à sa discrétion, à s'insinuer dans ses plus secrètes pensées pour en faire ce que bon lui semble, donne de l'autorité dont il est investi une image qui ne laisse pas d'être inquiétante, et à laquelle il ne manque plus que l'hypocrisie d'un Tartuffe pour apparaître une imposture absolue. Les dévots, qui commencent à s'agiter, le sentent bien, et Boursault, dans *Le Portrait du peintre,* lance l'anathème contre Molière, en l'accusant d'impiété, tandis que Robinet renchérit en disant qu' « il parle en théologien [b] ». Le premier, Boileau a senti le fond du débat, lorsqu'il souligne que l'art de Molière fait du comique un discours sérieux : « Et ta plus burlesque parole / Est souvent un docte sermon », écrit-il [c], renversant à l'avance la proposition de Boursault : « Un sermon touche l'âme et jamais ne fait rire [d]. » Au-delà des jalousies de confrères et des indignations de snobs, la querelle qui s'ouvre autour de *L'École des femmes* vise, en fait, à instruire le procès d'une comédie qui touche ainsi à l'essentiel. Elle témoigne, par la violence des réactions, de la nouveauté radicale de la pièce.

Construction

Un autre reproche, plus clairement exprimé, est fait aussitôt à Molière, et qui le touche suffisamment pour qu'il y réponde longuement dans *La Critique de l'École des femmes* : celui d'une construction maladroite qui est, dit Robinet, « contre toutes les règles du dramatique [e] ». Et il est vrai que *L'École des femmes* présente une curieuse organisation, l'essentiel de l'action s'y présentant sous forme de récits et les réactions du personnage principal engendrant une multiplicité de monologues. À quoi s'ajoutent une intrigue passablement artificielle, une vraisemblance pas toujours très assurée et un dénouement pour le moins postiche. « Peut-on souffrir, demande Lysidas dans *La Critique,*

b. Robinet, *Panégyrique de L'École des femmes,* scène V.
c. *Stances à M. Molière sur sa comédie de L'École des femmes,* in *Œuvres complètes,* Pléiade, 1966, p. 246.
d. *Le Portrait du peintre,* scène VII.
e. Robinet, *ibid.*

une pièce qui pèche contre le nom propre des pièces de théâtre ? Car enfin, le nom de poème dramatique vient d'un mot grec qui signifie agir, pour montrer que la nature de ce poème consiste dans l'action ; et dans cette comédie-ci, il ne se passe point d'actions, et tout consiste en des récits » (scène VI). Voilà clairement posée, et par Molière lui-même, la question de la structuration dramatique de la comédie. Or la façon dont il prend soin, par la bouche de Dorante, de les justifier suffirait déjà à prouver que ses choix ne sont pas gratuits et procèdent d'une volonté délibérée. En fait, pour être inhabituelle, la structure de la pièce n'en présente pas moins une forte unité, tout entière dépendante du personnage central d'Arnolphe. Celui-ci, en effet, est constamment présent, participant à trente et une des trente-deux scènes que compte la comédie. Or c'est précisément cette présence qui structure l'action, par les rapports que le personnage entretient avec ses partenaires. Cinq grandes situations se dégagent ainsi, dont la répétition et l'entrecroisement constituent la véritable action de la pièce.

La première situation, sur laquelle s'ouvre la comédie, met en présence Arnolphe et Chrysalde. Il s'agit en quelque sorte du nœud théorique de l'action, les conceptions qu'Arnolphe développe face à son ami présentant les idées qui sous-tendent la façon dont il élève sa pupille et dont il entend en faire son épouse. Or toute la comédie va se charger de démontrer la vanité de ces idées, et apparaît du coup comme une leçon donnée au personnage plein d'assurance de la première scène. Sur ce plan, l'intervention active de Chrysalde au dénouement confirme ce retournement : c'est lui qui a le dernier mot, comme il avait eu le premier face à un Arnolphe entêté qui refusait déjà de l'entendre. Cette discussion théorique, qui voit s'affronter les deux amis, se trouve directement confrontée à la réalité (et c'est la deuxième situation) avec l'arrivée d'Horace : celui-ci, mettant en effet en péril la construction patiemment élaborée par Arnolphe, l'oblige à agir. La seule possibilité pour le tuteur de la jeune fille est de dresser devant son rival des obstacles ; mais, à la satisfaction du barbon, qui croit avoir trouvé la parade infaillible, succède, à chaque nouvelle rencontre d'Horace qui lui apprend comment il a contourné l'obstacle, un nouvel abattement d'Arnolphe. Cette séquence à trois temps — assurance, désillusion, désespoir — constitue le schéma dramatique de base de la pièce. Les récits d'Horace, par l'effet produit sur Arnolphe, viennent chaque fois relancer l'action, jusqu'à ce point ultime où Agnès s'échappe de la maison où on la tient enfermée. Une troisième situation vient, en effet, doubler la précédente : il s'agit des scènes où Arnolphe se trouve face à Agnès. La répartition de ces scènes, au début et à la fin de la comédie, montre nettement le parti pris par le dramaturge. En faisant disparaître Agnès pendant la presque totalité de la pièce, alors qu'Arnolphe occupe constamment le devant de la scène, Molière choisit de privilégier le point de vue de la victime ridicule. L'optique est ainsi délibérément comique, ce qu'elle ne serait pas si la pièce était vue sous l'angle de la jeune fille (comme pourrait l'imaginer un Musset ou un Giraudoux). De la sorte, tous les efforts d'Arnolphe n'apparaissent jamais que comme une agitation vaine, alors que l'important se passe dans l'ombre, que la jeune fille s'éveille à la vie en silence, dans une métamorphose qui, préservée du bruit et de la fureur, présente quelque chose de magique. Au contraire, les soupirs, les cris, les pleurs même d'Arnolphe, amplifiés par la complaisance qu'il met à s'épancher dans de longs monologues — c'est ici la quatrième situation, qui le met face à face avec lui-même —, accroissent le ridicule du personnage. Et ce côté bouffon est encore confirmé, à intervalles réguliers, par la cinquième situation, qui met Arnolphe aux prises avec des comparses, serviteurs stupides ou notaire pédant, qui relèvent tous du registre farcesque.

Arnolphe est ainsi l'axe de la comédie, et la séquence structurelle de ses démêlés avec Horace, selon laquelle progresse l'action — assurance, désillusion, désespoir — ne fait rien d'autre que renvoyer au schéma de la pièce tout entière : des certitudes et du contentement de soi qu'il affiche à l'ouverture de la comédie, le bonhomme passe, par une série de ruptures qui viennent ébranler son assurance, à un désarroi final qui ne peut, lui qui a occupé seul la scène, que l'amener à la quitter pour laisser la place à d'autres. Évolution psychologique, mais doublée d'un sens à la fois social et moral, où s'inscrit la leçon de la pièce : la situation initiale, qui donne à Arnolphe la toute-puissance et présente une Agnès soumise, débouche, par des péripéties où s'effrite cette puissance et où se rebelle cette soumission, sur une situation inversée qui voit l'homme, défait, se retirer, tandis que s'affirme la victoire de la jeune fille. Si, dans sa forme anecdotique, qui fait surgir à point nommé les pères nécessaires pour conclure l'union des deux jeunes amoureux, le dénouement peut paraître artificiel, reste qu'il répond en profondeur au mouvement interne de la comédie : Arnolphe a définitivement perdu Agnès et, mariage ou pas, la messe est dite...

Personnages

L'importance prise par Arnolphe dans le déroulement et l'organisation de l'action fait que le sens même de la comédie dépend, pour une large part, de l'interprétation qu'on donne du personnage. À cet égard, la tradition théâtrale témoigne d'une ambiguïté révélatrice. Si l'on regarde la façon dont les acteurs qui ont joué le rôle l'ont interprété depuis l'origine, on se rend compte en effet que deux directions quasi opposées ont été données au personnage : d'un côté, un jeu bouffon, farcesque, renforçant l'image d'un barbon ridicule. Molière, on le sait, jouait Arnolphe en charge, avec roulement d'yeux, grimaces, soupirs à ébranler la scène. Après lui, cette tradition s'est maintenue et par Baron, Provost, Coquelin et d'autres, est parvenue jusqu'aux interprétations les plus récentes, celles d'un Ledoux ou d'un Le Poulain, donnant à voir un personnage grotesque, n'ayant que ce qu'il mérite, et ne pouvant susciter que le rire. Plus récente, et datant de l'époque romantique, une autre interprétation a voulu faire ressortir au contraire ce qu'il y a de touchant, de pathétique, voire de tragique, dans le personnage et le sort d'Arnolphe. Lucien Guitry, qui poussait cette interprétation à l'extrême, affirmait qu'une « continuité douloureuse » fait le fonds du bonhomme. Et la fameuse reprise du rôle par Louis Jouvet, en 1936, si elle conservait résolument à Arnolphe son côté bouffon, ne cachait pas la part de désespoir qu'il y a en lui. Alors, Arnolphe comique ou tragique ? La question a été souvent posée, et peut s'appliquer à l'ensemble du théâtre de Molière. Il se trouve simplement qu'elle prend avec Arnolphe une pertinence particulière. Qu'il y ait, en effet, en lui un côté farcesque ne fait pas de doute : son nom, hérité du saint patron des maris cocus ; sa phobie des cornes ; les situations bouffonnes où il se met, poireautant à sa porte du fait de la sottise de ses serviteurs ou menant avec son notaire un dialogue de sourds ; la façon même dont il apparaît aux autres personnages qui le jugent « fou de toutes les manières », « ridicule », « jaloux à faire rire », « homme bizarre » ou « franc animal » ; l'emploi d'arroseur arrosé qu'il tient dans la comédie et qui le rattache au vieux personnage du berné ; et aussi ses colères outrancières, ses contorsions, ses « je crève », ses « j'enrage », et le langage gaillard et vieillot qu'il affectionne ; tout cela le confirme, et ne laisse aucun doute sur l'intention de l'auteur d'en faire un personnage bouffon. « Ne voyez-vous pas, dit Uranie dans *La Critique*, que c'est un ridicule qu'il fait parler ? » Sentiment d'ailleurs partagé par les contemporains : c'est sous l'habit d'Arnolphe que Molière figure dans le tableau des farceurs du temps.

Et pourtant, relevés aussi par les contemporains, bien des traits échappent à cette image de grotesque ridicule : la qualité et le sérieux de l'homme d'esprit, soulignés par Lysidas dans *La*

Critique ; son côté honnête homme, qui apparaît dans l'affection qu'il porte à Horace et dans la générosité avec laquelle il lui ouvre sa bourse ; son attitude, de plus en plus inquiète qui tourne au désarroi ; la façon dont il abandonne tout scrupule, toute honte même, allant jusqu'à s'humilier devant Agnès : « Écoute seulement ce soupir amoureux / Vois ce regard mourant » (v. 1588) ; et les cris tragiques qui lui viennent, en des vers raciniens : « Éloignement fatal ! voyage malheureux » (v. 385), « Et c'est mon désespoir et ma peine mortelle » (v. 985)... On peut comprendre, après cela, la réaction de Maxime de Trailles, dans la *Béatrix* de Balzac : « Moi je pleure à la grande scène d'Arnolphe[f]. »

Concilier des éléments aussi contradictoires revient d'abord à souligner, avec Molière, qu'il n'y a pas incohérence psychologique à ce qu'un personnage puisse, comme tout homme, être « ridicule en de certaines choses et honnête homme en d'autres » (*La Critique*, scène VI). Mais surtout, c'est faire la part des multiples composantes du personnage d'Arnolphe, qui transforment un homme autoritaire et sûr de lui en victime décontenancée. Son drame est d'abord celui d'un homme de 42 ans, sur le penchant de l'âge (surtout en un siècle où l'espérance de vie n'est pas si longue), tout entier tourné vers le passé, bourré de préjugés rétrogrades, et dont le comportement amoureux ne laisse pas d'être complexe : vieux garçon, le spectacle qu'il se donne des gens mariés, comme s'il se plaisait à collectionner les infortunes des autres, révèle un voyeurisme un peu malsain. Et s'il a choisi de se modeler une femme à sa convenance, en la maintenant dans l'ignorance et l'infantilisme, c'est peut-être moins pour pouvoir mettre en pratique les théories dont il se gargarise en matière d'éducation des filles et de mariage que parce que les femmes le mettent mal à l'aise, et sans doute même lui font peur. Ce célibataire de 42 ans a-t-il jamais connu l'amour ? On peut en douter, à voir son inexpérience devant une Agnès qui semble vite plus avertie que lui. Sur ce plan, la sensualité qui lui met l'eau à la bouche devant ce jeune tendron qu'il s'est réservé n'est pas vraiment le fait d'un bon vivant, gaillard et paillard, habitué des frasques amoureuses : cela sent plutôt son apprenti jouisseur, salivant d'avance devant le beau fruit qu'il a patiemment fait mûrir et qu'il s'apprête à croquer. Ce poids de l'instinct, qui n'est pas pour rien dans son curieux comportement et qui même, étant donné le rôle qu'il tient auprès d'Agnès, a comme un relent

---

f. Balzac, *Béatrix*, in *La Comédie humaine*, Pléiade, 1976, t. II, p. 910.

incestueux, se trouve doublé par une autre exigence, dont manifestement il n'avait jusque-là jamais senti la force : celle de son cœur. *L'École des femmes*, c'est aussi l'éveil amoureux d'un homme de 40 ans, totalement désarçonné devant un sentiment qu'il éprouve pour la première fois : « Chose étrange d'aimer », ne peut-il que soupirer. Si ce trouble soudain éprouvé, avec ce qu'il entraîne d'efforts, de maladresses, de promesses, de menaces, apparaît ridicule, c'est bien sûr parce qu'il provient de quelqu'un qui proclamait bien fort sa certitude d'être au-dessus de telles atteintes ; mais c'est aussi parce qu'il introduit un décalage entre un âge, une fonction, un habit et un comportement qui ne leur correspond guère. À 40 ans passés, le bourgeois Arnolphe n'a plus tout à fait l'âge de ses émois. Et peut-être, avec cette Agnès qu'il a sciemment maintenue dans un état d'enfance, n'a-t-il inconsciemment cherché que cela : retenir une jeunesse qui s'éloigne de lui. Mais que peut-il contre un rival de 20 ans, assez leste pour grimper aux échelles, escalader les balcons et se glisser dans les armoires ? Et que peut-il surtout face à ce « morceau de cire », qu'il croyait avoir façonné selon ses vœux et qui, soudain, se révèle pour ce qu'il est : une femme ? Toutes les théories d'Arnolphe viennent se briser devant cette évidence nouvelle qu'il découvre : lui qui professait sur l'éducation des filles des opinions tranchées, qui ne concevait le mariage que comme l'affirmation du pouvoir de l'homme, assiste impuissant à l'écroulement de ses idées. Et lui qui distinguait le corps et l'esprit, qui prétendait pouvoir disposer librement du corps d'Agnès en maintenant son esprit dans le néant de la sottise, découvre chez sa pupille, mais aussi en lui-même, que les deux sont liés, qu'il n'y a pas une « substance étendue » différente de la « substance pensante », comme disent les cartésiens, mais bien une unité de la matière et de l'esprit. On sait que Molière avait traduit Lucrèce et fréquenté Gassendi. Son anti-dualisme fait le fonds philosophique de l'expérience d'Arnolphe et de l'éveil d'Agnès, qui en constitue comme le versant opposé.

Là encore, l'interprétation du personnage s'est toujours partagée entre deux grandes tendances : l'une insiste sur l'innocence totale, la pure ingénuité d'une jeune fille fragile et un peu sotte, découvrant en toute candeur ce qu'on avait voulu lui cacher ; l'autre, au contraire, dégage ce côté ingénu de toute niaiserie, pour lui donner un aspect plus complexe : énergique, sensuel, malicieux, voire inquiétant. Or, à la différence d'Arnolphe, Agnès n'a dans la pièce qu'un rôle réduit : c'est tout juste si elle prononce quelque cent cinquante vers, et sa mue, on l'a dit, se fait dans l'ombre, lui conservant ainsi un certain mystère qui à la fois en préserve la magie, mais en rend plus délicate l'interprétation. Par son prénom même, qui rappelle une vierge pudique dont les cheveux s'étaient allongés pour couvrir sa nudité, Agnès représente la candeur. Sa situation d'enfant abandonnée, recueillie par un tuteur qui l'a fait élever par des religieuses et exerce sur elle une autorité absolue, n'a rien d'exceptionnel en son siècle. La loi, d'ailleurs, garantit totalement les pouvoirs d'Arnolphe, alors qu'Horace risquerait gros s'il était convaincu de rapt. Dans une société qui contraint la jeune fille à l'obéissance et la maintient, par l'éducation qu'elle reçoit, dans une enfance prolongée, elle découvre avec Horace le monde dont elle a jusque-là été privée. La politesse, les cadeaux, le langage galant du jeune homme, comparés au côté bourru d'Arnolphe, et plus encore la grâce de ses manières et de son physique déclenchent d'abord chez elle l'éveil d'une intelligence jusqu'alors endormie, qui l'amène bien vite à dissimuler, à écrire une lettre, à imaginer des stratagèmes. Elle qui ne disait rien, dont le seul discours consistait à répéter les maximes apprises, la voilà qui prend la parole, et qui entend bien ne plus la perdre. Alors qu'Arnolphe, qui ne sait plus que dire, se retire sur un « oh » qui le rejette dans le silence, elle, désormais, parle, et les derniers mots qu'elle prononce sont l'affirmation de cette liberté conquise : « Je veux rester ici. » Toutefois, son esprit n'est pas seul à sortir de son engourdissement : découvrant l'amour, Agnès sent monter en elle un trouble qui n'est pas qu'affectif. La douceur de ce qu'elle éprouve la « chatouille » agréablement, et le plaisir qu'elle appelle montre que ses sens s'éveillent en même temps que son cœur. Elle n'en éprouve pas de honte puisqu'elle n'y voit pas de mal : « Le moyen de chasser ce qui fait du plaisir ? » (v. 1527), demande-t-elle. Que cet éveil soit rapide, et qu'elle apprenne beaucoup en peu de temps s'explique peut-être tout simplement par le fait qu'elle a beaucoup à rattraper. Le monde, qui était pour elle lisse et sans mystère, devient énigmatique et excitant : Agnès pose des questions, veut savoir, veut vivre. Arnolphe, refusé, rejeté, nié, n'y peut plus rien. Et il n'est pas sûr qu'Horace lui-même ne soit vite dépassé par ce désir qu'il a déclenché : « Non, vous ne m'aimez pas autant que je vous aime » (v. 1469), lui dit-elle déjà...

L'éveil d'Agnès est sans doute symbolique de bien des choses : il porte en lui tout ce qui concourt à la conquête par les femmes, dans une société qui les brime, de leur propre liberté ; il dit aussi, face à un Arnolphe vieillissant, la force de la jeunesse ; il dit encore que si l'homme a son pouvoir, la femme a le sien, et qui n'est pas le moins puissant. Mais peut-être dit-il surtout le mystère de l'adolescence, de l'être qui se dépouille de son enfance pour devenir adulte. La candeur piquante d'Agnès, cette ingénuité qui peut être cruelle sans le savoir traduisent le moment même de la métamorphose. Et lorsque lui vient le désir irrépressible de prendre son envol, l'enfant alors s'estompe. Le petit chat est mort.

REMERCIEMENT AU ROI

La chute de Fouquet en septembre 1661 laisse un grand vide dans le monde littéraire. Le mécénat qu'exerçait le surintendant, et dont Molière lui-même avait bénéficié, avait en effet profité à bon nombre d'écrivains. Or son interruption brutale ne peut que rendre plus problématique l'existence d'une vie culturelle fragilisée déjà par son manque d'organisation sociale. Dans ces conditions, la décision prise par Louis XIV, dès 1662, de mettre en place un système de pensions royales, destinées à subventionner les hommes de lettres, apparaît comme un des aspects de cette « prise de pouvoir » qui caractérisent la première année du règne. La conception que Louis XIV se fait de la monarchie, et qu'il commence aussitôt à appliquer, l'amène à cette idée que le culturel est une dimension du politique. Les gratifications qu'il décide d'octroyer aux écrivains transforment dès lors l'aide privée en véritable mécénat d'État. La faveur royale devient doublement vitale pour les écrivains : non seulement parce qu'elle leur assure la possibilité matérielle de vivre, mais aussi parce qu'elle les intègre dans le grand dessein d'une monarchie décidée à manifester sa puissance par son éclat et fixant, de ce fait, à tous les créateurs artistiques un rôle de premier plan.

La liste proposée par Chapelain, et qui sert de base aux pensions que fait établir Colbert en juin 1663, réserve à Molière une place non négligeable : si Mézeray, l'historiographe, obtient quatre mille livres et Corneille trois mille, les mille livres dévolues à l'auteur de *L'École des femmes* témoignent que, dans la querelle causée par la pièce, Molière peut compter sur le soutien royal. Cette première gratification, importante pour un acteur dont l'œuvre d'auteur est somme toute récente, sera d'ailleurs régulièrement suivie d'autres chaque année, Molière prenant une place de plus en plus importante dans le dispositif culturel du règne.

Le *Remerciement au Roi*, sorte de réponse obligée à laquelle devait se soumettre tout nouveau gratifié, dut être écrit aussitôt, vers le milieu de 1663, au moment même de *La Critique*, sans doute tout juste après : dans le *Panégyrique de l'École des femmes*, qui date de novembre 1663, Robinet y fait un large écho, disant « qu'on en a la dernière estime à la Cour », parce qu'il

« tient beaucoup du tableau que (Molière) a fait de la mode et des actions des courtisans, tant dans ses *Précieuses* que dans son *École des maris,* et dans sa *Critique* et celle des *femmes,* car c'est un salmigondis de toutes ces pièces ». Aucune mention, en revanche, n'est faite de *L'Impromptu de Versailles,* qui date d'octobre, et où pourtant les marquis abondent. On peut en déduire que le *Remerciement* fut composé entre juillet et octobre. Il fut d'ailleurs publié aussitôt.

L'intéressant, ici, est de voir avec quelle aisance Molière se tire de cet exercice convenu. La vivacité et la liberté de la versification, l'ingéniosité de l'invention et, surtout, l'art du trait ajoutent, avec cette muse travestie en marquis, un personnage de choix à une galerie déjà riche en portraits. Le *Remerciement* transforme la cour en scène de théâtre. Louis XIV dut y être sensible : au-delà de l'élégance du compliment, il y a là une intuition profonde qui met d'emblée en accord Molière avec un roi dont le dessein est précisément de faire de son règne un spectacle.

LA CRITIQUE DE L'ÉCOLE DES FEMMES

Le contexte

Le succès de *L'École des femmes* n'apporte pas que des avantages à Molière. Certes, les recettes sont importantes : le registre de La Grange fait mention de 12 747 livres pour les onze premières représentations, soit près du double des chiffres enregistrés jusque-là. L'affluence est telle que la pièce qui a tenu l'affiche jusqu'au relâche de Pâques 1663 est reprise aussitôt après pour trente-deux séances supplémentaires. Tout le monde y court, attiré par le parfum du scandale qui a commencé à s'élever dès les premières représentations. Car une « fronde » s'est manifestée aussitôt, vive et mordante. Boileau en fait état dès le début janvier[a], et Loret, dans sa *Muse historique* du 13 janvier, parle de cette « pièce qu'en tous lieux on fronde, mais où pourtant va tout le monde ». C'est que la conjonction des ressentiments dresse contre Molière un front commun d'adversaires dont les motifs sont différents, mais dont le but est unique : abattre un auteur qui devient gênant. La cabale est d'abord mondaine : tous ceux que Molière a commencé à fustiger, depuis

---

a. Boileau, *Stances à M. Molière...,* op. cit., p. 246.

Les Précieuses et *Les Fâcheux,* petits marquis, précieuses de ruelles, prudes façonnières, esprits dévots, se sentent choqués par ce théâtre qui leur paraît sans doute un miroir un peu trop indiscret. Tous ceux-là trouvent dans les comédiens des autres troupes, et notamment chez les Grands Comédiens de l'Hôtel de Bourgogne, des alliés intéressés, car le succès de Molière, qui remplit chaque soir de représentation le théâtre du Palais-Royal, ne peut qu'éveiller la jalousie de troupes moins bien loties, et qui viennent même à plusieurs reprises d'essuyer, avec leur répertoire tragique, de graves échecs. Jaloux aussi, les confrères de Molière, qui voient d'un mauvais œil un auteur comique, héritier de la farce, toucher ainsi à des sujets sérieux et modifier, du même coup, les règles du jeu théâtral qui semblaient, pourtant, bien établies. Peut-être le grand Corneille n'a-t-il pas, dans la querelle qui va naître, le rôle central que lui prête l'abbé d'Aubignac, pour qui « *L'École des maris* et celle *des femmes* sont les trophées de Miltiade qui empêchent Thémistocle de dormir *b* », mais son frère Thomas, quant à lui, est assez ouvertement hostile à Molière ; et la pointe constituée par ce Monsieur de l'Isle, tirant son nom d'un quartier de terre entouré d'un fossé bourbeux, n'est pas pour apaiser les préventions de quelqu'un qui se fait précisément appeler de ce nom même de Monsieur de l'Isle ! Il y a, en tout cas, quelque contentieux entre les Corneille et Molière, et les considérations sur la tragédie, qui vont trouver place dans *La Critique,* ne sont pas étrangères à cette rivalité.

Toutefois, cette union des mécontents n'eût vraisemblablement pas pris toute son ampleur si elle n'avait trouvé, pour la matérialiser et l'amplifier, quelques journalistes disposant là d'un tremplin rêvé pour se faire connaître. Parmi eux, le rôle essentiel revient à Donneau de Visé : celui-ci, alors âgé de 25 ans, et qui n'a pas encore fondé *Le Mercure galant,* est probablement ce F. Donneau qui a essayé de se faire connaître trois ans plus tôt sur le dos de Molière, en publiant un plagiat de *Sganarelle ou le Cocu imaginaire,* intitulé *les Amours d'Alcippe et de Céphise ou la Cocue imaginaire.* En tout cas, avec *L'École des femmes,* il trouve l'occasion qu'il attendait. Le 9 février 1663, soit quarante-cinq jours à peine après la première de la pièce, il fait paraître son recueil des *Nouvelles nouvelles* où il a inséré une assez longue notice sur Molière. Il y retrace en quelques pages et en quelques formules fielleuses l'ensemble de la carrière de celui qu'il appelle « ce fameux comédien » ou « ce fameux auteur », sans jamais le désigner par son nom. À propos de *L'École des femmes,* il met en

---

b. D'Aubignac, *Quatrième dissertation sur le poème dramatique,* 1663.

avant un certain nombre d'accusations qui vont se trouver dès lors constamment reproduites tout au long de la querelle : le sujet n'est pas de l'invention de Molière ; le mouvement dramatique est « le plus mal conduit qui fût jamais » ; le succès de la pièce tient moins à ses qualités propres qu'à la curiosité d'un public alléché par le scandale ; et, s'il y est tant question de maris cocus et de jaloux, c'est que l'auteur « est du nombre de ces derniers ». On le voit, les attaques personnelles se mêlent à l'examen critique. Donneau de Visé donne d'emblée à la querelle, et à celles qui suivront, le caractère haineux qui cherche, pour abattre l'auteur, à déconsidérer l'homme.

De telles insinuations poussent sans doute Molière à mener à son terme, c'est-à-dire jusqu'à la représentation, cette « dissertation », ce « dialogue ou, si l'on veut, cette petite comédie » dont il signale, dans la préface de *L'École des femmes,* que l'idée lui est venue « après les deux ou trois premières représentations de (s)a pièce ». La soudaineté du projet témoigne de l'ampleur prise, dès le début, par la fronde, puisque Molière éprouve aussitôt le besoin de se défendre. S'il attend quelques mois, c'est peut-être, comme il le dit dans la même préface, parce qu' « une personne de qualité » — en l'occurrence l'abbé du Buisson, homme de ruelles, bien introduit dans le monde — l'a devancé en réalisant cette défense dont lui-même avait eu l'idée. Mais c'est surtout parce que, jusqu'en février, la fronde est restée uniquement verbale ; avec les *Nouvelles nouvelles,* elle prend une autre dimension, proprement littéraire. Dès lors, le danger se précisant, attendre risquerait d'être néfaste et de laisser la parole aux seuls opposants de la pièce. Aussi, le 17 mars 1663, c'est la publication du texte de *L'École des femmes,* avec une préface, qui, en bonne tactique publicitaire, annonce *La Critique,* mais entretient suffisamment le doute sur sa représentation pour échauffer l'attente du public et surtout faire mijoter ses adversaires. En bon directeur de troupe, Molière n'entend pas que tout le bruit fait autour de sa comédie profite à ses seuls ennemis. Et quelle meilleure façon de répliquer à leurs sous-entendus que de porter l'affaire au grand jour, sur la scène, en mettant les rieurs de son côté ? De la sorte, c'est Molière qui choisit son terrain : en répliquant par une comédie, il veut d'abord montrer que le fond du débat touche au théâtre lui-même ; mais aussi, défiant ses adversaires de se mesurer avec lui sur la scène, il les amène en quelque sorte à devoir accepter le terrain qu'il leur désigne. Et sur ce terrain, Donneau, Boursault ou autres Robinet ne pèsent guère... Du même coup, en faisant de la querelle le sujet d'une comédie, Molière retourne d'emblée la situation à son profit . toutes les répliques qui suivront seront condamnées à n'être que des contre-critiques ou des critiques de la critique... De plus, en choisissant de mettre sur la scène un marquis, une précieuse et un auteur dramatique, Molière désigne ses adversaires au grand jour et, les transformant en personnages de théâtre, les enferme dans son propre univers comique. Voilà donc ses ennemis épinglés malgré eux, devenus objets de dérision, livrés aux rires et à la curiosité d'un public qui cherche tout naturellement à mettre des noms sur ces visages ridicules. Une clef a peut-être circulé [c]. En tout cas, nombreux furent ceux qui crurent se reconnaître. Le duc de La Feuillade et le chevalier d'Armagnac se prirent pour le Marquis et firent, dit-on, payer physiquement la chose à Molière, le premier en lui frottant le visage sur son habit hérissé de boutons tranchants, le second en lui faisant tourner sa perruque sur la tête. Donneau de Visé vit dans Lysidas l'abbé d'Aubignac et Boursault crut bon de s'y voir lui-même. Querelles de turlupins en mal de considération et qui prouvent, par la violence des réactions, à quel point Molière sait être un adversaire redoutable. L'aspect polémique de *La Critique* n'est pas à négliger : il montre que Molière se sent désormais suffisamment assuré pour se battre, et qu'il n'entend pas céder d'un pouce sur la conception qu'il se fait de son théâtre.

Le méta-texte

La Critique de l'Ecole des femmes, en effet, au-delà de son aspect circonstanciel, témoigne de conceptions rigoureuses en matière théâtrale et d'une maîtrise dramatique qui permet à leur auteur de les traduire de façon totalement neuve. Pour la première fois, utilisant cet enchâssement cher aux dramaturges du temps, Molière porte sur la scène son propre théâtre. Mais le dédoublement, ici, ne vise pas à cette « illusion comique » dont Corneille avait exploré les voies. Il relève plutôt de ce que l'on pourrait appeler une « ironie dramatique », qui fait d'une première pièce, *L'École des femmes*, le sujet d'une seconde, *La Critique,* permettant ainsi à l'auteur de devenir le lecteur/spectateur de sa propre création, le critique de *L'École des femmes*. Dédoublement lui-même démultiplié par le fait que Molière est aussi acteur, jouant sur scène le Marquis, adversaire résolu de la pièce, qui prend la parole pour fustiger d'un côté ce que Dorante, porte-parole de Molière auteur, défend de l'autre.

---

c. Boursault le prétend, dans *Le Portrait du peintre*. Mais le laquais qui est chargé d'aller la chercher ne rapporte que la clef de la porte !

Virtuosité technique qui donne le vertige et qui fait comprendre à quel point Molière est totalement le maître du jeu.

Texte, donc, sur un texte, *La Critique* est bien, d'abord, *de l'École des femmes*. Elle traduit scéniquement le débat qui s'est engagé à propos de la pièce, la répartition des personnages en deux camps égaux, trois pour, trois contre, n'étant que le reflet théâtral d'une situation réelle qui oppose partisans et adversaires de Molière. Tout au plus peut-on remarquer que, sur la scène, le camp des défenseurs — Uranie, Élise, Dorante — comporte deux femmes pour un seul homme, alors que le camp adverse — Climène, le Marquis, Lysidas — présente la proportion inverse de deux hommes pour une seule femme. Indication discrète de Molière pour souligner que sa comédie, favorable à la liberté des femmes, trouve chez celles-ci ses plus fermes défenseurs, et qu'elle se heurte du même coup aux réticences masculines. Bien que les personnages n'abordent jamais le fond du problème, le clivage ainsi suggéré montre que là est bien le nœud de l'affaire. Derrière toutes les critiques de façade, ce qui dérange vraiment dans *L'École des femmes,* et qui n'est jamais directement dit, c'est la remise en cause qu'elle opère des structures, sociales et mentales, d'une société qui n'est pas encore convaincue, malgré Mlle de Gournay et Poullain de la Barre, de l'égalité des deux sexes [d].

Toutefois, ce qui intéresse surtout Molière, dans *La Critique,* c'est moins de justifier une conception idéologique que sa pièce développe par ailleurs de façon suffisamment détaillée que d'affirmer, de manière explicite, la conception proprement théâtrale qui la sous-tend. Car le persiflage superficiel de Climène et du Marquis, comme les reproches plus circonstanciés de Lysidas, traduisent une attaque qui va bien au-delà de la seule *École des femmes.* C'est en fait la définition même de la comédie qui est en cause. À cet égard, *La Critique* se veut une défense et illustration du théâtre, tel que Molière entend le pratiquer. Lorsque Climène s'en prend aux « ordures » qui blessent, selon elle, la pudeur et l'honnêteté, ou lorsque le Marquis juge que la pièce ne vaut rien puisqu'elle déchaîne les rires du parterre, l'un et l'autre défendent une idée restrictive de la bienséance, fondée sur une morale et une esthétique de l'interdit. Par la bouche de Dorante, Molière revendique un autre goût, plus large, plus libre, n'ayant « ni prévention aveugle, ni complaisance affectée, ni délicatesse

---

d. Mlle de Gournay avait publié, dès 1622, une *Égalité des hommes et des femmes*. Ce n'est que dix ans après *L'École des femmes* que Poullain de la Barre publie, en 1673, l'ouvrage le plus important du siècle pour la cause féminine, *De l'égalité des deux sexes*.

ridicule », et fondé sur la notion centrale de plaisir. Mais il va plus loin : une telle façon de comprendre les règles — « je voudrais bien savoir si la grande règle de toutes les règles n'est pas de plaire » — met en question la hiérarchie supposée des genres dramatiques. Contre un théâtre tragique qui s'est peu à peu enfermé dans ses propres règles, qui est devenu le monde de l'outrance, de l'artifice, du stéréotype, Molière défend une esthétique du naturel : « Il faut peindre d'après nature. » Le parallèle de la comédie et de la tragédie développé à la scène VI est d'abord un plaidoyer pour affirmer bien haut, à un public qui ne l'admet pas encore vraiment, la dignité de la comédie, capable, et *L'École des femmes* en est la démonstration, d'aborder tous les sujets. Mais il traduit aussi la détermination d'un homme de théâtre bien décidé, face aux défenseurs d'un ordre statique, à affirmer sa liberté de créateur.

La façon dont Molière se fait, à cet égard, le commentateur de sa propre pièce donne à ses déclarations théoriques leur illustration pratique. En montrant que l'action de *L'École des femmes* repose sur les réactions du personnage principal, il définit, par-delà le comique de situation, un comique plus profond fondé sur l'analyse des ressorts intérieurs de l'homme. Et, comme si la chose n'était pas assez claire pour ceux qui, comme le Marquis, font mine de ne pas entendre, il ajoute qu'il n'a pas craint de peindre, dans une comédie, un homme livré à « la violence de la passion ». De même, en se défendant des sous-entendus malveillants qui, sous couvert de morale, l'accusent ni plus ni moins d'impiété, il n'élabore pas seulement une distinction entre vrais et faux dévots, qui lui sera utile dans les luttes futures qu'il aura à soutenir, mais il affirme implicitement qu'il n'est pas de domaine interdit à la comédie, puisqu'elle fait son lot de toutes les extravagances. À tous ceux qui n'ont que le mot de « sérieux » à la bouche, Molière réplique par la toute-puissance du rire, et « c'est une étrange entreprise que celle de faire rire les honnêtes gens ». Sous le brillant superficiel d'une conversation de salon perce ainsi la réflexion aiguë d'un dramaturge convaincu, qui montre à ses détracteurs comment doit être vu ce théâtre nouveau qu'il leur donne à voir. *La Critique* pourrait s'intituler aussi *La Comédie, mode d'emploi...*

Le texte

L'aspect méta-textuel de *La Critique,* confirmé par le fait que, depuis sa création, elle n'est pratiquement jamais représentée seule, mais donnée comme un appendice à *L'École des femmes,* ne saurait toutefois faire oublier qu'il s'agit d'un texte à considérer aussi pour lui-même, celui d'une comédie, en un acte et en prose. Depuis ses débuts, si l'on excepte les farces au canevas assez lâche, Molière n'a véritablement utilisé ce type de structure qu'une seule fois, avec *Les Précieuses ridicules*. On voit bien, par le rapprochement des deux pièces, en quoi une telle structure rapide — quelques scènes — et proche de la vie — on y parle en prose — correspond à cette tranche de vie sociale que constitue une réunion mondaine, une conversation de salon. Instantané fugace, comme le sera la répétition des comédiens dans *L'Impromptu de Versailles*. Mais le caractère enlevé de ce qui n'est qu'une « petite comédie » n'exclut pas tout travail de construction : sur une intrigue qui brille par son absence, Molière parvient à créer un véritable mouvement dramatique. En faisant entrer ses personnages les uns après les autres, il retrouve la structure même d'une conversation qui va s'élargissant, et qui est comme l'écho du bruit de la querelle. Mais il découpe surtout de façon très ingénieuse l'agencement de ses scènes : chacune voit, en effet, l'entrée d'un nouveau personnage, ce qui fait fluctuer les rapports de force au sein du groupe, tout en conservant au camp des défenseurs l'avantage initial que manifeste la présence sur scène, à l'ouverture de la pièce, d'Élise et d'Uranie. Ce jeu des entrées, accentué encore par les maladresses de Galopin qui en fait un véritable ballet comique, contribue à caractériser d'emblée chaque personnage. Climène et le Marquis ne s'introduisent presque, en fâcheux importuns, que par effraction. Dorante, lui, est attendu et trouve d'emblée la place qui lui revient. Quant à Lysidas, mieux traité que les deux mondains, puisque, si on ne l'a pas invité, on l'accueille du moins avec intérêt, sachant qu'il a des arguments à faire valoir, ses premiers mots règlent définitivement son cas : « Madame, je viens un peu tard... » Il retarde, en effet, et tout ce qu'il dira au long de cette longue scène VI où s'épanouit la discussion ne traduira rien d'autre que des idées retardataires. Molière trouve ainsi le moyen d'animer, par des procédés proprement dramatiques, ce qui n'a qu'une valeur théâtrale des plus réduites : des gens assis, et qui parlent. La moindre des réussites, sur ce plan, n'est pas la manière toute désinvolte dont il termine la comédie : on se lève et on va souper ! Comble de l'artifice, ou plutôt comble de l'ironie, puisque Molière imagine que ses personnages s'imaginent en train de jouer une comédie pour laquelle ils cherchent un dénouement, l'arrivée du valet annonçant que Madame est servie leur fournissant le dénouement qui leur manquait. Non content d'insister sur le côté artificiel d'une telle solution, Molière en profite pour dénoncer les conventions théâtrales des dénouements habituels des comédies, faits de reconnaissances et de mariages. Du coup, c'est l'artifice choisi qui devient naturel : comme le dit Uranie, « la comédie ne peut pas mieux finir ». Virtuose Molière…

La Critique permet d'ailleurs de juger à quelle maîtrise est parvenu celui que ses adversaires, ne croyant pas si bien dire, appellent « le peintre ». Plus encore que dans *Les Fâcheux*, où défilait une galerie d'importuns, l'art de Molière relève ici de ce que l'on pourrait appeler le *far presto*. D'un trait, il dessine une silhouette. La façonnière : « Il semble que tout son corps soit démonté, et que les mouvements de ses hanches, de ses épaules et de sa tête n'aillent que par ressorts (sc. II). L'esprit chagrin : « À tous les éclats de rire, il haussait les épaules, et regardait le parterre en pitié » (sc. V). Quelques mots pour tracer un portrait, sans même que les personnages aient besoin de paraître sur la scène : Climène, la précieuse, croquée par Élise avant qu'elle ne fasse son apparition ; Lysandre, l'esprit docte ; Araminte, la prude ; Damon même, l'écrivain, solitaire dans une société qui veut en faire un amuseur public, image-reflet de Molière lui-même. Beaucoup plus qu'un petit genre à la mode[e], où Célimène excellera, l'art du portrait témoigne ici de ce que Molière a réussi à faire du spectacle comique : non plus, comme dans la farce, un jeu de marionnettes, où chaque personnage se reconnaît à un nom, à un habit, et se réduit à un type ; mais un miroir de la vie où toute une société est appelée à défiler : « Toutes les peintures ridicules qu'on expose sur les théâtres, dit Uranie, doivent être regardées sans chagrin de tout le monde. Ce sont miroirs publics… » (sc. VI) À cet égard, *La Critique* marque un élargissement très significatif de la comédie moliéresque. Pour la première fois, Molière fait intervenir un milieu social qu'il n'a pas encore mis en scène, si ce n'est de façon parcellaire et indirecte dans *Les Précieuses* et *Les Fâcheux,* le milieu mondain, qui se partage entre la cour et les salons. Ce milieu, qui fera bientôt l'objet du *Misanthrope,* constitue, à côté du public populaire et bourgeois du parterre, l'autre grand groupe social où se recrute le public de ses pièces. En lui donnant à voir sa propre image, Molière sait que l'enjeu est d'importance, car l'idée qu'il se fait de la « grande comédie » le lie à ce milieu. Aussi *La Critique* offre-t-elle, dans sa peinture des mondains, un sens de la nuance où l'on voit à la fois toute la subtilité tactique de l'auteur engagé dans une querelle vitale pour son propre avenir, mais aussi l'extrême

---

e. La célèbre *Galerie des portraits de Mademoiselle,* contenant 59 portraits dus non seulement à Mlle de Montpensier, mais aussi à Segrais, La Rochefoucauld, Mme de La Fayette, Mme de Sévigné, a été publiée en 1659.

finesse de l'analyste, capable de déceler, dans un milieu plein de clans, de cabales, de luttes d'influence, les ressorts profonds et les lignes de partage. Les personnages de *La Critique* offrent entre eux un jeu de rapports extrêmement varié, et il suffit à Molière de quelques scènes pour créer une véritable comédie mondaine. Il joue pour cela de l'opposition qui naît de la discussion : Élise et Uranie face à Climène, Dorante face au Marquis et à Lysidas. Mais, plus subtilement, il joue aussi sur les distinctions personnelles, le Marquis face à Lysidas, Uranie face à Élise, voire sur les rapprochements qui s'opèrent en fonction des caractères, des goûts, du statut social : le Marquis et Climène, Uranie et Lysidas, Dorante et Élise. On ne saurait faire plus dense et plus varié.

   La Critique est donc bien, comme le dit Molière, « une petite comédie », c'est-à-dire, si l'on veut donner aux mots leur sens plein, une comédie véritable, ayant ses moyens propres. Pour être de circonstance, et liée à un texte dont elle est le prolongement, elle existe aussi par elle-même. De *L'École des femmes* à *La Critique*, de la « grande » à la « petite » comédie, il y a, certes, une différence de registre. Mais, *mutatis mutandis,* de l'une à l'autre, c'est bien Molière que l'on retrouve.

L'IMPROMPTU DE VERSAILLES

Comédie...

   L'Impromptu de Versailles, comédie : titre révélateur, s'il en est, chacun des trois termes qui le composent renvoyant, en effet, à un aspect essentiel du dessein de Molière. Comédie, d'abord, en un acte et en prose. C'est la formule de *La Critique*. Pourtant, de façon beaucoup plus développée et systématique que dans la pièce précédente, ce sont les variations sur le procédé du théâtre dans le théâtre qui modèlent ici la comédie et lui donnent une structure parfaitement originale. Qu'est-ce donc que *L'Impromptu ?* D'abord, une comédie donnée à Versailles, sur la scène de la salle de la Comédie, le 19 octobre 1663 (date la plus probable), devant le roi et la cour. La pièce est interprétée par l'auteur et sa troupe, invités par le roi pour une série de sept représentations où, à côté du *Sertorius* de Corneille, et de quatre pièces du répertoire moliéresque — *Dom Garcie de Navarre,* joué deux fois, *L'École des maris, Les Fâcheux* et *Le Dépit amoureux* — *L'Impromptu* est la création que Molière a réservée à son hôte pour l'occasion. Il s'agit là de ce que l'on pourrait appeler le niveau premier de la pièce, sa réalité matérielle et historique. Si l'on passe maintenant au niveau second, celui du contenu, on voit que le texte précise que « la scène est à Versailles dans la salle de la Comédie ». Le décor propose donc, comme enchâssé, dédoublé à l'intérieur de lui-même, le théâtre où Molière représente sa pièce : théâtre au sens strict *dans* le théâtre, scène qui n'est pas seulement l'espace où se déroule la représentation, mais aussi le lieu où l'auteur a choisi de situer l'action de sa comédie. Celle-ci met en scène une troupe de comédiens, celle de Molière précisément, qui répète une pièce que le roi a commandée. Cette pièce intérieure, et c'est le troisième niveau, traite des critiques qu'a entraînées contre Molière la querelle de *L'École des femmes,* et est censée se dérouler dans l'antichambre du roi, où se retrouvent plusieurs courtisans qui discutent du sujet. Les différents rôles sont tenus par Molière et ses comédiens, rôles qui reprennent largement les personnages mis en scène dans *La Critique.*

Du premier niveau au second, du réel au théâtral, l'identité est quasi totale, l'illusion parfaite : sur la scène, un décor reproduit la scène elle-même ; dans la salle, le roi assiste à une pièce qu'il a commandée, laquelle parle précisément d'une pièce commandée par le roi ; les acteurs en sont Molière et ses comédiens, qui jouent le rôle de Molière et de ses comédiens. L'identification est d'autant plus réussie que, lorsque la comédie commence, Molière est seul en scène ; il appelle ses comédiens qui ne sont pas encore là, et qui lui répondent d'un lieu qui est extérieur à la scène — coulisses, salle elle-même —, c'est-à-dire à la réalité de cette salle de la Comédie, où se trouvent aussi le roi, les courtisans, le public. Entrant en scène, passant de derrière à sur le théâtre, les comédiens ne passent pas vraiment d'un monde à un autre, puisque c'est leur propre chef, Molière, qui les appelle par leur véritable nom, et que ce sont leurs propres personnages — Mlle Du Parc, Mlle De Brie, Brécourt — qu'ils viennent retrouver. L'illusion tourne vite au vertige : le roi, pour qui la pièce est créée, assiste bien à la représentation de *l'Impromptu;* mais en même temps, ce qu'il voit sur scène, c'est une troupe qui répète et qui n'est pas prête pour cette représentation. Malgré les efforts du chef de troupe, l'impréparation est telle que le spectacle est impossible et que, d'ailleurs, le roi lui-même accepte de laisser quelque délai pour la mise au point, et reporte la représentation. Lorsque la comédie s'achève, on apprend donc qu'elle n'aura pas lieu. Et pourtant, elle a bien eu lieu, et même doublement, puisque avec *L'Impromptu,* le roi a assisté à une représentation réelle, et qu'il a vu aussi, en un raccourci saisissant, ce qui s'est passé avant la représentation, c'est-à-dire la répétition d'acteurs se préparant au spectacle auquel lui-même assiste ! De même que le début de la pièce confond espace réel et espace théâtral, le dénouement brouille le temps et montre simultanément le passé et le présent de la représentation.

Mais cela va plus loin encore : sur la scène, Molière, avant de faire répéter la comédie qu'il a préparée, cette comédie interne qui s'enchâsse dans la comédie externe, discute avec ses comédiens. Parmi ceux-ci, les femmes, plus bavardes ou plus directes, monopolisent pratiquement la parole. Chacune d'elles réagit en fonction de sa personnalité, de sa situation dans la troupe, de ses rapports avec Molière : Armande parle en jeune épouse, Madeleine en femme de théâtre intéressée aux affaires de la troupe, Mademoiselle de Brie en comédienne sensible, Mademoiselle Du Parc en actrice préoccupée de son image. Et Molière, qui a, ou a eu, avec chacune des liens très personnels, doit faire face à une sorte de fronde féminine, qui semble battre en brèche son autorité d'homme et de chef de troupe et illustrer ainsi cette liberté dont *L'École des femmes* traçait la voie. Le monde réel renvoie ainsi une fois encore au théâtre, et ce d'autant plus que, dans la discussion, sont lancées des idées de comédies possibles, sortes de projections sur la scène de spectacles simplement imaginés : Armande suggère une comédie conjugale, qui pourrait prendre la suite de *L'École des femmes,* Madeleine une comédie des comédiens, et Molière lui-même évoque une comédie qui mettrait en scène un poète et des acteurs, lesquels se lanceraient dans une imitation des comédiens de l'Hôtel de Bourgogne en train de jouer d'autres pièces, d'autres auteurs. Avant même que la répétition ait commencé, d'autres comédies sont ainsi esquissées et commencent même à être jouées, Molière ne se contentant pas de raconter, mais endossant tous les personnages et les interprétant devant ses comédiens, en allant même jusqu'à imiter chacun des acteurs de la troupe concurrente. Que survienne là au milieu un fâcheux sorti tout droit de la salle pour venir importuner les comédiennes, mais qui pourrait tout aussi bien sortir d'une comédie, *Les Fâcheux* par exemple, ne fait que renforcer cette confusion du vécu et du représenté qui donne l'impression que tous les plans se confondent.

Cette spirale vertigineuse de l'identification se prolonge, comme si elle était sans fin, au sein même de la pièce, lorsque intervient, avec la répétition proprement dite, la comédie interne. Cette dernière, en effet, poursuit le jeu de reflet : des courtisans, l'antichambre du roi, une discussion sur la dernière pièce engendrée par la querelle de *L'École des femmes.* Autant d'éléments qui renvoient à une réalité authentique que vient recouvrir pourtant le voile de la comédie, puisque marquis et précieuses semblent tout droit sortis de *La Critique de l'Ecole des femmes*, qu'Élise continue à exercer son esprit mordant face à Climène, tandis que Lysidas et le Chevalier débattent toujours de Molière et de sa comédie. De plus, la structure de cette comédie interne — une conversation mondaine qui va s'élargissant avec l'intervention progressive de nouveaux arrivants — répète le schéma dramatique de *La Critique* et donne l'impression qu'il s'agit de la suite de celle-ci.

C'est bien de comédie, donc, qu'il est question, mais d'une comédie faite de toutes les autres : celles déjà jouées ; celles encore en projet ; celle qu'on répète ; et celle-là même qui est en train de se dérouler sous les yeux du public. Et comédie faite aussi de ce qui se passe sur la scène et en dehors d'elle, avant et pendant la représentation, devant le public et derrière la scène : une comédie qui rassemble tout l'acte théâtral et où, poussant à bout le paradoxe du comédien, Molière joue tous les rôles — chef de troupe, auteur, metteur en scène, acteur et jusqu'à lui-même, devant venir défendre sa vie personnelle sur les planches du théâtre. Dans *Le Roman bourgeois,* Furetière imagine un roman total, universel, intitulé *La Vis sans fin.* *L'Impromptu de Versailles,* à sa manière, et en le transposant au théâtre, répond à ce projet fou.

Impromptu...

Paradoxe supplémentaire : cette pièce au mécanisme complexe se présente comme un « impromptu ». Or le théâtre, comme la comédie elle-même le montre, c'est le monde du préparé : l'auteur écrit pour des comédiens un texte que ceux-ci apprennent, répètent, jouent. Rien d'improvisé dans tout cela, tout au contraire est calculé, prévu : le nombre de pas, la position du corps, les inflexions de la voix. Et *L'Impromptu* lui-même n'est pas improvisé devant le roi, mais joué à partir d'un texte qui a été travaillé par la troupe et sur lequel Molière a réfléchi, en pesant ses mots, puisqu'il explique lui-même pourquoi il a choisi de répondre ainsi, et non pas d'une autre manière. Ses ennemis, d'ailleurs, ne se privent pas de se gausser de ce « prétendu impromptu », et insinuent même que Molière n'a fait qu'y reprendre des procédés et des plaisanteries qu'il tenait en réserve depuis longtemps. Montfleury n'hésite pas à parler même d'un « impromptu de trois ans » ! Est-il si sûr, pourtant, que la pièce ne soit pas ce qu'elle se donne pour être ? Molière, à trois reprises au cours de la comédie, rappelle que celle-ci lui a été commandée par le roi et insiste sur la nécessité où il s'est trouvé d'obéir promptement. La rapidité d'écriture ne fait donc pas de doute, attestée encore par le fait que *Le Portrait du peintre,* dont il est largement question dans *L'Impromptu,* a été représenté début octobre, ce qui n'a laissé à Molière qu'une quinzaine de jours pour écrire sa pièce, deux semaines étant par ailleurs occupées par les préparatifs de la visite à Versailles et la mise en place des six pièces qui vont y être jouées. D'autre part, après sa création à Versailles, *L'Impromptu,* joué seulement deux mois à Paris, ne sera pratiquement pas repris, Molière n'en faisant même pas imprimer le texte, ce qui souligne le côté instantané d'une pièce liée au moment, plus imposée par les circonstances que prévue de longue date et faite pour durer. La forme choisie correspond en outre parfaitement à la querelle où Molière se trouve engagé : pour répliquer à tous ces beaux esprits qui font la fine bouche, un impromptu, dont Cathos disait déjà dans *Les Précieuses ridicules* qu'il est « justement la pierre de touche de l'esprit » (sc. IX), apparaît comme le moyen le plus original, et le plus inattendu. Adaptant au théâtre un petit genre en vogue dans les salons, Molière se sert de la liberté de ton et d'allure qui caractérise l'impromptu poétique pour surprendre son auditoire et ses adversaires eux-mêmes, qui n'avaient pas prévu une réponse de ce style. À preuve, Montfleury, pour répliquer, se voit contraint pour faire bonne figure de proposer à son tour un *Impromptu de l'Hôtel de Condé...*

Mais, plus profondément, l'impromptu correspond au même dessein que celui auquel répond la structure de la comédie. Tout comme l'organisation de la pièce joue sur les niveaux complémentaires du théâtre et de la réalité, son caractère impromptu abolit les barrières entre le naturel de la vie et les conventions de la scène. Il s'agit, en effet, d'une répétition, c'est-à-dire de ce moment particulier d'un spectacle où tout est encore possible, dynamique, non figé. Par rapport à la représentation, la répétition constitue un état intermédiaire entre le vécu et le joué : les remarques du metteur en scène, les réactions des comédiens, les indications scéniques viennent peu à peu mettre le texte en place et imposer aménagements et retouches. L'improvisation y a sa part, érigée même en système de jeu lorsque le rôle apparaît insuffisamment maîtrisé. En tant que metteur en scène, Molière demande à ses acteurs de suppléer par leur esprit aux défaillances de leur mémoire. Cela va dans le même sens que les recommandations qu'il leur fait d'un jeu qui soit à l'opposé des outrances systématiques et artificielles des concurrents de l'Hôtel de Bourgogne. Constamment, face à ces maîtres de la convention, il impose un art dramatique fondé sur le naturel, qui fasse du théâtre l'écho direct de la vie. Jouer comme si l'on ne jouait pas, ne pas donner l'impression de réciter, de déclamer, mais dire les mots naturellement, comme ils viennent, à l'improviste. Molière vise, au sens le plus radical du terme, à un théâtre *impromptu,* c'est-à-dire non stéréotypé, non artificiel, non fixé d'avance par les conventions. Et, autre variation sur le théâtre dans le théâtre, il veut que cet impromptu fait de liberté de composition, d'improvisations, de dialogues naturels, soit lui-même la matière d'une comédie écrite, préparée, répétée et jouée. Quand les comédiens disent qu'ils ne savent pas leur rôle, c'est en fait leur rôle qu'ils récitent ; et quand ils se trompent, c'est leur partition qu'ils respectent... De la sorte, Molière fait sa pièce en disant qu'il ne la fait pas, la termine au moment où il affirme qu'elle ne sera pas représentée, et parvient à construire une comédie avec du disparate et du désordonné. Le caractère multiforme de *L'Impromptu* — répétition, interruptions, imitations, disputes — lui apporte une spontanéité d'allure qui donne au public l'impression de vivre, en compagnie de Molière et de sa troupe, un vrai moment de vie. La liberté est telle que la pièce semble aller au hasard des circonstances, sans être le moins du monde réglée par un auteur qui en serait le maître. Et pourtant, autre paradoxe, cette disparition de l'auteur est elle-même un trompe-l'œil, puisque le public ne voit que lui, sur le devant de la scène, du début à la fin de la représentation. Que Molière parvienne ainsi à porter sur le théâtre le mouvement spontané de la vie ; qu'il se serve des difficultés mêmes qu'il rencontre à composer une pièce dans les délais qui lui sont fixés, avec des acteurs dont il a la charge et qui lui imposent le poids de leurs personnalités et de leurs humeurs, dans un contexte de querelle où ses adversaires sont prêts à exploiter ses moindres signes de faiblesse, devant un roi qui a commandé le spectacle et qui entend être obéi : tout cela fait la preuve de la maîtrise absolue qu'il a de son art. Avec *L'Impromptu,* en dilatant ce moment précis où la pièce se fait, se met en scène, se représente, et sachant bien, comme le dira Louis Jouvet, que « le théâtre n'existe que dans l'acte du théâtre[a] », Molière montre qu'il faut jouer du théâtre lui-même pour en percer le mystère. Pirandello, Giraudoux, Anouilh, Ionesco, Genet, en se référant souvent de façon explicite à cette petite comédie, lui sont largement redevables de la leçon.

a. « De Molière à Giraudoux », conférence prononcée à Boston University, le 3 mars 1951.

... de Versailles

Leçon universelle et intemporelle, mais cependant ici très directement localisée : cet impromptu est « de Versailles ». Dans l'atmosphère tendue suscitée par la querelle, Molière affiche ostensiblement, en insistant sur le lieu d'où il parle, l'appui sur lequel il peut compter. La fronde des salons trouve en face d'elle la tranquille assurance d'un comédien jouissant désormais de la faveur royale. L'invitation de la troupe à Versailles en est le signe : quelques mois plus tard, en mai 1664, c'est Molière qui assure l'essentiel de l'animation des « Plaisirs de l'île enchantée », cette fête grandiose par laquelle Louis XIV répliquera définitivement à Fouquet et à la fête de Vaux et, présentant Versailles à sa cour, imposera véritablement l'idée de grandeur et d'éclat qu'il entend donner à son règne. De *L'Impromptu,* première des créations données par Molière à Versailles, date cette union entre le souverain et son comédien, dont la troupe va précisément devenir, dès 1665, « troupe du roi ». C'est à Versailles que seront créés *La Princesse d'Élide,* le premier *Tartuffe, L'Amour médecin, George Dandin,* et, dans d'autres châteaux royaux, *Les Amants magnifiques, Le Bourgeois gentilhomme* et, couronnement de ces spectacles somptueux, *Psyché,* donnée aux Tuileries en 1671. *L'Impromptu* marque ainsi une date importante dans la carrière de Molière.

Et, à regarder de près la pièce, on comprend pourquoi. Cette conjonction, *a priori* surprenante, entre un roi tout-puissant et un simple comédien, *L'Impromptu* en donne la clef. La comédie, en effet, fait du roi le véritable créateur du spectacle : c'est lui qui l'a ordonné, c'est lui qui le rend possible, c'est lui qui en détient seul l'existence, pouvant en exiger la représentation (c'est le début de la pièce) ou pouvant la remettre (c'en est le dénouement). Dans ce dédoublement général qu'offre la comédie — Molière jouant Molière, **le** théâtre représentant le théâtre, les comédiens interprétant **leurs** propres personnages —, le seul point qui soit unique, non dédoublé, non représenté, c'est le roi. C'est à partir de lui, de sa voix qui ordonne et de son œil qui fixe, que tout s'organise. Point focal de la représentation, il en est à la fois la source et le destinataire : l'ordonnateur véritable. Dans une telle perspective, que représentent les péripéties d'une querelle ? Plutôt que de se placer sur le terrain mesquin des cabales, de répondre aux attaques d'un Donneau ou d'un Boursault, Molière choisit le seul interlocuteur qui compte : le roi lui-même. Avec *L'Impromptu,* il lui offre plus que ses services : l'assurance que le théâtre, reflet de la vie, est nécessaire pour renvoyer au monde qui l'observe l'image de sa royale puissance. Sur la scène, le chef de troupe donne à chacun son rôle, organise la représentation, établit son pouvoir sur des comédiens qui n'existent que par rapport à lui, par rapport au texte qu'il leur fournit et aux personnages qu'il leur donne à jouer. Sur cette autre scène qu'est le royaume, le roi organise autour de sa personne royale une société où chacun doit jouer le rôle qu'il lui assigne, où les acteurs que sont ses sujets n'existent que par et pour lui. Le système monarchique, tel que le conçoit l'absolutisme centralisateur de Louis XIV, et dont la société de cour, que Versailles va organiser, est l'image symbolique, trouve dans *L'Impromptu* sa parfaite représentation. En ce sens là aussi, *L'Impromptu* est bien *de Versailles* : l'essence même d'un règne s'y trouve concentrée. Désormais, comme le dit Molière en indiquant le lieu de la comédie, « la scène est à Versailles »...

NOTES

Nous nous sommes principalement servi, pour éclairer les expressions vieillies ou dont le sens méritait quelque précision, des dictionnaires suivants, désignés par les lettres :

A — *Dictionnaire de l'Académie française*, 1694.
F — Furetière, *Dictionnaire universel*, 1690.
R — Richelet, *Dictionnaire français*, 1680.

L'ÉCOLE DES MARIS

Page 29

1. Philippe d'Orléans, frère de Louis XIV. Il est le premier protecteur de Molière, depuis que celui-ci est revenu à Paris en 1658. La troupe porte, d'ailleurs, à ce moment-là, et jusqu'en 1665, le titre de « troupe de Monsieur ».

2. Les pièces précédentes, en effet, ne sont pas encore imprimées, ou l'ont été contre la volonté de Molière.

Page 31.

3. Le rôle est tenu par Molière lui-même. Le personnage de Sganarelle a déjà été utilisé par Molière dans *Le Médecin volant* et *Sganarelle ou le Cocu imaginaire*. Il va devenir un des types principaux de son théâtre, réapparaissant sept fois. Molière le joue « en hauts-de-chausse, pourpoint, manteau, collet, escarcelle et ceinture, le tout de satin couleur de musc ».

4. Ariste (« le meilleur ») était joué, à la création, par L'Espy, le frère de Jodelet. La distribution des autres rôles est moins sûre : sans doute Catherine De Brie était-elle Isabelle, Madeleine

Béjart Lisette, La Grange Valère, Du Parc Ergaste. Pour Léonor, on pense à la Du Parc, mais il est possible qu'Armande ait repris le rôle après son mariage avec Molière.

Page 32.

5. *Muguets :* jeunes élégants parfumés à l'essence de muguet. Le mot est déjà vieilli.

Page 33.

6. *Petits chapeaux :* ils étaient alors à la mode et avaient remplacé les chapeaux à large bord de l'époque Louis XIII que ne portaient plus guère que les gens âgés.

7. *Blonds cheveux :* allusion aux perruques qui se portent longues et blondes (voir v. 1047) et dont la mode est alors toute récente.

8. *Offusque :* « Empêcher de voir, d'être vu, obscurcir » (A).

9. La mode est aux petits pourpoints, vestes courtes et serrées, qui laissent passer chemise et manches bouffantes, et que rehaussent de grands rabats qui se placent sur le collet du pourpoint.

10. *Cotillons :* « Ne se dit que dans le comique » (R) et désigne une « petite jupe en cotte de dessous » (F). La mode des culottes larges et bouffantes appelle cette assimilation à des cotillons.

11. *Canons :* « Ornement de toile rond, fort large et souvent orné de dentelle qu'on attache au-dessous du genou, qui pend jusqu'à la moitié de la jambe pour la couvrir » (F).

12. *Volants :* jouet d'enfant, garni d'une couronne de plumes évasée, dont la forme peut faire penser à un élégant qui marche en écartant les jambes pour ne pas froisser ses rubans et ses plumes.

Page 35.

13. *Fraise :* « Ornement de toile qu'on mettait autrefois autour du col en guise de collet » (F). Frosine se moquera elle aussi de la « fraise à l'antique d'Harpagon » (*L'Avare,* II, 5) : la mode en remonte en effet à Henri IV.

14. *Valet :* « On dit ironiquement à un homme Je suis votre valet, quand on ne veut pas croire ce qu'il dit, ou faire ce qu'il désire » (F).

Page 36.

15. *Commit :* « Confier quelque chose à la prudence, à la fidélité de quelqu'un » (F).

Page 37.

16. *Damoiseaux :* « Titre qu'on donnait autrefois aux jeunes gentilshommes » (A). « Aujourd'hui, il ne se dit qu'en riant » (R).

17. *Fleurée :* flairée. Les deux formes existent au XVIIᵉ siècle.

18. *Serge :* étoffe commune, portée par les gens de modeste condition.

19. *Bons jours :* « Ce sont les dimanches et les fêtes célèbres » (R). Ces jours-là, on porte le noir, réservé aux tenues habillées.

Page 38.

20. *Sans langage :* sans en dire plus (cf. *Le Misanthrope :* « C'est trop... — Laissez-moi là. — Si je... — Point de langage ! » v. 443.)

Page 40.

21. *Bien venants :* en valeur sûre, venant régulièrement à terme.

Page 41.

22. *Mouches :* « Un petit morceau de taffetas ou de velours noir que les dames mettent sur leur visage par ornement, ou pour faire paraître leur teint plus blanc. Les dévots crient fort contre les mouches, comme étant une marque de grande coquetterie » (F).

Page 42.

23. *Cadeaux :* « Repas, fête que l'on donne principalement à des dames » (A).

24. *Pratique :* « Se dit aussi pour Fréquentation, conversation » (A). Arnolphe, lui aussi, fera élever Agnès « loin de toute pratique » *(École des femmes,* v. 135).

Page 43.

25. *Il s'y peut assurer :* il peut en être sûr. S'assurer, comme au v. 245, veut dire « mettre sa confiance en ».

26. *Conscience :* « On dit communément Faire conscience d'une chose, pour dire : Faire scrupule d'une chose parce qu'on croit qu'elle est contre les bonnes mœurs (...) On dit dans le même sens : (...) C'est conscience » (A). Lisette veut donc dire : on a scrupule à tromper ceux qui nous font confiance, *mais c'est pain bénit* (= c'est bien mérité) pour des gens comme vous.

Page 44.

27. *Dameret :* « Celui qui affecte trop de propreté, et qui veut paraître de bonne mine pour plaire aux dames » (F).

28. *Hantises :* « Fréquentation » (R). « Il se prend ordinairement en mauvaise part » (A), en parlant des mauvaises fréquentations.

29. *Argus :* avec ses cent yeux, il était chargé de surveiller Io.

30. *Composait :* « Sign. encore, en morale, Régler ses mœurs, ses actions, ses paroles » (F).

31. *Libertine :* « Qui prend trop de liberté et ne se rend pas assidu à son devoir » (A). Le terme a ici une valeur morale générale, sans relation directe avec le libertinage philosophique et religieux qui s'est développé, sous diverses formes, tout au long du siècle.

32. *Absolue :* « Indépendant, souverain » (R).

Page 46.

33. *Bien :* « Sign. aussi Joie » (A).

34. *Fidèles :* « Conforme à la vérité » (A).

Page 47.

35. Louis, le Grand Dauphin, devait naître le 1er novembre, soit plus de quatre mois après la création de la pièce. Il eût été de mauvais ton d'émettre le moindre doute sur le sexe de l'héritier royal.

Page 48.

36. *Fait :* « S'emploie d'une manière neutre dans le sens d'Agir, de Travailler » (A) : cela travaille en votre faveur.

Page 49.

37. *Rompent en visière :* les attaquent de face et avec fougue, comme un chevalier qui rompt sa lance sur la visière de l'adversaire.

38. *Camp :* L'édition de 1682 porte « champ ». Dans les deux cas, le terme évoque une image militaire, déjà amorcée au vers 331, avec le terme d' « avantages » (« Se dit de la victoire » (F)).

Page 50.

39. *Rêver :* « Sign. aussi Penser, méditer profondément sur quelque chose » (A).

Page 51.

40. L'édition de 1734 indique que Sganarelle « frappe à sa porte, croyant que c'est celle de Valère ». A cette première étourderie s'en ajoute une seconde : il répond au coup qu'il a lui-même frappé à la porte.

41. *Lumière :* « Sign. aussi Éclaircissement » (A). Il s'agit de la confidence que vient de lui faire Isabelle.

42. Cette réplique s'applique à Ergaste, que jouait Du Parc, dit Gros-René. L'édition de 1682 indique, au v. 373 : « Ergaste sort brusquement. »

Page 55.

43. *Amitié :* « Se dit quelquefois pour Amour » (A).

Page 56.

44. *Il en tient :* Se dit d'un homme « quand il est blessé de quelque coup » et, par extension, « quand il a reçu quelque perte notable » (F).

45. *S'y consomme :* « Achever, accomplir, mettre en sa perfection » (A).

Page 57.

46. *Marqué :* « Exprimer en particulier quelque chose, le faire voir en détail » (F).

47. *Détour :* le tournant, le coin de la rue.

Page 58.

48. *Poulet :* « Un petit billet amoureux qu'on envoie aux dames galantes » (F) : pliés, ces messages d'amour formaient deux pointes, comme deux ailes de poulet.

Page 59.

49. *Rendre :* « On dit aussi Rendre un paquet, rendre une lettre pour dire : Donner un paquet, donner une lettre à celui à qui elle est écrite » (A).

Page 61.

50. *D'original :* de première main. « On dit qu'On sait une chose d'original, pour dire qu'on l'a apprise de ceux qui en doivent être les mieux informés » (A).

Page 62.

51. Les édits somptuaires visaient à refréner les dépenses et le luxe. Celui du 27 novembre 1660 portait « règlement pour le retranchement du luxe des équipages » et interdisait notamment « aucunes étoffes d'or et d'argent, fin ou faux, broderies et autres choses semblables ».

52. *Décris :* « Cri public par lequel on défend l'usage de quelque monnaie ou de quelque autre chose, comme des dentelles, des passements » (A).

53. *Guipure* : « Dentelle faite avec de la soie tortillée qu'on met autour d'un autre cordon de soie et de fil » (F). L'édit les interdisait, comme les broderies.

54. *Hautement* : À voix haute. En ce sens, « n'a guère d'usage » (A). S'y ajoutait sans doute une nuance de cérémonie.

Page 63.

55. *Quitte* : « Sign. aussi Céder » (A).

Page 64.

56. *En vous* : avec vous, en votre personne.

Page 65.

57. *Sans se décacheter* : sans avoir été décacheté.

Page 68.

58. *Sa gamme* : « On dit prov. et fig. Je lui ai bien chanté sa gamme, pour dire Je lui ai fait une forte réprimande, je lui ai bien dit ses vérités » (A). L'expression est « du style le plus simple » (R).

59. *Pouponne* : Furetière le définit comme un « mot caressant dont on se sert pour mignarder les jeunes femmes ». Dans *Le Roman bourgeois,* Vollichon appelle sa femme « moutonne » ; et Boileau rappelle la fréquence de ces tendresses bourgeoises : « De s'entendre appeler petit cœur ou mon bon » — *Satire X,* v. 11).

Page 73.

60. L'édition de 1682 précise le jeu de scène : « Elle fait semblant d'embrasser Sganarelle et donne sa main à Valère. »

61. *Bouchon* : « Nom de cajolerie qu'on donne aux petits enfants, aux jeunes filles de basse condition » (F).

62. *Rencontre* : « Sign. encore Occasion » (A).

Page 75.

63. Voir note 15.

Page 77.

64. *De même* : semblable, comparable. Cf. *Tartuffe* : « Jamais il ne s'est vu de surprise de même », v. 1393.

Page 79.

65. *Tout d'un temps* : « Tout de suite et sans discontinuer » (R).

66. *Phébus* : « On dit proverbialement qu'Un homme parle

phébus, lorsqu'en affectant de parler en termes magnifiques, il tombe dans le galimatias et l'obscurité » (F).

67. *Tenir :* tenir en échange de cette aventure. Au vers précédent, le même verbe est pris dans un autre sens : « être pris, être dupé, être attrapé » (R). Voir note 44.

Page 80.

68. *On vous prévient :* on (= je) vous devance.

Page 82.

69. *Clarté :* « Lumière, chandelle allumée, feu allumé, flambeau » (R).

Page 83.

70. *Notaire royal :* par opposition au notaire seigneurial, dont les prérogatives sont beaucoup plus limitées.

71. *Taxer :* « Sign. aussi Blâmer, censurer » (A).

Page 84.

72. Reprise des vers 165-170.

Page 85.

73. L'édition de 1734 indique le jeu de scène : « Il met le doigt sur son front. »

Page 86.

74. *Impose :* « Tromper, en faire accroire » (R). Cet emploi intransitif reprend un des sens du verbe utilisé transitivement : « Accuser faussement, imputer à tort » (A).

75. *Apparence :* « Se prend aussi pour Vraisemblance, probabilité » (A). Le mot s'emploie souvent de façon elliptique dans des tours interrogatifs, avec le sens de : Est-il vraisemblable ? (Cf. *Cinna :* « Mais l'apparence, ami, que vous puissiez lui plaire ? » v. 701.)

76. *Prétendre :* « Aspirer à quelque chose, avoir espérance de l'obtenir » (F).

77. *Bernements :* railleries. On « bernait » quelqu'un, pour le ridiculiser, en le faisant sauter en l'air dans une couverture.

Page 87.

78. *Jour :* « Se prend aussi fig. pour la vie » (A).

Page 88.

79. *Un choix :* un parti.

80. Valère encourt, en effet, le risque d'être poursuivi et

condamné pour rapt de séduction et de voir annuler son mariage. Le consentement de Sganarelle, au v. 1024, le délivre de ce risque.

Page 90.

81. *Fâcheux* : « Importun, qui ennuie, qui lasse et fatigue à cause de ses sottises et de ses manières » (R). A peine deux mois après *L'École des maris*, Molière va donner *Les Fâcheux* chez Fouquet, à Vaux-le-Vicomte.

82. *Contes bleus* : allusion aux récits fabuleux qu'offrait à un public populaire la fameuse Bibliothèque bleue.

Page 93.

83. *Ascendant* : « En termes d'astrologie (...) horoscope ou degré de l'équateur qui monte sur l'horizon au point de la naissance de quelqu'un et qu'on croit avoir un grand pouvoir sur sa vie et sur sa fortune » (F). Dans *Les Amants magnifiques*, s'adressant à l'astrologue Anaxarque, Clitidas lui demande ironiquement : « Ne dites-vous pas que l'ascendant est plus fort que tout ? » (I, 2.)

84. *Étonnement* : commotion physique et morale. Au sens premier, « ébranlement, secousse » (A), causés comme par un coup de tonnerre.

L'ÉCOLE DES FEMMES

Page 97.

85. Henriette d'Angleterre, épouse de Monsieur, frère du roi. Molière, qui avait dédié *L'École des maris* au mari, dédie *L'École des femmes*... à la femme. La haute protection de cette princesse à l'intelligence vive, goûtant, dit Bossuet, « la beauté des ouvrages de l'esprit », et qui tient à la cour le tout premier rang, n'est pas d'un poids négligeable pour Molière dans la querelle qui s'est engagée autour de sa pièce dès les premières représentations.

86. *Faible* : insuffisance, imperfection, « principal défaut d'une personne » (F). René Bary, dans sa *Rhétorique française* (1653), souligne que les courtisans emploient plus volontiers « faible » que « faiblesse ».

Page 98.

87. Portrait qui n'est pas de flatterie. On en retrouve les principaux traits dans l'oraison funèbre que Bossuet composera à la mort de la princesse, en 1670.

Page 99.

88. Molière indique ici la genèse de sa *Critique de l'École des femmes*, qui sera représentée le 1ᵉʳ juin 1663, soit deux mois et demi après la publication de *L'École des femmes*, dont l'achevé d'imprimer est du 17 mars.

89. Donneau de Visé, dans ses *Nouvelles nouvelles*, désigne l'abbé Du Buisson comme étant cette « personne de qualité ». Ami de Molière, très introduit dans les ruelles, l'abbé aurait, par sa comédie, donné à Molière l'idée d'écrire lui-même sa propre défense, « croyant qu'il était seul capable de se donner des louanges ».

Page 100.

90. *Délicat :* « Chatouilleux, pointilleux, qui se fâche pour rien » (R).

Page 101.

91. *Arnolphe :* le nom renvoie au saint patron des maris trompés (« Saint Ernol, le seigneur des cous (= cocus) », dit *Le Roman de la rose*). C'est Molière qui crée le rôle. Pour son costume, que l'inventaire ne mentionne pas, on peut se reporter au *Tableau des farceurs français et italiens* (1670), où Molière est représenté en Arnolphe. On apprendra, au v. 170, qu'Arnolphe a 42 ans : c'est très exactement l'âge de Molière au moment de la création.

92. *Agnès :* le prénom évoque la candeur, à l'image de sainte Agnès, martyre à 13 ans, vierge dont les cheveux s'étaient allongés pour voiler sa nudité. Le rôle était tenu par Catherine de Brie, qui avait alors 33 ans, et qui le tint jusqu'à plus de 60.

93. *Horace :* Dans la comédie italienne, Horatio est le nom habituel de l'amoureux. Le rôle était interprété par La Grange, qui le tenait encore en 1685, tout comme Brécourt pour Alain et Mlle La Grange pour Georgette. On ne sait rien du reste de la distribution.

94. L'édition de 1734 précise, abusivement, « À Paris, dans une place de faubourg ». Le *Mémoire* du machiniste Mahelot indique simplement : « Le théâtre est deux maisons sur le devant et le reste est une place de ville. »

95. *Donner la main :* « Promettre la foi du mariage » (F), épouser.

Page 102.

96. Var. 1ᵉʳ tirage : Car vos plus grands plaisirs.
97. *Accommodés :* arrangés, maltraités de toutes les manières.

Emploi ironique qui ne s'utilise que dans « le style le plus simple » (R).

Page 103.

98. *Se purger :* se justifier. « On dit Se purger d'une accusation pour dire Faire connaître qu'on est innocent » (A).

99. *Sot :* « Sign. aussi un cocu, un cornard, le mari d'une femme dissolue ou infidèle » (F).

100. Var. 1er tirage : d'aucuns maris.

101. *Affecté de :* cherché à, aimé à. « Souhaiter quelque chose avec empressement » (F).

Page 104.

102. *Souffrance :* le mot tire du verbe « souffrir » (tolérer, supporter) une nuance de complaisance, de tolérance un peu trop patiente.

103. *Tympanise :* « Décrier hautement et publiquement » (A), comme on publie au son du tympan, du tambour.

104. *Huppé :* « Fin, adroit » (R). Le mot est du registre familier.

105. *Influence :* « Qualité qu'on dit s'écouler du corps des astres (…) à qui les astrologues attribuent tous les événements qui arrivent sur la terre » (F). Ergaste, dans *L'École des maris,* relevait, à propos de Sganarelle, même influence astrologique : « Au sort d'être cocu son ascendant l'expose », v. 1099.

106. Jeu de mots sur les deux sens du mot « sot ». Voir note 99.

107. *Spirituelle :* « se dit aussi d'un esprit éclairé et qui a de belles lumières et de belles connaissances » (F).

108. Les cercles, assemblées de dames du monde, et les ruelles, alcôves où les dames de qualité reçoivent leurs familiers, sont les hauts lieux de la vie mondaine.

Page 105.

109. *Réclame :* « Invoquer » (F).

110. *Corbillon :* du nom d'un petit panier, jeu de société, où l'on devait répondre à « Qu'y met-on ? » par une rime en -on.

111. *Marotte :* le mot garde ici quelque chose de son sens premier de bâton de bouffon, portant une petite figure en forme de marionnette.

Page 106.

112. Ellipse du verbe (je réponds) marquant la brutalité et l'entêtement d'Arnolphe. La citation renvoie au chapitre V du *Tiers Livre.*

113. *Paysanne* : le mot est prononcé en synérèse.
114. *Pratique* : fréquentation. Voir note 24.

Page 107.

115. Agnès a entendu parler quelque prédicateur ou lu quelque *Office de la Vierge,* indiquant la conception auriculaire du Christ (« Virgo… quae per aurem concepisti »). Elle ne fait que généraliser la leçon apprise.

Page 108.

116. L'allusion vise sans doute malicieusement les deux Corneille : Gros-Pierre pour l'un, Monsieur de l'Isle pour l'autre (c'était le nom de Thomas Corneille).

Page 109.

117. *Blessé* « Un extravagant a l'esprit blessé, est blessé du cerveau » (F).

Page 111.

118. *Strodagème :* Alain est comme la Martine des *Femmes savantes :* il écorche quelque peu la langue !

Page 115.

119. *Coiffes :* « Garniture de bonnet de nuit, qui est de linge, et qu'on change quand elle est sale » (F). Les cornettes sont aussi des bonnets de nuit, mais à l'usage des femmes. Les occupations d'Agnès — coiffes et cornettes — devraient alerter un Arnolphe si désireux d'éviter les cornes et de n'être pas coiffé !
120. *Pousseuses :* le mot est du langage précieux. « Pousser de beaux sentiments », c'est « se piquer de dire de jolies et de belles pensées, des choses galantes » (R).

Page 117.

121. *Régaler :* « Faire des fêtes, donner des repas, des divertissements à ceux qu'on veut honorer ou réjouir » (F).

Page 118.

122. Arnolphe arrête Horace, qui s'apprêtait à lui rédiger un reçu.
123. *Féru :* blessé, en style burlesque.

Page 120.

124. Var. 1er tirage : ou Souche.

Page 121.

125. *Chagrin :* « De fâcheuse, de mauvaise humeur » (A).

126. *Derechef :* « Une autre fois, de nouveau » (A). Richelet note que le terme est « un peu vieux » et qu' « il ne trouve sa place que dans le burlesque ».

Page 122.

127. *Ennui :* « Sign. aussi généralement Fâcherie, chagrin, déplaisir, souci » (A).

128. On retrouvera un écho tragique de ce vers dans la *Phèdre* de Racine : « Voyage infortuné ! rivage malheureux ! » v. 267.

Page 123.

129. *Prévenu :* de prévenir, qui « sign. aussi Préoccuper l'esprit de quelqu'un » (A).

Page 124.

130. *Me faut :* me fait défaut, me manque.

Page 125.

131. *Le charger :* l'attaquer. « Se dit aussi des querelles particulières » (F).

132. Au chapitre XII du *Tiers Livre,* Panurge parle de sa femme comme de sa « soupe », dans laquelle personne ne viendra « saucer son pain ».

Page 126.

133. Anecdote empruntée à Plutarque, et concernant le philosophe Athenodorus ; un personnage des *Injustes dédains* de Bernardino Pino la rapporte, à l'acte II, scène 6.

Page 127.

134. Ce dernier ordre concerne naturellement Alain et Georgette.

Page 130.

135. *Qui :* qu'est-ce qui, quoi ?

Page 131.

136. On apprendra au vers 973 que « depuis quatre jours la pauvre femme est morte ». Le Ciel a entendu Arnolphe !

Page 133.

137. Ce « le » a valu à Molière bien des critiques, non seulement de la part de ses adversaires de la querelle, qui ont

aussitôt glosé sur le sous-entendu grivois, mais de la part aussi de commentateurs plus sereins de son œuvre, qui y ont vu une équivoque d'un goût douteux. Bossuet, Racine, La Fontaine même y feront allusion. Même si Molière s'en défend dans *La Critique,* on peut penser, avec Climène, que « ce le, où elle s'arrête, n'est pas mis pour des prunes » (sc. 3).

Page 134.

138. *Affronte :* « Sign. aussi Tromper sous prétexte de bonne foi » (A). On trouve déjà le verbe, rapproché d' « affronts », dans *Sganarelle,* v. 412-413.

Page 135.

139. On lit, dans l'*Introduction à la vie dévote* de saint François de Sales : « L'amour et la fidélité jointes ensemble engendrent toujours la privauté et confiance ; c'est pourquoi les Saints et Saintes ont usé de beaucoup de réciproques caresses en leur mariage, caresses vraiment amoureuses mais chastes, tendres mais sincères » (3ᵉ partie, chap. 38, in *Œuvres,* Pléiade, 1969, p. 237).

Page 138.

140. *Un grès :* une pierre. Donneau de Visé ironisera, dans *Zélinde,* sur la taille et le poids du grès en question : « un grès est un pavé, qu'une femme peut à peine soulever » (sc. 3).

141. Vers emprunté à *Sertorius* (V, 6, v. 1868), que Corneille avait fait représenter pour la première fois en février 1662.

Page 139.

142. Arnolphe se veut le directeur de conscience de sa pupille, d'où les leçons de morale religieuse auxquelles il la soumet.

143. Voir, sur ces jeunes blondins à la mode, les considérations de Sganarelle dans *L'École des maris,* I, 2, et les notes 5, 7, 11, et 12.

Page 140.

144. L'édition de 1734 indique le jeu de scène : « mettant son doigt sur son front ».

Page 141.

145. *Libertine :* voir note 31. Le mot indique plus une idée d'indépendance que de dérèglement.

146. *Petit Frère :* le novice, ou convers, employé aux services domestiques du couvent.

147. François de Sales recommande : « Vous, ô femmes, aimez

tendrement, cordialement, mais d'un amour respectueux et plein de révérence, les maris que Dieu vous a donnés ; car vraiment Dieu pour cela les a créés d'un sexe plus vigoureux et prédominant, et a voulu que la femme fût une dépendance de l'homme » (*op. cit.*, p. 235). Mais il insiste aussi sur la mutuelle estime du couple et sur les devoirs du mari envers sa femme. Arnolphe n'a pas de ces nuances.

Page 142.

148. *Partage :* lot, possession. « Sign. aussi Portion de la chose partagée » (A).

149. *Office :* le rituel qui précise les devoirs de la religieuse. De la même façon, Arnolphe, avec ses *Maximes du mariage,* va donner à Agnès les règles de la femme mariée (v. 743).

150. D'après l'édition de 1682, Agnès ne lisait que les maximes I, V, VI, et IX. Il est possible que Molière se soit souvenu d'une traduction par Desmarets de Saint-Sorlin des *Préceptes du mariage envoyés à Olympia,* de saint Grégoire de Nazianze. Mais les traités de direction morale, qui abondent au XVIIe siècle dans le sillage de *l'Introduction à la vie dévote,* ont pu lui fournir bien d'autres modèles.

Page 143.

151. *Blancs :* « Sign. aussi une sorte de fard dont les femmes se servent » (A).

152. *Écritoire :* étui contenant ce qui est nécessaire pour écrire.

Page 144.

153. *Cadeaux :* fêtes, réceptions. Voir note 23.

Page 145.

154. *Blanchir :* « Faire des efforts inutiles. » Le verbe se dit au sens propre « des coups de canon qui ne font qu'effleurer une muraille et y laissent une marque blanche » (F).

Page 146.

155. *Mettons :* ... notre chapeau, couvrons-nous. Cf. *Le Bourgeois gentilhomme :* « Mon Dieu ! mettez : point de cérémonie entre nous » (III, 4).

Page 148.

156. *Fierté :* humeur farouche, « férocité, cruauté » (A).

157. *Des prunes :* Molière aime cette expression populaire. Sganarelle, dans *Le Coçu imaginaire,* l'utilisait déjà : « Si je suis

affligé, ce n'est pas pour des prunes » (v. 366). Climène, dans *La Critique,* ne dédaigne pas de l'utiliser (sc. 3).

158. *Rompt :* déjoue mes projets. « En termes de guerre, sign. Défaire » (F).

159. *Intelligence :* complicité. « Sign. aussi Correspondance, communication entre des personnes qui s'entendent l'une avec l'autre » (A).

Page 149.

160. Horace a dû assister à une représentation de *La Suite du Menteur* de Corneille. On y trouve la même expression : « L'amour est un grand maître, il instruit tout d'un coup » v. 586). L'amour, *maître* qui donne des *leçons :* telle est bien *l'école* dont parle le titre.

Page 150.

161. *Parade :* terme d'escrime qui désigne une défense, une action de parer un coup.

162. *Machine :* « Se dit fig. en choses morales des adresses, des artifices dont on use pour avancer le succès d'une affaire » (F). Mais le mot garde aussi, ici, quelque chose de son sens propre : machine de guerre, moyen de défense.

Page 152.

163. Var. 1er tirage : de cet amour.

Page 153.

164. *À la pareille :* à charge de revanche. « Faites-moi ce plaisir à la pareille » (A). Dans *Zélinde,* Donneau de Visé ironise sur le fait qu'un jeune homme puisse proposer un tel échange de services amoureux « à un homme déjà sur l'âge et qui fait le Caton ».

165. *Je me mortifie :* j'endure cette humiliation.

166. *Empaumé :* s'est rendu maître de. Le terme vient du jeu de paume (prendre la balle en main), mais aussi de la vénerie (traquer).

167. *À ma suppression :* pour m'évincer, me supplanter.

Page 154.

168. *Support :* « Se dit fig. en morale de ce qui donne de l'appui, du secours, de la protection » (F).

Page 155.

169. *Sur la moustache :* à mon nez et à ma barbe.

Page 156.

170. *Quittancer :* « Décharger une obligation en écrivant sur le dos au bas ou à la marge que le débiteur a payé tout ou partie de la somme à laquelle il était obligé » (F). Il s'agit ici de la dot.

171. *Douaire :* terme de droit, désignant la partie que le mari laisse en usufruit à sa femme, si elle devient veuve.

Page 157.

172. *Du dot :* le mot, à la fin du siècle, est féminin. L'emploi du masculin remonte à l'ancienne langue.

173. *Préciput :* avantage pris par le survivant sur la communauté, en cas de décès d'un conjoint. Le préciput est fixé par contrat, et intervient avant le partage de la succession.

174. *Douer :* fixer le préciput, qui peut être douaire préfix ou coutumier, suivant la nature du contrat. Le notaire va expliquer toutes ces possibilités.

175. *Hoirs :* héritiers naturels.

176. *Conquêts :* bien acquis en commun pendant le mariage.

Page 158.

177. *Il en tient :* il n'a pas le cerveau bien clair. « On dit qu'un homme en tient quand il a trop bu, quand il a gagné quelque vilaine maladie » (F).

Page 161.

178. *Tôt :* « Promptement, vite » (A).

Page 162.

179. Les savetiers passaient pour experts en commérages, et même pour indicateurs de police. Dans leur cérémonie initiatique, telle que la décrit un livret populaire, ils jurent « d'informer curieusement de tout ce qui se passe chez les voisins ».

180. *Poulet :* billet. Voir note 48.

Page 163.

181. *Accessoire :* « Il se prend quelquefois pour le mauvais état où l'on se trouve (...) En ce sens, il est vieux » (A).

182. *D'abord :* « Incontinent, aussitôt » (R).

183. *S'émouvait :* s'agitait.

184. *Becque cornu :* « C'est-à-dire sot » (R). L'expression tient de son origine italienne *(becco cornuto)* l'idée de « mari trompé ».

Page 164.

185. Var. 1er tirage : trop parfait.

186. *Le tirer de pair :* le distinguer, ne pas lui laisser subir le même sort que les autres.

Page 165.

187. *Boutade :* « Caprice, transport d'esprit qui se fait sans raison et avec impétuosité » (F).

Page 167.

188. Voir note 23.

189. On peut rapprocher ce passage de Montaigne : « Le caractère de la cornardise est indélébile : à qui il est une fois attaché, il l'est toujours ; le châtiment l'exprime plus que la faute. Il fait beau voir arracher de l'ombre et du doute nos malheurs privés, pour les trompeter en échafauds tragiques (...) Je sais cent honnêtes hommes cocus, honnêtement et peu indécemment » (in *Œuvres complètes,* Pléiade, 1962, p. 847).

190. Dans ses *Maximes et Réflexions sur la Comédie* (1694), Bossuet s'appuiera sur ce passage pour accuser Molière d'étaler « au grand jour les avantages d'une infâme tolérance dans les maris ».

191. *La confrérie :* ... des cocus. « On dit aussi que les sots (= cocus) sont de la grande confrérie » (F).

Page 168.

192. *Réduite :* soumise. « Ramener au devoir, à la raison » (A).

193. *Diablesses :* « Ne se dit qu'au figuré. Méchante femme, acariâtre » (A).

194. *Sur le pied de :* « À raison, à proportion » (F). En raison et à proportion de leur fidélité.

Page 170.

195. Var. 1er tirage : Monsieur.

196. Var. 1er tirage : Elle n'est pas si forte.

Page 171.

197. *Consulter :* prendre conseil. « Régit aussi l'accusatif de la chose sur quoi on prend conseil » (A).

Page 172.

198. *Assignation :* « Se dit aussi des rendez-vous » (F). L'emploi très large du « on », qui peut représenter toutes les personnes du singulier et du pluriel, explique qu'il renvoie ici à Agnès, alors qu'au vers précédent il représente le jaloux.

Page 173.

199. *Impertinence :* « Se dit aussi des actions, des discours contraires à la raison, à la bienséance » (A).

200. *Exact :* du latin *exactus,* « poussé jusqu'au bout, accompli » (R).

Page 174.

201. *Allée :* ce peut être l'allée du jardin, mais aussi le corridor d'entrée de la maison. Au vers 1461, Horace engage Agnès à entrer « dans cette porte ».

202. L'édition de 1734 précise le jeu de scène : « Il s'enveloppe le nez de son manteau. »

Page 176.

203. Var. 1er tirage : « Et j'aurais... » : cette réplique est prêtée à Horace.

Page 177.

204. *En concurrence :* exposé à la rivalité du jaloux.

205. *Cajole :* piailler, jaser comme un oiseau en cage.

Page 180.

206. *Vilaine :* « Impertinent » (R). Mais le mot, dans la bouche d'Arnolphe, peut avoir aussi son sens ancien de « paysanne » et faire allusion à la petite enfance d'Agnès à la campagne. En ce sens, il serait choisi en opposition avec le « précieuse » du vers suivant.

207. *Se consomme :* atteint la perfection. Voir note 45.

Page 181.

208. *Double :* « Petite monnaie de cuivre valant deux deniers. Il sert à exagérer la pauvreté » (F).

Page 182.

209. *Imbécile :* « Qui est faible, sans vigueur (...) On appelle aussi le sexe imbécile les femmes » (F).

210. *Brave* et *leste* renvoient tous deux à une notion d'élégance.

Page 183.

211. *Convent :* l'orthographe « couvent » prévaut dès le milieu du siècle, et Richelet note en 1680 : « On dit et on écrit présentement couvent, et non convent. » Le cul de couvent est « le lieu le mieux gardé, le plus resserré d'un couvent » (F).

Page 184.

212. *Conclu :* « Arrêter une chose, la résoudre » (F). Cf. *Le Dépit amoureux :* « Le sort absolument a conclu ma ruine », v. 1138.

213. *A pris le frais :* a attendu que la fraîcheur tombe.

214. *Récrire :* écrire à nouveau. Horace a déjà reçu une première lettre de son père (voir v. 267). Le mariage était au XVIIᵉ siècle d'abord l'affaire des parents, et les enfants pouvaient fort bien, comme ici, n'être prévenus qu'une fois la chose arrangée.

Page 187.

215. *Ranger :* « Réduire, mettre une personne à son devoir » (R).

216. *Contre eux :* c'est agir contre eux, les desservir que de...

Page 188.

217. Var. 1ᵉʳ tirage : que vous nous faites.

Page 189.

218. *Prie :* « Sign. aussi inviter, convier » (A).

Page 192.

219. *Sur :* en se reposant sur, en se fiant à.

220. L'édition de 1734 rétablit « Ouf », dont on sait que c'était le cri que prononçait Molière en scène. Cri de douleur, s'il faut en croire Robinet : « Au lieu que la comédie doit finir par quelque chose de gai, celle-ci finit par le désespoir d'un amant qui se retire avec un Ouf ! par lequel il tâche d'exhaler la douleur qui l'étouffe » (*Panégyrique de l'École des femmes,* sc. V).

Page 193.

221. *Officieux :* obligeant. Se dit de quelqu'un « prompt à faire office, serviable » (A).

REMERCIEMENT AU ROI

Page 197.

222. *Conte :* compte. Cf. Corneille : « Que lui dirai-je enfin ? Je lui dois rendre conte », *Le Cid,* v. 385. La différence orthographique entre conte et compte n'interviendra qu'à la fin du siècle.

223. *Marquis* : la cible favorite de Molière, depuis le marquis de Mascarille jusqu'aux marquis de *La Critique* et de *L'Impromptu*. Furetière apporte sur les marquis d'utiles précisions dans *Le Roman bourgeois* (1666) : « C'est peu de dire marquis, si on n'ajoute de quarante, de cinquante ou de soixante mille livres de rente : car il y en a tant d'inconnus de la nouvelle fabrique, qu'on n'en fera plus de cas, s'ils ne font porter à leur marquisat le nom de leur revenu, comme fit autrefois celui qui se faisait nommer seigneur de dix-sept cent mille écus » (éd. Folio, 1981, p. 51). Et sur « ce qu'il faut pour paraître marquis », le Marquis du *Roman bourgeois* rejoint celui de Molière, lorsqu'il affirme : « Je vous avoue que ma condition m'oblige à faire dépense en habits, parce que le goût du siècle le veut ainsi ; et pour ne pas avoir la tache d'avarice ou de rusticité, je suis les modes et j'en invente quelquefois » (*ibid.*, p. 60).

Page 198.

224. *Salle des gardes* : aujourd'hui salle des Cariatides.

225. *Grattez (...) à la (...) chambre du Roi* : le *Nouveau traité de la civilité qui se pratique en France parmi les honnêtes gens* d'A. de Courtin (1671) explique cet usage : « À la porte des chambres et du cabinet, c'est ne pas savoir le monde que de heurter ; il faut gratter. Et quand on gratte à la porte chez le roi et chez les princes, et que l'huissier vous demande votre nom, il faut le dire et ne jamais se qualifier de Monsieur. »

226. *Repoussable* : Molière, qui a demandé au marquis de « pousser » (v. 52), s'amuse à le rendre « repoussable ».

227. *Il irait trop du vôtre* : cela vous engagerait trop.

Page 199.

228. *La chaise* : celle que le roi va venir occuper en sortant du cabinet.

229. *Vous ne manqueriez pas* : « Faillir » (A). Cf. *L'Étourdi* : « Votre esprit manquera dans quelque circonstance », v. 1304.

LA CRITIQUE DE L'ÉCOLE DES FEMMES

Page 203.

230. Anne d'Autriche, qui s'était éloignée des affaires publiques depuis la mort de Mazarin en 1661, voyait d'un assez mauvais œil la liberté de mœurs que manifestait son fils, qui poursuivait avec Louise de La Vallière une liaison scandaleuse.

C'est elle qui avait engagé Bossuet à prêcher le Carême du Louvre en 1662 pour ramener le jeune roi à une vie plus chrétienne. Face à la « nouvelle cour », jeune et plus préoccupée de plaisir que de morale, elle apparaissait comme la garante d'une moralité qui lui valait la sympathie du parti dévot. Lui dédier *La Critique* était donc habile et valait pour Molière caution contre des ennemis qui s'efforçaient déjà de placer la querelle sur le terrain religieux.

231. Au-delà du problème général de la moralité du théâtre, Molière défend ici la comédie elle-même, dont les plus rigoristes des dévots ne pouvaient admettre le principe, tout rire étant pour eux satanique. On peut relever que c'est à partir d'une considération de cette nature (« Le sage ne rit qu'en tremblant »), qu'il attribue à Bossuet ou à Bourdaloue, que Baudelaire développera sa réflexion sur le rire satanique dans son essai *De l'essence du rire*.

Page 205.

232. L'étymologie permet à Molière de caractériser ses personnages par leur nom même : Uranie, c'est la céleste, la merveilleuse, dont le nom convient parfaitement à une personne qui se pique de distinction. Élise évoque l'élection, le choix ; Climène — la renommée, en grec — porte un nom de Parnasse qui convient bien à l'illustre précieuse qu'elle est, tout comme le poète Lysidas — le fils de loup —, peu tendre pour ses confrères, trouve dans son nom un reflet de sa personnalité. Dorante porte un nom de théâtre fréquent pour désigner les jeunes hommes de famille, et son titre suffit à caractériser le Marquis. Quant à Galopin, le côté plaisant de son nom le rattache à un autre registre, celui de la farce. Lors de la création, la distribution était la suivante : Mlle de Brie était probablement Uranie ; Mlle Molière, Élise (c'était son premier rôle) ; Mlle Du Parc, Climène ; Molière, probablement le Marquis ; Brécourt, Dorante ; et Du Croisy, probablement Lysidas. Pour Galopin, la minceur du rôle le réservait à quelque gagiste de la troupe.

Page 206.

233. *Après-dînée :* après-midi. « Dîner » se disait pour « déjeuner ». « Les maçons dînent à dix heures, les moines à onze, le peuple à midi, les gens de pratique à deux heures » (F).

234. *Très humble servante :* « Ce mot entre dans quelques façons de parler de raillerie (...) Ah ! très humble servante au bel esprit, ce n'est pas là que je vise, c'est-à-dire je me mets fort en peine de bel esprit, je me soucie peu de bel esprit, je n'y prétends rien, mon but n'est pas là » (R).

235. *Durer à :* « Souffrir, résister » (R).

236. *Turlupinades :* plaisanteries à la manière de Turlupin, sobriquet de Henri Legrand, acteur mort en 1634, et dont Furetière rappelle qu'il était un « comédien fameux de Paris, dont le talent était de faire rire par de méchantes pointes et équivoques ». Le mot, grâce à Molière, devait prendre une vogue nouvelle, accentuée par l'écho que devait lui donner la querelle. En 1674, Boileau notera dans son *Art poétique* que, si les pointes et calembours ont peu à peu disparu au fil du siècle,

> *Toutefois à la cour les Turlupins restèrent,*
> *Insipides plaisants, bouffons infortunés,*
> *D'un jeu de mots grossier partisans surannés*
>
> (Chant II, v. 130-132).

237. *Les Halles et la place Maubert :* quartiers populaires, célèbres par leurs marchés. Furetière situe précisément son *Roman bourgeois* dans ce quartier de Paris « qui est le plus bourgeois » (*op. cit.,* p. 30).

238. *Place Royale :* l'actuelle place des Vosges, qui avait été édifiée par Henri IV et était rapidement devenue le rendez-vous des élégants.

239. Bonneuil-sur-Marne, au sud-est de Paris.

Page 207.

240. *Rencontres :* « On l'emploie quelquefois fig. pour dire Une pointe d'esprit, un bon mot » (A).

Page 208.

241. Cela semblerait prouver que le mot pouvait aussi ne pas se prendre en mauvaise part et n'être pas forcément chargé d'un sens péjoratif.

242. *Façonnière :* « Cérémonieux, grimacier » (F). Le verbe « façonner » (faire des façons) était très à la mode, comme le relève le père Bouhours dans ses *Entretiens d'Ariste et d'Eugène* (1671).

243. *Damon :* on s'accorde pour reconnaître, sous les traits de cet écrivain taciturne et peu disposé à amuser la galerie, Molière lui-même, ce Molière que Boileau appelait « le contemplateur », et que le marchand Argimont décrit, dans *Zélinde,* comme un observateur attentif et silencieux de ses contemporains.

244. *Défrayer :* « Se dit fig. des gens ridicules qui se trouvent aux tables ou dans les compagnies et qui apprêtent à rire aux autres » (F).

245. *Impromptu :* « Chose d'esprit faite sans préparation et sur-le-champ » (R). Ses ennemis accusèrent Molière d'être inca-

pable d'improviser, appelant *L'Impromptu de Versailles* « l'impromptu de trois ans » :

> *Il a joué cela vingt fois au bout des tables,*
> *Et l'on sait dans Paris que faute d'un bon mot,*
> *De cela chez les Grands il payait son écot*
>   (Montfleury, *L'Impromptu de l'Hôtel de Condé,* sc. 3).

Page 209.

246. Molière et sa troupe jouaient depuis le 20 janvier 1661 dans cette salle que Richelieu avait fait construire vingt ans plus tôt, et que Molière avait obtenue grâce à la faveur royale, après la démolition de la salle du Petit-Bourbon.

247. *Rapsodie :* « Recueil de plusieurs passages, pensées et autorités, qu'on rassemble pour en composer quelque ouvrage » (F). Donneau de Visé le premier avait accusé Molière d'avoir pillé divers auteurs : « Pour ce qui est de *L'École des Femmes*, tout le monde sait bien qu'Elomire n'a rien mis de lui dans le sujet » (*Zélinde,* sc. 8).

Page 210.

248. *Du revenu en sens commun :* complication précieuse pour dire « du bon sens à revendre, comme d'un capital que l'on ferait fructifier ».

249. *Rompre en visière :* attaquer de face. Voir note 37.

250. Allusion respectivement aux vers 164 et 1493, 99 et 436 de *L'École des femmes.*

Page 211.

251. Il s'agit de la scène du « le », acte II, sc. 5.

Page 212.

252. *Mystérieuse :* pleine de façon. Mystère « se prend aussi fig. pour Façon, difficulté que l'on fait touchant quelque chose » (A).

Page 213.

253. *Obscénité :* le mot fait figure de néologisme, et Somaize lui-même l'ignore dans son *Grand dictionnaire des Précieuses* (1660). Richelet signale encore en 1680 qu'il n'est pas « généralement reçu ».

254. *Votre sang :* votre parenté. Expression métonymique, empruntée au langage tragique.

255. *Engageante :* convaincante, persuasive. Engager « sign.

aussi Obliger à faire quelque chose et le plus souvent sans violence » (A).

Page 215.

256. *Je paie l'intérêt de... :* nouvelle image empruntée au langage de la finance pour dire « je subis les conséquences, je suis victime de ».

257. *Impertinente :* inconvenante. Voir note 199.

258. Le succès de la comédie est bien réel : La Grange note, dans son registre, 34 représentations en trois mois, du 26 décembre 1662, date de la première, au 28 mars 1663.

Page 216.

259. *Canons :* ornements qui se portaient au-dessous du genou (voir note 11). Les rubans se portaient au-dessus des canons.

260. *Caution bourgeoise :* « Bonne caution, et facile à discuter, à recouvrer par vente en justice » (F). Cf. Mascarille, dans *Les Précieuses ridicules :* « Je veux caution bourgeoise qu'ils ne me feront point de mal » (sc. 9).

Page 217.

261. *Contre :* « Sign. aussi Auprès, proche » (A).

262. *Sur le théâtre :* il s'agit de places sur la scène même. « Pour un écu ou un demi-louis on est sur le théâtre ; mais cela gâte tout, et il ne faut quelquefois qu'un insolent pour tout troubler », écrit Tallemant des Réaux dans ses *Historiettes,* en 1657 (Pléiade, t. II, p. 778). Le spectateur chagrin dont parle ici Molière était, selon Brossette, un certain Plapisson.

263. Pour 15 sols, on était debout au parterre, alors qu'on était assis sur scène pour un demi-louis, soit 5 livres, c'est-à-dire 100 sols.

Page 219.

264. On n'a guère proposé de clef pour ce Lysandre, critique sourcilleux. Une remarque de Donneau de Visé, à propos de la querelle de *Sophonisbe* entre Corneille et l'abbé d'Aubignac, cette même année 1663, pourrait faire penser à l'auteur de *La Pratique du Théâtre.* Celui-ci aurait en effet, selon Donneau, tenu des propos dignes de Lysandre : « M. de Corneille ne me vient pas visiter, ne vient pas consulter ses pièces avec moi, ne vient pas prendre de mes leçons ; toutes celles qu'il fera seront critiquées. »

265. Par sa pruderie, Araminte annonce l'Arsinoé du *Misanthrope ;* par sa censure sur la langue, elle préfigure la Philaminte des *Femmes savantes.*

Page 220.

266. *Lysidas :* s'agit-il d'un portrait à clef? Les contemporains l'ont pensé, qui ont proposé plusieurs noms : Pierre Corneille, l'abbé d'Aubignac, Boursault. Georges Couton a développé une argumentation solide, tendant à démontrer qu'il s'agit en fait de Thomas Corneille (in *Œuvres complètes* de Molière, Pléiade, t. 1, p. 1289). Quoi qu'il en soit de cette identification, ne pas oublier la valeur générale que Molière entend donner à ses portraits, comme le dira hautement Brécourt dans *L'Impromptu de Versailles :* « son dessein est de peindre les mœurs sans vouloir toucher aux personnes » (sc. 4).

Page 222.

267. *Honnêteté :* politesse. Honnête « sign. aussi Civil, courtois, poli » (A).
268. *Tu en tiens :* tu es touché. Se dit proprement du perdreau qui a du plomb dans l'aile, d'un « homme quand il est blessé de quelque coup », et, par extension, quand « il a reçu quelque perte notable » (F).
269. *Pousse :* insiste, poursuis. Terme emprunté à l'escrime, et signifiant, en ce sens, « aller en avant » (F).

Page 223.

270. *Les autres comédiens :* sans doute pas ceux du Marais, avec lesquels Molière semble avoir entretenu de bonnes relations, mais à coup sûr les Bourguignons de l'Hôtel de Bourgogne, que *L'Impromptu* renforcera dans leur hostilité déclarée à Molière.

Page 224.

271. *Animaux :* allusion au vers 1579 de *L'École des femmes*.
272. *Amours :* l'usage hésite encore, au XVIIe siècle, sur le genre du mot. En 1694, le *Dictionnaire de l'Académie* note : « Au pluriel, il est toujours féminin. »
273. On vendait des pommes aux portes des théâtres, lesquelles servaient à bombarder les acteurs qu'on ne trouvait pas à son goût.

Page 225.

274. On trouve dans *La Vie de Molière*, en 1705, l'anecdote selon laquelle le duc de La Feuillade, ayant cru se reconnaître dans le Marquis de *La Critique*, aurait frotté le visage de Molière contre les boutons et les dorures de son habit, en lui disant « Tarte à la crème, tarte à la crème ». Vraie ou fausse, l'histoire atteste la vogue de l'expression, devenue une sorte de mot de

passe pour les ennemis de Molière. Elle montre aussi que Molière ne fut pas à l'abri des menaces physiques.

275. *Je le quitte :* je quitte la partie, j'y renonce. « Je ne saurais deviner votre énigme, je vous le quitte » (F).

276. *Vous bourre :* terme d'escrime, signifiant « vous frappe, vous maltraite », Lysidas étant, quant à lui, chargé de pousser au bout et d' « achever » les adversaires.

277. *Comédies :* Lysidas joue sur le double sens du mot qui renvoie au xviie siècle à la fois aux pièces comiques et, « plus généralement à toutes sortes de pièces de théâtre, comme sont la tragédie, la tragi-comédie et la pastorale » (F). C'est cette acception « sérieuse » que le poète refuse à ce qu'il ne considère que comme des « bagatelles » par rapport à ces « grands ouvrages » que sont les tragédies.

278. *Bagatelles :* dans *Le Panégyrique de l'École des femmes,* sc. 4, Robinet accusera Molière d'avoir causé une véritable désaffection de la tragédie, forçant même la troupe royale à s'en détourner pour ne plus représenter que des « bagatelles et des farces ».

279. *S'encanaille :* néologisme précieux dont l'invention reviendrait, d'après Somaize, à Mme de Maulny.

280. *Bien touchée :* « Se dit encore en plusieurs sortes d'arts (...) On dit qu'Un poète a bien touché une passion, un tel caractère, pour dire qu'il en a fait des expressions vives et naturelles » (F).

Page 226.

281. *Merveilleux :* hors de l'ordre commun. Une « merveille » est une « chose rare, extraordinaire, surprenante, qu'on ne peut guère voir ni comprendre » (F). On peut remarquer que l'argumentation de Molière contre les artifices de la tragédie reprend largement les idées exprimées dans un petit récit satirique, paru sous l'anonyme en 1650, *Le Parasite Mormon.* Voir sur ce point notre ouvrage *Roman et réalité. Les histoires comiques au xviie siècle,* Minard, 1981, p. 410-412. Les échecs récents de plusieurs tragédies, notamment des deux Corneille, semblent indiquer que les revendications de Molière trouvaient un écho de plus en plus favorable.

Page 227.

282. Les dentelles au point de Venise et les plumes paraient les habits les plus luxueux, là où un « petit rabat uni » traduisait un costume modeste, propre à des bourgeois ou à des gens de moyenne condition, comme Lysidas.

283. Allusion aux multiples querelles qui déchirent le monde littéraire tout au long du siècle et que Molière se trouve, bien malgré lui, amené à connaître avec la présente « guerre comique » autour de *L'École des femmes*.

Page 228.

284. Donneau de Visé prétend que Molière fait ici allusion à l'abbé d'Aubignac, à propos duquel Condé aurait dit, parlant de l'échec de sa tragédie *Zénobie :* « Je sais bon gré à l'abbé d'Aubignac d'avoir si bien suivi les règles d'Aristote, mais je ne pardonne pas à Aristote d'avoir fait faire à l'abbé d'Aubignac une si mauvaise tragédie. »

Page 229.

285. Célèbre traité de gastronomie d'un écuyer de cuisine du marquis d'Uxelles, le sieur de La Varenne, publié en 1651 et souvent réédité.

286. *Congé :* « En général sign. Permission » (F).

Page 231.

287. Accusation grave, et que vont complaisamment répéter les ennemis de Molière dans les diverses pièces écrites à la suite de *La Critique.* On sent percer ici, dans ce reproche d'impiété, les germes des attaques qui atteindront Molière lors de la querelle du *Tartuffe.*

288. Indications précieuses sur la manière dont Molière jouait le personnage d'Arnolphe.

289. *Ajusté :* « Sign. Aussi Accommoder » (A). Se dit ironiquement d'une personne qu'on arrange de la belle manière, c'est-à-dire qu'on maltraite fort en parole ou en action.

Page 232.

290. *Par réflexion à :* rapportés à, par rapport à.

Page 233.

291. *Blanchir :* n'aboutir à rien. Voir note 154.

292. Référence aux vers 737 et 727 de *L'École des femmes.*

L'IMPROMPTU DE VERSAILLES

Page 235.

293. La date du 14 octobre est inexacte, la cour n'étant arrivée à Versailles que le 15. D'après les indications du registre de La

Grange, la date qu'on peut retenir pour la plus probable est le 19 octobre.

Page 237.

294. Il s'agit ici de l'espace premier, grande salle servant pour le théâtre et les concerts, en vestibule des appartements royaux. La comédie seconde, répétée par les comédiens, est, comme l'indique la scène 3, « dans l'antichambre du roi ».

295. *Messieurs et Mesdames :* formule générale. Parlant aux actrices, Molière utilisera le terme de « Mademoiselle », d'usage pour les femmes mariées autres que nobles. « Madame » était réservé aux femmes de qualité, mais l'usage toutefois tendait à s'en généraliser.

Page 239.

296. *Manquer :* « Faillir, tomber en faute » (A).

Page 240.

297. *Se commettre :* se dit à la forme pronominale d'une personne qui « s'expose à recevoir quelque déplaisir, quelque disgrâce, à tomber dans quelque mépris » (A).

Page 241.

298. Molière avait épousé Armande Béjart le 20 février 1662.

299. Il s'agit du *Portrait du peintre ou la Contre-critique de l'École des femmes,* de Boursault, joué depuis le début octobre à l'Hôtel de Bourgogne.

300. Cette « comédie des comédiens », dans l'esprit de Mlle Béjart, devrait mettre en scène les rivaux de l'Hôtel de Bourgogne, que Molière a déjà égratignés dans *Les Précieuses ridicules.* En fait, *L'Impromptu* est bien une « comédie des comédiens », puisque Molière met en scène sa propre troupe.

301. Quoi qu'on pense de l'argumentation, on peut relever que Molière a été raillé par ses adversaires tout autant comme acteur comique, chargé du ridicule de ses personnages, que comme acteur (et mauvais acteur) tragique, faisant apparaître le ridicule de sa propre personne.

Page 242.

302. Les mardi, vendredi et dimanche. Les Bourguignons jouaient parfois le jeudi, en cas de succès important.

303. La troupe de Molière était arrivée à Paris en 1658, après 13 années passées en province.

304. Sans doute La Thorillière, gentilhomme, ancien officier des armées royales. Il avait 37 ans en 1663.

305. L'allusion est claire : elle vise Montfleury, dont l'embonpoint était « d'une si vaste circonférence » qu'on prétendait qu'il maintenait son ventre par un cercle de fer. Cyrano a raillé, dans sa *Lettre contre un gros homme*, « la vaste étendue de (sa) rondeur ». Son jeu très emphatique le faisait triompher dans les rôles pathétiques et tragiques.

Page 243.

306. Corneille, *Nicomède*, II, 1, v. 413-414.
307. *Brouhaha :* « Bruit confus que forment les applaudissements qu'on donne à un spectacle, à une action publique, à une pièce de théâtre » (A).
308. Corneille, *Horace*, II, 5, v. 533-535.
309. Madeleine de Beauchâteau jouait depuis longtemps : elle avait créé le rôle de l'Infante, dans *Le Cid*. Elle avait donc un âge déjà respectable en 1663, ne correspondant guère au rôle de Camille. Elle mourut en 1683.

Page 244.

310. Corneille, *Le Cid*, I, 6, v. 293. Beauchâteau, mari de l'actrice précédemment citée, s'appelait en fait François Châtelet. Boileau, dans une lettre du 12 mars 1707, le décrit comme « un exécrable comédien, et qui passait pour tel ».
311. Corneille, *Sertorius*, III, 1, v. 759-760. Légère inexactitude dans la citation du vers 759, lequel dit : « L'inimitié qui règne entre nos deux partis. »
312. Hauteroche, de son vrai nom Noël Lebreton, était né en 1616. C'est lui qui créera le rôle de Néron dans *Britannicus*.
313. De Villiers, de son vrai nom Claude Deschamps, était surtout célèbre par ses rôles comiques. Molière le présente ici interprétant le rôle secondaire d'Iphicrate, dans l'*Œdipe* de Corneille. Le vers cité (V, 2, v. 1672) l'est inexactement ; le texte dit : « Le roi Polybe est mort. »
314. Le seul Bourguignon « oublié » par Molière est Floridor, qui passait pourtant pour l'acteur le plus illustre de la troupe rivale. Est-ce parce qu'il était fort en faveur auprès du roi ?

Page 245.

315. Sur les marquis, voir la note 223. À noter que la réplique de Donneau de Visé s'intitulera *Réponse à l'Impromptu de Versailles ou la Vengeance des Marquis*.
316. Il s'agit du rôle de Climène. La Du Parc, alors âgée de 30 ans, était la danseuse de la troupe. Mais c'était aussi une excellente actrice, dont Molière, Corneille et Racine apprécièrent tour à tour le talent et le charme.

317. Du Croisy était alors âgé de 37 ans. Après Lysidas et le Poète, il interprétera d'autres rôles de pédants, le maître de Philosophie dans *Le Bourgeois gentilhomme,* Vadius dans *Les Femmes savantes.*

318. Brécourt, de son vrai nom Guillaume Marcoureau, âgé de 25 ans, ne resta que deux ans avec Molière, de 1662 à 1664.

Page 246.

319. La Grange, qui avait alors 28 ans, était un peu l'homme de confiance de Molière dans la troupe, dont il tenait les comptes et le registre. Ayant remplacé Molière dans son rôle d'orateur, il jouait aussi les jeunes premiers et avait créé le rôle d'Horace dans *L'École des femmes.*

320. Madeleine Béjart avait alors 45 ans. Le rôle de prude que Molière lui confie ici convient à son âge : celle qui avait été la maîtresse de Molière et qui avait présidé à la fondation de L'Illustre Théâtre n'est plus une toute jeune comédienne, et les ennemis de Molière ne se font pas faute de le faire remarquer non plus que de porter contre elle les plus basses attaques.

321. Catherine Leclerc, qui avait épousé l'acteur de Brie en 1651, avait alors 33 ans. C'était une très bonne comédienne, qui avait créé le rôle d'Agnès, et le joua fort tard, jusqu'à plus de 60 ans.

322. *Sur le pied de :* en les faisant passer pour. Voir note 194.

323. Armande Béjart, l'épouse de Molière, a alors 20 ans. Le rôle d'Élise dans *La Critique* a été son premier rôle.

324. Mlle Du Croisy, épouse de Du Croisy, était une comédienne médiocre : elle sera d'ailleurs congédiée deux ans plus tard.

325. Mlle Hervé, de son vrai nom Geneviève Béjart, était la sœur de Madeleine et d'Armande. Elle n'avait pas les qualités d'actrice de ses deux sœurs.

Page 247.

326. La Thorillière n'était dans la troupe que depuis 1662.

327. *Questionnaire :* « Officier, demi-bourreau qui donne la question » (F). Le mot est plus fort que « questionneur », et se rapproche plutôt de « tourmenteur ».

Page 248.

328. Le fâcheux complimente assez ridiculement les actrices les moins brillantes.

Page 249.

329. Dorante rangeait déjà le Marquis de *La Critique* dans les « Messieurs du bel air » (sc. 5) et, dans *Les Précieuses ridicules,*

Magdelon, reprochant à son père d'être « du dernier bourgeois », lui disait : « Vous devriez un peu vous faire apprendre le bel air des choses » (sc. 4).

Page 250.

330. *Avenues :* « Passage, endroit par où on arrive en quelque lieu » (A).

331. Amyntas est supposé être le débiteur du marquis pour ces 90 pistoles.

Page 251.

332. *Chargeaient :* accusaient.

333. *Fantômes :* proprement, au sens étymologique, produits de l'imagination. Mais le terme désignait aussi des mannequins (« homme d'osier ou de paille dont on se sert dans les exécutions » (F)).

334. *Marqué :* désigné. « Sign. encore Exprimer en particulier » (F).

Page 252.

335. *Affaires :* ennuis. Se dit de « ce qui donne beaucoup de peine, d'inquiétude » (F).

Page 253.

336. *À droit :* « Du côté droit, à droite » (A).

337. Voir note 316. Molière continue de plaisanter avec la Du Parc.

Page 254.

338. L'agitation est le propre des courtisans. Cf. La Bruyère : « Qui pourrait les représenter exprimerait l'empressement, l'inquiétude, la curiosité, l'activité, saurait peindre le mouvement. On ne les a jamais vus assis, jamais fixés et arrêtés » (*Les Caractères,* De la Cour, 19).

339. *Serviteur à la turlupinade :* merci pour la plaisanterie.

Page 255.

340. Le Marquis, en éructant quelque peu, écorche le nom de Boursault : façon pour Molière de ridiculiser le nom de son ennemi, et d'insister sur l'obscurité de ce nom. L'auteur du *Portrait du peintre* n'a alors que 25 ans, et il utilise la querelle comme un tremplin pour se faire connaître.

Page 256.

341. Ou « par la sang-bleu », comme le dit Molière un peu plus loin dans la scène. Jurer fait partie du bel air.

342. Allusion à *L'École des femmes,* IV, 8, v. 1296.

Page 257.

343. Image biblique de l'hysope, petit arbrisseau évoqué, par opposition au cèdre, pour désigner ce qui est petit et sans valeur. Si l'hysope peut faire allusion ici à l'obscur Boursault, qui représenterait mieux le cèdre que l'illustre Corneille ?

344. Molière feint que la comédie qu'on répète se situe avant la représentation du *Portrait du peintre*. La pièce de Boursault avait en fait été jouée dès le début octobre, une quinzaine de jours avant *L'Impromptu*.

Page 258.

345. *Bravoure :* déchaînement d'applaudissements, manifestation bruyante d'enthousiasme. L'opéra italien comporte toujours un « aria di bravura ».

346. Donneau de Visé affirme, dans *La Vengeance des Marquis*, que Molière alla assister à une représentation du *Portrait du peintre*, et qu' « il fit tout ce qu'il put pour rire, mais il n'en avait pas beaucoup d'envie » (sc. 3).

347. L'ensemble de la pièce de Boursault s'efforce de « noircir » Molière, mais l'attaque la plus grave touche au sermon « en burlesque », qui sous-entend chez Molière une attitude blasphématoire. Mais il peut s'agir aussi des sous-entendus orduriers que comportait la « Chanson de la Coquille », présentée sur scène, mais supprimée par Boursault à l'impression.

Page 260.

348. *Bernerait :* ridiculiserait. Voir note 77.

Page 261.

349. Molière fait sans doute allusion aux attaques contre sa vie privée que comportait *Le Portrait du peintre*. Celles-ci ne faisaient, d'ailleurs, que préfigurer d'autres insinuations, plus ignobles encore, comme cette accusation d'inceste colportée par Montfleury.

Page 263.

350. *Un nécessaire :* quelqu'un qui se croit indispensable. Voir note suivante.

351. *Se font de fête :* « S'entremettre de quelque affaire et vouloir s'y rendre nécessaire sans y avoir été appelé » (A).

*Impression Bussière Camedan Imprimeries
à Saint-Amand (Cher), le 4 décembre 1995.
Dépôt légal : décembre 1995.
1er dépôt légal dans la collection : octobre 1985.
Numéro d'imprimeur : 1/2841.*

ISBN 2-07-037688-5./Imprimé en France.